SV

Samuel Moyn

Der Liberalismus gegen sich selbst

Intellektuelle
im Kalten Krieg
und die Entstehung
der Gegenwart

Aus dem Englischen
von Christine Pries

Suhrkamp

Die Originalausgabe erschien 2023 unter dem Titel
Liberalism Against Itself. Cold War Intellectuals and the Making of Our Times bei Yale University Press.

Erste Auflage 2024
Deutsche Erstausgabe

Umschlaggestaltung: Rothfos & Gabler, Hamburg,
unter Verwendung des Originalumschlags von Yale University Press
Satz: Dörlemann Satz, Lemförde
Druck: Pustet, Regensburg
Printed in Germany
ISBN 978-3-518-58816-1

www.suhrkamp.de

Für
Gerald N. Izenburg
und
Martin Jay,
durch die ich
all dies kennengelernt habe

Jedes Zeitalter schreibt bekanntlich die Geschichte
für seine eigenen Zwecke neu,
und die politische Ideengeschichte bildet keine Ausnahme
von dieser Regel.
Wie genau solche Perspektivenwechsel aussehen,
muss allerdings untersucht werden.
Denn ihre Erforschung kann nicht nur zum Verständnis
der Vergangenheit beitragen,
sondern auch zu einem besseren Verständnis
unserer eigenen intellektuellen Situation führen.

Judith N. Shklar, 1959

Inhalt

Einleitung

Der Kalte-Krieg-Liberalismus war eine Katastrophe – für den Liberalismus.

Als er zeitgleich mit dem Kalten Krieg selbst in den 1940er und 1950er Jahren erstmals in Erscheinung trat, bestimmte er die neue Position des Liberalismus dadurch, dass er seinen Grundsätzen die Gestalt eines bedrängten, aber hehren Credos gab, das die freie Welt im Kampf gegen ein totalitäres Imperium aufrechterhalten müsse. Für seine Verfechter:innen stellten die ersten Jahre des Kalte-Krieg-Liberalismus eine Reaktion auf bittere Erfahrungen dar. In einer gefährlichen Welt voller Grausamkeiten, Torheit, Leidenschaft, Sündhaftigkeit und Bedrohungen schien ein ausdrückliches Bekenntnis zur Befreiung von staatlichen Exzessen in einem Zeitalter der Tyrannei einen Anflug von Weisheit zu bergen. Nach dem Ersten Weltkrieg hatten in ganz Europa ausgemachte Reaktionäre triumphiert, was bewies, dass der Liberalismus sterben kann. Und Revolutionäre, die sich anschickten, den Faschismus im Namen einer über den Liberalismus hinausgehenden Gerechtigkeit zu bekämpfen, würden großes Unheil anrichten, weil sie zu viele Menschen für die terroristische Bedeutung von »Fortschritt« blind machten und andere davon überzeugt sein ließen, dass utopische Versprechungen mittlerweile hauptsächlich als Entschuldigung für teuflisches Verbrechertum fungierten.

Das Schlagwort vom »Kalte-Krieg-Liberalismus« wurde in

den 1960er Jahren als Epitheton von dessen Feinden geprägt, die ihm seine innenpolitischen Kompromisse und außenpolitischen Fehler vorwarfen. Doch in den letzten 50 Jahren ist es rehabilitiert worden und hat die Rahmenbedingungen für eine liberale Perspektive festgelegt. Als die krisenhaften Jahre des Kampfes um Bürgerrechte und des Vietnamkriegs vorüber waren, ermächtigten die Prinzipien des Kalte-Krieg-Liberalismus dazu, die Entspannungspolitik zwischen West und Ost hinter sich zu lassen und die Sowjetunion von neuem in eine bewaffnete Auseinandersetzung hineinzuziehen. Nach dem bipolaren Konflikt, der dem Kalte-Krieg-Liberalismus seinen Namen gab, schien das »Ende der Geschichte« seinen Ansatz einer Vorrangstellung der Freiheit in einer bedrohlichen Welt nachträglich zu rechtfertigen. Dieses Gütesiegel wurde nach dem 11. September 2001 erneuert, als es galt, den »tapferen Kampf« gegen die globalen Feinde des Liberalismus mit vereinten Kräften zu führen. Angesichts von Feinden nicht nur im Aus-, sondern auch im Inland ist die Furcht vor dem Umkippen von Freiheit in Tyrannei, die sein Markenzeichen bildet, zu neuem Leben erweckt worden, um Demokratien zu unterstützen, die fortwährend am Abgrund zu stehen scheinen und zu ihrer Verteidigung moralische Klarheit benötigen.

Die Wahl von Donald Trump zum US-Präsidenten hat eine erbitterte Schlacht – oder zumindest eine Polemik – um den Liberalismus entfacht, die Gelegenheit zur neuerlichen Inthronisierung des Kalte-Krieg-Liberalismus bot. Patrick Deneens vieldiskutierter Attacke *Warum der Liberalismus gescheitert ist* schlug eine Unmenge von liberalen Selbstrechtfertigungen entgegen, die explizit oder implizit fast alle die Sprache des Kalten Krieges sprachen. Diese genauso gegen die Linke wie gegen die Rechte gerichteten Rechtfertigungen klangen nicht nur hohl, sie wendeten die politische Krise, die sie zu überwinden versprachen, auch nicht ab. Dennoch wirkte es so, als ob man trotz der vielen Alternativen in der Geschichte des Liberalismus zwischen dem Kalte-Krieg-Liberalismus und einer reaktionären oder revolutionären Nachfolgeordnung wählen müsste. Die Debatte trug keineswegs dazu bei, dass Liberale an Selbstvertrauen gewannen, sondern verschlimmerte ihr Unbehagen und verstärkte ihr Gefühl eines unmittelbar drohenden Vernichtungsschlags und Debakels.

Was inmitten der Behauptungen und Gegenbehauptungen unterging, war das Ausmaß, in dem der Kalte-Krieg-Liberalismus dem Liberalismus als solchem untreu geworden war. In Gestalt einer Überprüfung seiner Hauptdenker:innen lotet dieses Buch einige Dimensionen dieser Untreue aus. Das Wichtigste an der politischen Theorie des Kalte-Krieg-Liberalismus ist, wie gründlich sie mit dem Liberalismus gebrochen hat, den sie vorfand. Daraus folgt, dass es liberale Ressourcen gibt, mit deren Hilfe die Grenzen des Kalte-Krieg-Liberalismus überwunden werden können, die jeden Tag deutlicher werden.

Dabei ist es nicht so, dass es Formen des Liberalismus von vor dem Kalten Krieg gäbe, die man wiederbeleben könnte. Fürs Lebenlernen sind Friedhöfe keine besonders geeigneten Orte. Vor dem Kalten Krieg diente der Liberalismus weitgehend zur Rechtfertigung eines wirtschaftspolitischen Laissez-faire. Außerdem war er auf der ganzen Welt in imperialistische Expansion und rassistische Hierarchien verstrickt. Das heißt jedoch nicht, dass er keine Alternativen zum Kalte-Krieg-Liberalismus für diejenigen bereithält, die nach der von der Moderne verheißenen freien Gemeinschaft von Gleichen streben.

Bei vielen der zentralen Merkmale des Liberalismus von vor dem Kalten Krieg – vor allem bei seinem Perfektionismus und seinem Progressivismus – lohnt sich ein zweiter Blick. Der Perfektionismus gibt ein kontroverses öffentliches Bekenntnis zum guten Leben ab. Entgegen der Vorstellung, dass der Liberalismus unter den konkurrierenden Glaubensrichtungen eine neutrale Position einnimmt, rieten viele Liberale vor dem Kalten Krieg zu kreativem Handeln und zur Befähigung zu Handlungsfreiheit als höchsten Werten für Einzelpersonen, Gruppen und die Menschheit. Der Progressivismus wiederum sieht die Geschichte als ein Forum der Möglichkeiten zum Erlangen und Ausüben einer solchen kreativen Handlungsfähigkeit in der Welt. (Die intellektuelle Sünde, die der Kalte-Krieg-Liberale Karl Popper als »Historizismus« titulierte und welche die Geschichte so behandelt, als gehorche sie gesetzesähnlichen Prozessen, ist eine Version des Progressivismus – die allerdings von der Norm abweicht.) Ebenso wichtig ist, dass Liberale im gesamten 19. Jahrhundert gezwungen waren, das Aufkommen demokratischer Selbststeuerung zu akzeptieren. Sie sahen ein, dass die praktischen Verbindungen zwischen Liberalismus und Marktfreiheit generalüberholt werden mussten. Vor dem Kalte-Krieg-Liberalismus trugen die Bemühungen, sich solchen Herausforderungen zu stellen, letztendlich zur Glaubwürdigkeit des allgemeinen Wahlrechts und Mitte des 20. Jahrhunderts zur Vorstellbarkeit des Wohlfahrtsstaats bei.

Dies alles änderte sich durch den Kalte-Krieg-Liberalismus. Die – in dem intellektuellen Aufbruch des 18. Jahrhunderts, der unter dem Namen Aufklärung bekannt ist, wurzelnde – Beziehung des Liberalismus zu Emanzipation und Vernunft bekam im Kalten Krieg Risse. Hoffnungsvolle Erwartungen wurden jetzt als naiv empfunden und das Streben nach universeller Freiheit und Gleichheit als Vorwand für Unterdrückung und Gewalt angeprangert. In Reaktion darauf war die Art von Theorie, die von den Vertreter:innen des Kalte-Krieg-Liberalismus in den 1940er und 1950er Jahren erfunden wurde, keineswegs emanzipatorisch, vielmehr pochte sie auf die strikte Beschränkung der menschlichen Möglichkeiten. Der Glaube an ein emanzipiertes Leben sei, wenn nicht vorsätzlich, so doch faktisch, protototalitär. Politische Unterdrückung werde immer wieder durch historische Erwartungen gerechtfertigt. Am wichtigsten sei der Erhalt der bestehenden Freiheiten in einem Tal der Tränen; sie seien brüchig und zerbrechlich und immer kurz davor, verletzt zu werden oder in sich zusammenzufallen. Wo Liberale sich früher zu einer wenn auch zögerlichen und oftmals zähneknirschenden Akzeptanz der Demokratisierung durchgerungen hatten, verabscheuten die Vertreter:innen des Kalte-Krieg-Liberalismus jede Massenpolitik – einschließlich der Massendemokratie.

Und wo der liberale Imperialismus des 19. Jahrhunderts zumindest versprochen hatte, weltweit für die Verbreitung von Freiheit und Gleichheit zu sorgen, gab der frühe Kalte-Krieg-Liberalismus alle globalen Absichten auf, um in einer Welt der Tyrannei den Westen als Fluchtburg für die Freiheit zu erhalten. Als die Völker der Erde sich nach dem Ende der formalen Imperialherrschaft (einschließlich Amerikas philippinischer Besitztümer) aus der direkten Kontrolle transatlantischer Liberaler befreiten, bedrohte der Kommunismus nicht nur Europa, sondern auch die neuen Staaten der postimperialen Welt. Die Liberalen haben bis heute nicht herausgefunden, wie Freiheit sich ohne ein Imperium verbreiten lässt. Die völlig verlorenen Vertreter:innen des Kalte-Krieg-Liberalismus rieten dazu, es gar nicht erst zu versuchen.

Auf die frühere Forderung, dass der Liberalismus um der eigenen Glaubwürdigkeit willen über Grenzen hinausdrängen solle, entgegneten die Vertreter:innen des Kalte-Krieg-Liberalismus, der Wunsch nach mehr Emanzipation würde eher zu Versklavung führen. Sie warnten davor, die individuelle Befreiung vom Staat gegen eine versponnene und terroristische »Selbstverwirklichung« durch kollektiven politischen Wandel einzutauschen.

Mitunter räumten die Vertreter:innen des Kalte-Krieg-Liberalismus ein, dass für Freiheit irgendeine Art von gesellschaftlicher und politischer Gleichstellung erforderlich sein könnte. Doch sie traten keineswegs für größere Gleichheit in den Lebensbedingungen ein, um solch eine Gleichstellung glaubhaft zu machen und Wirklichkeit werden zu lassen, sondern behaupteten, Freiheit stände vor dem Untergang, wenn Rufe nach ökonomischer Fairness die Oberhand gewönnen. Die Armen in der Heimat und vor allem weltweit hätten lieber Brot als eine Wahl und seien bereit, die Freiheit fahren zu lassen, wenn man sie nicht sorgfältig im Auge behielte. Der Staat sei keineswegs ein Hilfsmittel für menschliche Befreiung, wie die Liberalen vor dem Kalten Krieg gedacht hätten, sondern müsse in Schach gehalten werden, damit er die Freiheiten der Privatsphäre nicht mit Füßen trete, auch wenn dies häufig ein Euphemismus für wirtschaftliche Transaktionen gewesen war.

Die Zukunft wurde ebenso aufgekündigt. Die einst von Liberalen als Forum der Möglichkeiten angesehene Geschichte wurde von jenen Theoretiker:innen mit Skepsis betrachtet, die befürchteten, große Erwartungen könnten Verbrechen rechtfertigen: Die Vorstellung von zunehmender und wachsender Freiheit erwiese sich als kaum mehr denn eine Rationalisierung ihrer heutigen Auslöschung. Mit seiner rivalisierenden Vision einer freien und gleichen Zukunft war einstmals sogar der Marxismus ein Anstoß für Liberale gewesen, ihre historische Selbstgefälligkeit in Frage zu stellen, um die Rationalisierung neuer Formen der Marktbeherrschung zu vermeiden. Als sie den Marxismus hart angingen, haben die Vorwürfe der Vertreter:innen des Kalte-Krieg-Liberalismus die Zukunft gleich mit vom Tisch gefegt.

Der Liberalismus war nun nicht länger eine Kraft, die einen Plan zur Hervorbringung einer besseren und erfüllteren Menschheit vorantreibt, sondern er musste als ein elementares und immerwährendes Prinzipienpaket verteidigt werden, das den Verzicht auf »Fortschritt« verlangte. Die Natur des Menschen sei düster und aggressiv und mache Selbststeuerung erforderlich. Viele Vertreter:innen des Kalte-Krieg-Liberalismus überwanden ihre vormalige feindliche Einstellung zur Religion und spannten den Liberalismus sowohl mit der Erbsünde als auch mit seelischer Grausamkeit zusammen. Gefallene Kreaturen müssten sich ihre lasterhaften Tendenzen eingestehen, meinten sie. Freiheit ließe sich nur durch die Preisgabe von Hoffnung und die Konfrontation mit Verfehlungen am Leben erhalten.

Und über all diese Einschränkungen hinaus beschwor der Kalte-Krieg-Liberalismus außerdem Nachfolgebewegungen herauf, die unsere Zeit auf noch restriktivere Weise bestimmt haben: Neoliberalismus und Neokonservatismus. Wie bei einer mythologischen Figur, welche die Götter erzürnt hat und deshalb dazu verdammt ist, Monster zu gebären, lohnt es sich, den Kalte-Krieg-Liberalismus sowohl als solchen als auch daraufhin zu untersuchen, was auf ihn folgte.

Wenn man die Vertreter:innen des Kalte-Krieg-Liberalismus liest, fällt auf, wie nah sie von Anfang an dem Neoliberalismus kamen, den Friedrich Hayek und andere in denselben Jahrzehnten entwickelt haben. Doch sollte niemand die Vorstellung erwecken, der Kalte-Krieg-Liberalismus und der Neoliberalismus seien ein und dasselbe; beide Seiten erkannten die Unterschiede, die sie voneinander trennten. Der Kalte-Krieg-Liberalismus reifte im Umfeld des egalitärsten und emanzipatorischsten Staates heran, den Liberale je errichtet haben, auch wenn sie es versäumten, theoretisch für ihn einzutreten, was ihn heute angreifbar und verletzlich macht. Und wo den Vertreter:innen des Kalte-Krieg-Liberalismus angelastet werden kann, dass sie es versäumt haben, für den Wohlfahrtsstaat einzutreten, waren sie sich mit den Neoliberalen darin einig, die Moderne als prototalitär zu geißeln, die Aufklärung wie eine rationalistische Utopie zu behandeln, die Terror herbeiführte, und den emanzipatorischen Staat wie einen Euphemismus für Schreckensherrschaft. Kein Wunder, dass das, was mit diesem Gedankengebäude assoziiert wurde, genauso wie das, worüber es sich ausschwieg, unabhängig von den Absichten derer, die es errichteten, zur Weichenstellung für eine spätere Zeit beitrug.

Manche Vertreter:innen des Kalte-Krieg-Liberalismus machten sich die Religion als unverzichtbares Bollwerk gegen aufklärerischen Optimismus zu eigen und bereiteten so der späteren neokonservativen Bewegung den Weg. Dieses Buch schenkt Gertrude Himmelfarb als einer Vorreiterin des Kalte-Krieg-Liberalismus besondere Aufmerksamkeit, die wie Hayek versuchte, wieder Interesse am deutsch-englischen, katholischen Freiheitshistoriker Lord Acton zu wecken – dann aber schnell begann, sich ein neokonservatives Denken zurechtzulegen, dessen Wurzeln genauso in den 1940er wie in den 1960er und 1970er Jahren liegen.

Obwohl er von seinen Feind:innen als solcher bezeichnet worden ist, haben merkwürdigerweise in jüngerer Zeit fast ausschließlich seine Freund:innen über den Kalte-Krieg-Liberalismus geschrieben. Nach einer langen Zeit der Apologetik bringt dieses Buch Argumente gegen ihn vor.

Der Kalte-Krieg-Liberalismus lässt sich nicht durch sein totalitäres Feindbild rechtfertigen oder auch nur erklären – nicht weil er auf die Sowjetunion gerichtet war, sondern weil er – mit schwerwiegenden Folgen für die lokale und für die globale Politik – übertrieben auf die Bedrohung reagierte, welche die Sowjets darstellten. Die Verunstaltung des Liberalismus angesichts dieser Bedrohung war eine Wahl, keine Notwendigkeit. Damals wie heute lag die höchste intellektuelle Hürde im Verhehlen der Möglichkeit eines glaubwürdigeren Eintretens für liberale Freiheit in einem attraktiveren und vertretbareren Rahmen, anstatt Gründe für einen Kalten Krieg zu liefern, dem unnötigerweise Millionen von Menschen zum Opfer fielen und der die Chance vertat, an einem Liberalismus zu arbeiten, der diesen Namen verdient.

Der Kalte-Krieg-Liberalismus wird auch als reizvolles »Ethos« gerühmt, als ein moderater Standpunkt, der diejenigen, die ihn einnehmen, vor Enthusiasmus, Ideologie und Leidenschaft bewahrt. Doch obwohl sie sich selbst als Jünger:innen der Befreiung vom Staat beschrieben, beharrten einige Vertreter:innen des Kalte-Krieg-Liberalismus auf gnadenloser und unerbittlicher Selbstkontrolle. Lionel Trillings Kanonisierung Sigmund Freuds für Liberale war so unnachgiebig, dass er damit einer Denunzierung seiner eigenen Ideologie näherkam, als seine vielen Bewunder:innen es eingestehen mochten.

Am schlimmsten ist, dass der Kalte-Krieg-Liberalismus gemessen an seinen Folgen nicht nur in seiner Zeit, sondern auch danach versagt hat. Täglich sehen wir deutlicher, dass sein Denkansatz genauso viele Widerstände hervorruft, wie er überwunden hat, und dass er die Bedingungen nicht für universelle Freiheit und Gleichheit, sondern für eine Woge der Feindseligkeit schuf, der diese Art von Liberalen immer wieder vor ihren Toren – oder bereits innerhalb von ihnen – begegnen. Seine ängstliche, minimalistische Herangehensweise an die Bewahrung der Freiheit in einer gefährlichen Welt hat nicht bloß andere Ziele wie Kreativität, Gleichheit und Wohlstand beeinträchtigt, sondern die Freiheit selbst. Es ist an der Zeit, den Kalte-Krieg-Liberalismus von neuem zu überprüfen – anstatt ihn ein weiteres Mal wiederzubeleben.

Der Kalte-Krieg-Liberalismus hat die liberale Tradition unkenntlich und zertrümmert zurückgelassen. Um die äußersten Winkel des Liberalismus zu erkunden, sind deshalb seine Versionen aus dem 19. und frühen 20. Jahrhundert ein besserer Ausgangspunkt, denn sie entscheiden darüber, ob er es verdient, im 21. Jahrhundert eine Zukunft zu erleben. Insofern er vor dem Kalten Krieg emanzipatorisch und der Zukunft zugewandt war und sich vor allem anderen zur freien und gleichen Selbsterschaffung bekannte sowie Demokratie und Wohlstand (wenn auch bis heute nicht in ausreichendem Maße) akzeptierte, kann Liberalismus anders aussehen als der Kalte-Krieg-Liberalismus, den wir kennengelernt haben.

Die Beweiskette, die dieses Buch gegen den Kalte-Krieg-Liberalismus anführt, ist nicht lückenlos. Es bietet keine vollumfängliche Beschreibung der Geschichte des Liberalismus vor dem Kalten Krieg. In diesem Buch werden zwar einige wenige, für die angloamerikanische Auslegung des Kalte-Krieg-Liberalismus zwischen den 1930er und den 1950er Jahren exemplarische Persönlichkeiten eher kritisch betrachtet, aber es hat während des Kalten Krieges viele weitere liberale politische Denker:innen auf beiden Seiten des Atlantiks und auf der ganzen Welt gegeben.

Doch immerhin macht es einen ersten Schritt hin zu einem Gesamtbild und zu einer allgemeinen Neubewertung. Es dokumentiert die Entwicklung des liberalen politischen Denkens Mitte des 20. Jahrhunderts anhand einer Porträtgalerie einiger seiner führenden Denker:innen und deren Generationsgenoss:innen. An der derzeitigen Neulektüre der Geschichte des Liberalismus vor und seit dem Kalten Krieg beteiligt dieses Buch sich dadurch, dass es zeigt, was für einen großen Unterschied die Mitte des 20. Jahrhunderts ausgemacht hat – und inwiefern sie die Erb:innen des Liberalismus in die Verlegenheiten brachte, denen sie sich noch heute gegenübersehen. Die Theorie des Kalte-Krieg-Liberalismus hat nämlich den Liberalismus nicht nur verändert, sondern aufgehoben – und diese Aufhebung war eine Katastrophe.

Manche der Denker:innen, deren Porträt in diesem Buch gezeichnet wird, waren erwartbar. Einige von ihnen – Isaiah Berlin, Karl Popper, Jacob Talmon – sind Ikonen des Kalte-Krieg-Liberalismus. Bei anderen, wie etwa Gertrude Himmelfarb oder Judith Shklar, ist das nicht im selben Maße der Fall. Ich habe ihnen gegenüber bekannteren Säulenheiligen des Kalten Krieges (ob nun Raymond Aron in Frankreich oder Reinhold Niebuhr, Richard Hofstadter oder Arthur Schlesinger Jr. in den Vereinigten Staaten) den Vorzug gegeben, weil sie bisher so wenig beachtet worden sind und deshalb ein weniger erwartbares Licht auf entscheidende Charakterzüge ihrer Zeit werfen. Außerdem soll der Kalte-Krieg-Liberalismus hier dadurch an Plastizität gewinnen, dass ich seinen Begründer:innen einige ihrer Weggenoss:innen zur Seite stelle, nämlich Hannah Arendt, Herbert Butterfield und Friedrich Hayek. Es sei hervorgehoben, dass sie alle durch Erfahrungen und Überlegungen in den Jahrzehnten zuvor, also während des Zweiten Weltkriegs oder sogar noch vorher zu ihren Standpunkten gelangt sind; bei einigen von ihnen bestimmten die radikalen Erlebnisse der Vergangenheit ihr gesamtes folgendes Denken, ja ließen es nicht mehr los.

Judith Shklar, die in Harvard Politische Theorie lehrte und eine Inspirationsquelle dieses Buches war, hat sich von außen in den Kalte-Krieg-Liberalismus hineinbewegt. Sie bleibt unter anderem deshalb dessen brillanteste Analytikerin, weil sie ihn kritisierte, bevor sie ihm näherkam. Angefangen mit Shklar, habe ich alle hier behandelten Figuren ausgewählt, weil sie Aspekte des Kalte-Krieg-Liberalismus beleuchten, die seinen größtenteils lobenden neueren Darstellungen entgangen sind. Zusammen zeichnen die Kapitel den Bedeutungswandel des Liberalismus in der Frühzeit des Kalten Krieges nach, indem sie zeigen, wie dessen Vergangenheit und Quellen neu interpretiert wurden. Zudem deuten sie darauf hin, dass der Kalte-Krieg-Liberalismus, der unser gemeinsames Erbe ist, eine Wahl war – eine Wahl, die zukünftige Liberale ausschlagen können.

Für jedes Kollektivporträt des politischen Denkens im Kalte-Krieg-Liberalismus spielt es eine Rolle, dass seine ersten Vertreter:innen einen jüdischen Hintergrund hatten, wenn nicht sogar jüdischen Glaubens waren. Welche ihrer Erfahrungen in einer Zeit des Massensterbens trugen dazu bei, dass sie zu ihren Ansichten gelangten? Ich habe Einwände gegen die stereotypen Vermutungen, die einige Interpretationsweisen der jüdischen Wurzeln des Kalte-Krieg-Liberalismus beeinträchtigt haben. Vertreibung und Gewalt führen mitunter dazu, dass Emigrant:innen und Opfer alte Fehler wiederholen und nicht unbedingt vor neuen gefeit sind. Sogar in den seltenen Augenblicken, in denen sie öffentlich als Juden auftraten, trafen die Vertreter:innen des Kalte-Krieg-Liberalismus fragwürdige Entscheidungen.

Am entscheidendsten für die Art und Weise, wie sie ihre jüdische Identität auslebten, war nicht irgendeine jüdische Tradition oder das Leben, das sie als Ausgewiesene oder Emigrant:innen führten, sondern der Zionismus, über den sie in den Jahren, als sie ihre Positionen ausbildeten, sehr viel häufiger schrieben. Alle Vertreter:innen des Kalte-Krieg-Liberalismus waren anglophil, manche von ihnen in hohem Maße. Die Amerikaner:innen unter ihnen fragten sich zudem, ob ihr mittlerweile die weltweite Verteidigung des Liberalismus anführendes Heimatland englische Tugenden verkörpern oder ihnen sogar neue Impulse verleihen könne. Doch als Jüdinnen und Juden mussten die Vertreter:innen des Kalte-Krieg-Liberalismus auch darüber nachdenken, welchen nationalistischen Bewegungen sie sich sogar in der Diaspora am ehesten anschließen würden.

In der zionistischen Bewegung waren Nationalismus und Gewalt leibhaftige Phänomene. Für beide hatte sich der Liberalismus im 19. Jahrhundert begeistert, da er sie als Mittel zum Zweck für die liberale Sache betrachtete, und der Zionismus der Vertreter:innen des Kalte-Krieg-Liberalismus behielt diese Sichtweise bei – allerdings nur für einen Ort. Gerade weil die Vertreter:innen des Kalte-Krieg-Liberalismus im Inland vor ihm warnten und ihn an anderer Stelle im Ausland verurteilten, wo sich die nationalistische und gewaltsame Emanzipation im Zuge der Dekolonisierung weltweit verbreitete, bringt ihr Zionismus die Widersprüche ihrer Erneuerung des liberalen Credos besonders lebhaft zum Ausdruck.

Als ich in den 1990er Jahren ein junger Erwachsener war, ist es in Mode gewesen, das politische Denken der Vertreter:innen des Kalte-Krieg-Liberalismus zu rühmen, das für ein postpolitisches Zeitalter umfunktioniert wurde, in dem Liberale sich seinerzeit zuversichtlich gaben, dass sie auf alles eine Antwort hätten. Studierende wie ich waren aufgefordert, den Säulenheiligen der 1940er und 1950er Jahre zu Füßen zu liegen, wenn sie noch lebten, oder ihr Vermächtnis aufzupolieren, wenn das nicht der Fall war. Hatte nicht 1989, wenn nicht gar die Zeit davor ihnen Recht gegeben? Doch mit der Zeit begannen wir zu erkennen, dass die Grundannahmen des Kalte-Krieg-Liberalismus verheerende Folgen gehabt hatten, besonders in Anbetracht des neuen Lebens, das ihnen nach dem Ende des Kalten Krieges eingehaucht wurde.

Am wenigsten ist am Kalte-Krieg-Liberalismus zu beanstanden, dass er für die westliche Außenpolitik Nachfolgefeinde gesucht – und gefunden – hat. Zu seiner Zeit und möglicherweise auch in unserer wurde er nicht hauptsächlich oder bloß zur Begründung eines Krieges im Ausland, sondern eher zu der einer kollektiven und persönlichen Ordnung herangezogen, die dem Staat Grenzen setzte, während sie das Ich disziplinierte. Und für die Zeit nach der theoretischen Umgestaltung des Liberalismus während des Kalten Krieges hieß das, dass es gerade in den angloamerikanischen Ländern, die als Sinnbild der Freiheit galten, mehr Faktoren gab, die sich als genuin abträglich erwiesen, auf lange Sicht die ökonomische und soziale Hoffnungslosigkeit vorantrieben und an den Rändern – und zunehmend auch in der Mitte – Rebellionen und Aufstände auslösten. Die Folge ist, dass die liberale Tradition als solche heute in vielen Ecken der Welt einen Großteil ihrer Glaubwürdigkeit verloren hat.

Meiner Meinung nach sind viele liberale Grundsätze unverzichtbar, aber sowohl Aufrichtigkeit als auch Notwendigkeit gebieten es, dass wir zunächst eingrenzen, inwiefern der Kalte-Krieg-Liberalismus die Tradition, die er kurzfristig zu bewahren beabsichtigte, langfristig in eine anhaltende Krise gestürzt hat. Heute beharren viele Beobachter:innen, die wieder und wieder auf die Notstandsmentalität des Kalten Krieges zurückkommen, darauf, dass der Liberalismus am Abgrund stehe. Ich glaube nicht, dass wir schon so weit sind; wir haben die Gelegenheit, zu überprüfen, was wir tun können, damit der Liberalismus für eine Rettung in Frage kommt und sich ihrer würdig erweist, vorausgesetzt, das ist möglich. Falls und wenn sich eine letzte Chance auftut, dann muss sie dem Liberalismus erlauben, sich als Bezugssystem für die Verwirklichung universeller Freiheit und Gleichheit zu rehabilitieren. Es ist nicht leicht, sich des Eindrucks zu erwehren, dass das Vermächtnis des Kalte-Krieg-Liberalismus dazu führen könnte, dass er das Zeitfenster, das sowohl die Notwendigkeit dafür als auch Gelegenheit dazu bietet, verpasst.

Doch der Kalte-Krieg-Liberalismus ist nicht unser Schicksal. Wenn die große Debatte der letzten Jahre über den Liberalismus weitergeht, sollten wir eine Pluralisierung unserer Optionen ins Auge fassen. Unsere größte Chance, den Liberalismus zu retten, dürfte darin bestehen, zugunsten einer vollkommen neuen Version hinter das Kalte-Krieg-Credo zurückzugehen, das wir geerbt haben. Eine nochmalige Überprüfung der Beschaffenheit des Kalte-Krieg-Liberalismus erinnert uns daran, dass es weniger darauf ankommt, Traditionen zu bewahren und zu retten, als darauf, dass wir uns die Freiheit nehmen, sie um unserer gemeinsamen Zukunft willen über ihre Beschränkungen hinaus neu zu gestalten.

Judith Shklar, 1966

1
Gegen die Aufklärung: Judith Shklar

Judith Shklars erstes Buch, *After Utopia*, erschien 1957.[1] Auf beiden Seiten des Atlantiks, klagte sie, hätten politischer Optimismus und politische Möglichkeiten sich erschöpft. Die Aufklärung sei preisgegeben worden und in einigen Fällen habe sie eine Umgestaltung erfahren, um ihren Kern vor ihren Exzessen zu bewahren. Mitte des 20. Jahrhunderts feierten in der gesamten intellektuellen Landschaft der Fatalismus eines seinerzeit populären Christentums und der Pessimismus der romantischen Bewegung Triumphe.

Im Jahr vor der Veröffentlichung von Shklars Buch hatte Peter Laslett das bekannte und eher in Erinnerung gebliebene Epitaph der Ära verkündet: »Die politische Philosophie ist tot, jedenfalls zum gegenwärtigen Zeitpunkt.«[2] Shklars Diagnose in Buchform verfolgte den Zweck, die (aus ihrer Sicht) angespannte und aussichtslose Situation der transatlantischen Politik zu bewerten, wobei die Situation des politischen Denkens als Stellvertreterin für die Politik selbst fungierte. Obwohl sie darin auch eine Reihe von konservativen und nichtkommunistischen sozialistischen Positionen analysierte, ist und bleibt Shklars Essay die beste Aufschlüsselung und Kritik des Kalte-Krieg-Liberalismus, die je geschrieben wurde.

Aufgrund ihrer Vorreiterrolle beim Zusammentragen eines Gesamtüberblicks über den Kalte-Krieg-Liberalismus lasse ich mich in meinem ganzen Buch von Shklar leiten. Sie wird mir dabei weniger als Beatrice denn als Vergil dienen, dem wir in der Hoffnung durch eine Höllenlandschaft folgen, dass dahinter das Fegefeuer – wenn nicht der Himmel – liegt. *After Utopia* war nicht bloß der letzte Überblicksversuch über den Kalte-Krieg-Liberalismus, sondern auch kritische Widerrede. Das Buch missbilligte die Neuerfindung des Liberalismus, obwohl Shklar nicht unmittelbar eine Möglichkeit sah, ihn zu rehabilitieren.

Und Shklar zufolge bestand die grundlegendste und zweifelhafteste Innovation der Vertreter:innen des Kalte-Krieg-Liberalismus möglicherweise in ihrer Ambivalenz gegenüber der Aufklärung, die mitunter bis zu deren Preisgabe ging.

Natürlich kennen wir auch Shklar selbst als Kalte-Krieg-Liberale. Ebenso wie andere Angehörige dieser Schule, wie etwa Raymond Aron, Isaiah Berlin und Jacob Talmon, stellte sie aus Entsetzen über die durch staatliche Exzesse möglichen grausamen Gesetzesbrüche die Furcht vor dem Umkippen von Freiheit in Tyrannei ins Zentrum ihres Denkens.

Wie die anderen orientierte auch Shklar sich nach den Verwüstungen des totalen Krieges, der Tragödie des Holocaust und dem Skandal des Totalitarismus daran, dass ständig ein gewaltsames Ende des Pluralismus drohte. Die kollektive Politik war nicht mehr emanzipatorisch oder pädagogisch und schon gar nicht um die Schaffung von Institutionen kollektiver Freiheit bemüht. Für Sicherheit war der Staat eine Notwendigkeit, in erster Linie stellte er aber das größte Risiko für sie dar. Desillusioniert durch die Fortdauer des Bösen und aufgerüttelt von der Erinnerung an die Schrecken, ließen die Unterstützer:innen dieses »Liberalismus der Furcht« (wie Shklar ihn später nannte) alle radikalen Verbesserungserwartungen fallen, um die Gegenwart des *summum malum* in der Politik auf theoretische Begriffe zu bringen.[3]

Jede:r, der oder die mit Shklars Denken vertraut ist, wird sie in dieser gängigen Beschreibung wiedererkennen, und doch fehlt ihr etwas Wichtiges. Shklar begann ihre Karriere mit der Suche nach einer Alternative zum Kalte-Krieg-Liberalismus. *After Utopia* legte dar, dass die Treuepflicht gegenüber den Grundsätzen der Aufklärung in den 1950er Jahren so weit zurückgegangen war, dass sie zu Shklars größter Enttäuschung selbst unter Liberalen aufgegeben wurden.

Das Buch ging auf ihre Doktorarbeit am Radcliffe College zurück, die sie 1955 unter dem Titel »Fate and Futility: Two Themes in Contemporary Political Theory« (»Verhängnis und Vergeblichkeit: Zwei Themen der Politischen Theorie der Gegenwart«) verteidigte. Anschließend machte sie als einflussreiche Lehrkraft am Department of Government der Harvard University Karriere. Es dauerte erstaunlich lange, bis sie einen Lehrstuhl erhielt. Angesichts der Untätigkeit ihrer männlichen Kollegen, die sie nicht auf eine ordentliche Professur beriefen, ihr aber aufgrund ihrer Fähigkeiten nur ungern eine Festanstellung verwehren wollten, handelte sie 1963 eine Teilzeitdozentur aus – ein Provisorium, dem erst zwei Jahrzehnte später abgeholfen wurde.[4] Dennoch zeigte Shklar sich in einem 1981 im Rahmen von Judith Walzers Erhebung über die wenigen weiblichen Fakultätsangehörigen in Harvard aufgezeichneten Gespräch mit Walzer nostalgisch in Bezug auf die Jahre, in denen sie *After Utopia* schrieb – eine Arbeit, der »ich mich mit Haut und Haaren verschrieben habe«. »Ich las Tag und Nacht«, sagte sie, »jedes einzelne fantastische Buch«, während »ich in dem kleinen Untergeschoss der Bibliothek in Radcliffe saß«, wo ihr eine »zweite Ausbildung« zuteilgeworden sei.[5]

Shklar lernte, mit »der Aufklärung« anzufangen, wie die transformative Bewegung (bzw. die Reihe von Bewegungen) im 18. Jahrhundert nach wie vor genannt wird, die im Namen einer zukünftigen Befreiung die Vergangenheit hinterfragte. Sie gelangte zu der Auffassung, dass die Aufklärung eine postchristliche Wiederbelebung des alten stoischen Versprechens war, universelle Vernunft zum institutionellen Prüfstein für menschliche Belange zu machen. Doch eigentlich drehte sich Shklars Verständnis von Aufklärung am ehesten um die Ausbildung von Handlungsfähigkeit in der Welt: um ein Konzept dafür, dass Individuen und Gesellschaft die Last auf sich nehmen, sich selbst zu erschaffen, anstatt sich auf eine vermeintlich äußerliche, ob nun metaphysische oder politische Autorität zu stützen. »Das Wesen des Radikalismus«, erklärte sie, »liegt in dem Gedanken, dass der Mensch mit sich und seiner Gesellschaft tun kann, was immer er möchte.«[6] Einfaches Überleben reiche nicht; kollektive und persönliche Selbsterschaffung lieferten das Richtmaß, wie weit die Gesellschaften schon gekommen seien und wie weit sie noch gehen müssten. »Dieses Anliegen lächerlich zu machen, ist ziemlich leicht«, stellte sie fest. »Aber ob etwas Besseres auch nur in Erwägung gezogen wurde, ist eine ganz andere Frage.«[7]

Diese in der Aufklärung wurzelnden »radikalen Bestrebungen des Liberalismus« hätten sich allerdings inzwischen verflüchtigt.[8] Statt ihrer hätten Philosophien, die ursprünglich Entgegnungen auf die Aufklärung gewesen waren, den Liberalismus weniger verdrängt als vielmehr neu definiert. Im Anschluss an eine ausführliche Darlegung der romantischen Auflehnung gegen die Aufklärung gab *After Utopia* eine Beschreibung des eng damit verwandten »christlichen Fatalismus«. Und das Buch erreichte seinen aus dem Rahmen fallenden Höhepunkt mit einer Untersuchung der existenzialistischen Antipolitik und religiösen Malaise, die mittlerweile die zerborstene Landschaft des Kalten Krieges einer intellektuellen Schutthalde gleich zumüllte und alle Ausgänge versperrte. Doch dem Ganzen die Krone auf setzte in Shklars Augen das Scheitern sowohl des Liberalismus als auch des Sozialismus, der Krise des Zeitalters zu entrinnen, in dem niemand einen Ausweg sah und die Intellektuellen die Hoffnung auf schrittweise Emanzipation aufgaben. Der Liberalismus, behauptete sie, habe selbst die Gestalt seines alten konservativen Gegenspielers angenommen.

In Anbetracht ihres Rufs ist Shklars Blickwinkel zweifellos bemerkenswert. Sie ging davon aus, dass die moderne politische Theorie nicht für ihr zögerliches Eingeständnis des *summum malum* gewalttätiger Folgen – wie im späteren Liberalismus der Furcht – gelobt, sondern für ihren unerhörten Verzicht auf eine aufklärerische Sichtweise menschlicher Emanzipation kritisiert werden sollte.

Es ist nicht verwunderlich, dass der radikale Theoretiker Sheldon Wolin in seinem heute vergessenen, ausführlichen Essay über das Buch die These von *After Utopia* dahingehend wiedergegeben hat, »dass die Launen des Radikalismus über das Schicksal der politischen Theorie entschieden«.[9] Solch eine Auffassung, stellte Wolin scharfsinnig fest, beruhe auf einer bestimmten Lesart »der Aufklärung«. Er schloss daraus, dass Shklar, als sie die Operationsbasis für ihre Vorwürfe gegen Denkströmungen im 20. Jahrhundert schuf, umstrittene strategische Entscheidungen in Bezug auf die Darstellungsweise des 18. Jahrhunderts traf. »Die herausragendsten Vertreter des Liberalismus«, führte er in seiner Besprechung aus, die sich im Rückblick wie ein hochironischer Kommentar liest, »neigten eher dazu, sich mit den auf der Welt in großer Zahl drohenden Qualen zu befassen als mit den reichlich vorhandenen Glücksmöglichkeiten.«[10] Indem sie die Radikalität der Aufklärung hervorhob, ließ Shklar *genau die Eigenschaften der Aufklärung* weg, die sie später ins Zentrum ihres Liberalismus der Furcht stellen sollte. Allerdings verfolgte sie auch noch nicht das Ziel, die neuzeitliche Moralpsychologie wiederzubeleben, auf der ihr Liberalismus der Furcht fußte: Keiner ihrer späteren Helden, wie der Essayist Michel de Montaigne und der politische Philosoph Montesquieu, ist ihr in ihrem ersten Buch eine Erwähnung wert.

Shklar stellte sich eher die Frage, was der auf Handlungsfreiheit konzentrierten Aufklärung widerfahren sei. »Die Menschen sehnen sich nach sozialer Freiheit«, führte sie aus, »nach einer Gelegenheit, tatsächlich Entscheidungen zu treffen.«[11] Ihre primäre Antwort lautete »der romantische Geist« – eine Antwort, der dieses Buch im nächsten Kapitel nachgehen wird, das von der Art und Weise handelt, wie der Kalte Krieg der politischen Romantik die Schuld an den Verbrechen der Moderne in die Schuhe geschoben hat. Auch Shklars Einwände gegen die christliche Neoorthodoxie und ihre schnöde Kritik an Hannah Arendt sind es wert, später noch einmal aufgegriffen zu werden. Anfangen sollte man aber mit dem von Shklar diagnostizierten Schicksal der Aufklärung – deren Beinahe-Preisgabe – im Rahmen der Transformation des Liberalismus im Kalten Krieg, denn diese Diagnose prägte alle ihre weiteren Urteile.

Die Neubelebung der historischen Literatur über den Liberalismus, die erst vor kurzem begann, hat bereits ein Goldenes Zeitalter erreicht. (Vor noch nicht allzu langer Zeit gab es nur einen einzigen Überblicksversuch von Bedeutung, der von dem italienischen Emigranten Guido de Ruggiero stammte und vor beinahe einem Jahrhundert erschien.) Mittlerweile ist es zu einer wahren Explosion von Geschichten des liberalen Denkens gekommen, obwohl es regelmäßig heißt, der Liberalismus als solcher sei in einer Krise oder sogar vorbei.[12]

Im Streit darüber, worauf Liberalismus zurückgeht, besteht die Uneinigkeit vor allem darin, ob man eine begriffliche oder eine nominalistische Herangehensweise wählen soll. Im ersten Fall muss explizit oder implizit eine vorab festgelegte Definition des Liberalismus – etwa eine Liste unverzichtbarer Merkmale – am Anfang stehen. Wenn man so vorgeht, ist es möglich, viele, denen das Wort *Liberalismus* völlig unbekannt war, wie zum Beispiel John Locke, zu den Liberalen zu zählen. Andere beginnen nominalistisch: Es sei ungefährlicher, das primäre Kriterium für Liberalität darauf festzulegen, dass eine Person sich selbst als liberal bezeichnet oder von anderen so bezeichnet wird.

Niemand, der den Kalte-Krieg-Liberalismus mit Vorgängerversionen vergleichen möchte, kann eine begriffliche Grundannahme darüber vermeiden, was einstmals die Tradition bestimmt hat. So ging Shklar zum Beispiel davon aus, dass ein konstruktives Verhältnis zum aufklärerischen Projekt der Emanzipation menschlicher Handlungsmacht zentral für den Liberalismus sei. Aus ebendiesem Grund sei dessen Fallenlassen im Kalten Krieg so verhängnisvoll gewesen. Kein »Liberalismus«, der die Aufklärung preisgebe, könne lange liberal bleiben – doch der Kalte-Krieg-Liberalismus ging am weitesten. Dennoch lässt sich auch aus dem eher nominalistischen Ansatz eine Menge lernen, weil er der Gefahr einer Naturalisierung des Liberalismus zu einer unveränderlichen Tradition vorbeugt. Die Frühzeit des Kalten Krieges konnte nur aufgrund der Vorstellung entscheidende Auswirkungen auf den Liberalismus haben, dass er höchst wandelbar ist. Die Notverteidigung der Freiheit gegen die Sowjets im Kalte-

Krieg-Liberalismus transformierte ihn fast bis zur Unkenntlichkeit.

Aus diesem Grund dramatisiert dieses Buch die Art und Weise, wie die Vertreter:innen des Kalte-Krieg-Liberalismus den Kanon des politischen Denkens umgestalteten. Der möglicherweise größte jüngere nominalistische Liberalismushistoriker, Duncan Bell, hat uns daran erinnert, dass die Umstrukturierung der liberalen Tradition teilweise in einer Rekanonisierung bestand. Natürlich ist nichts daran spezifisch für den Liberalismus; wenn alle Geschichte Gegenwartsgeschichte ist, dann gilt das auch für die Kanonisierung, weil die Vergangenheit im Lichte der Gegenwart rekonfiguriert wird.

Tatsächlich gibt es vielleicht keine bessere Verständnismöglichkeit des politischen Denkens, als wenn man untersucht, welche Ahnen es für sich beansprucht – und wen es tadelt oder ausschließt. »Jedes Zeitalter schreibt bekanntlich die Geschichte für seine eigenen Zwecke neu, und die politische Ideengeschichte bildet keine Ausnahme von dieser Regel«, verzeichnete Shklar 1959. »Wie genau solche Perspektivenwechsel aussehen, muss allerdings untersucht werden. Denn ihre Erforschung kann nicht nur zum Verständnis der Vergangenheit beitragen, sondern auch zu einem besseren Verständnis unserer eigenen intellektuellen Situation führen.«[13]

Doch wie der Liberalismus sich Mitte des 20. Jahrhunderts seine eigene Vergangenheit ausgemalt hat, ist bisher kaum zur Sprache gebracht worden. In seinem klassischen Aufsatz stellt Bell die für Unruhe sorgende, aber knappe Behauptung auf, dass Locke erst im 20. Jahrhundert zum Begründer des Liberalismus ernannt wurde. Dabei wäre über den Kanonisierungsprozess sehr viel mehr zu sagen. Er stürzte eine im 19. Jahrhundert tonangebende Version liberaler Theorie mit perfektionistischen und progressistischen Merkmalen vom Sockel, die der Kalte-Krieg-Liberalismus transformierte. Kreative Handlungsmacht war das Ziel des Liberalismus gewesen und Geschichte sein Forum der Möglichkeiten. Mitte des 20. Jahrhunderts änderte sich das alles.

Die Auswirkungen waren gewaltig. Im gleichen Maße wie die Gnosis die Kanonisierung des Neuen Testaments bewirkte – Adolf von Harnack hat behauptet, es habe »in der ganzen Kirchengeschichte keine Schöpfung« gegeben, »die eine größere That gewesen wäre«[14] –, trat die Furcht vor dem Kommunismus eine neue Sicht auf die Abkunft des Liberalismus und darauf los, welche Bücher in seine Entstehungsgeschichte einbezogen und welche Bewegungen gegeißelt und aus seiner Vorgeschichte entfernt werden sollten. Ebenso wie das übrige neuzeitliche Denken war Locke eigentlich marginal für den Kanon des Kalte-Krieg-Liberalismus; bei ihm bot es sich eher an, dass Linke wie C. B. Macpherson oder Rechte wie Leo Strauss ihn ins Zentrum stellten.[15] Für die Vertreter:innen des Kalte-Krieg-Liberalismus rückte das in den Vordergrund, was ich den »Anti-Kanon« moderner Emanzipation nennen werde, und dann noch neue moderne Quellen, welche dem Reiz der Emanzipation entgegenwirken sollten, die vorher in Sachen Liberalismus tonangebend gewesen war.

Anhand von Kanons lassen sich nicht bloß Engel, sondern auch Dämonen ermitteln, auch wenn das schlimmste Schicksal für gewöhnlich alldem beschieden ist, was überhaupt keine Beachtung findet – wie die Religionsgeschichte einmal mehr zeigt. Anti-Kanons – Bücher, Persönlichkeiten oder Bewegungen aus der Vergangenheit, die mit einem Bann belegt werden, um Traditionen zu definieren und zu stabilisieren – sind von höchster Relevanz für die Kanonbildung.[16]

Die Bestandteile von Anti-Kanons dienen als bleibende Gegenbeispiele, die es zu vermeiden gilt: »Ihre Irrtümer« seien dergestalt, »dass wir sie nicht auf sich beruhen zu lassen bereit sind«.[17]

Die erste Hälfte dieses Buches erkundet den Anti-Kanon des Kalte-Krieg-Liberalismus von der Aufklärung und Jean-Jacques Rousseau bis zu G. W. F. Hegel und Karl Marx. Die zweite Hälfte wendet sich den Ersetzungen zu, die vorgeschlagen wurden, um den Liberalen in der tragischen, jeder Hoffnung auf Emanzipation abholden Zukunft Orientierung zu bieten.

Wo der Liberalismus im 19. Jahrhundert als mit Romantik und Progressivismus verwobene Folgeerscheinung der Aufklärung aufgetreten war, hat der Kalte-Krieg-Liberalismus ihn im Namen eines nahezu ausschließlichen Vorrangs von individueller, vermeintlich durch alle drei bedrohter Freiheit von der Verunreinigung durch dieses Vermächtnis befreit. Das Bewusstsein von der Erbsünde im neoorthodoxen Christentum und das Gewahrwerden psychischer Zwiespältigkeit bei Sigmund Freud wurden wie Amulette zur Abwehr einer verlockenden, aber schimpflichen Emanzipation ins Feld geführt. Auch in geografischer Hinsicht wurde der Liberalismus in Anbetracht dessen beschnitten, was die Vertreter:innen des Kalte-Krieg-Liberalismus als Gräuel der Dekolonisierung wahrnahmen: Er wurde in den kanonisch und politisch sicheren Hafen am Nordatlantik heimgeholt, obwohl die Globalisierung der Freiheit welthistorisch gerade am weitesten fortgeschritten war.

»Am Anfang war die Aufklärung«, heißt es zu Beginn von Shklars *After Utopia*.[18] Doch der Liberalismus ihrer Zeit, behauptete sie, habe sich dem Hass auf die Aufklärung seiner historischen Gegenspieler angenähert, ja sich ihn sogar einverleibt.

Ursprünglich, bevor sie ihre Doktorarbeit für die Buchveröffentlichung umarbeitete, hatte Shklars Kritik am Kalte-Krieg-Liberalismus an erster und nicht an letzter Stelle gestanden.[19] Diese Anordnung machte ihr Hauptanliegen sichtbarer. Mit dem, was Shklar als »Ende des Radikalismus« titulierte, war die Preisgabe der liberalen »Überzeugung« gemeint, »dass die Menschen sich selber und gemeinsam ihr soziales Umfeld kontrollieren und verbessern können«.[20] Daran seien die Vertreter:innen des Kalte-Krieg-Liberalismus schuld und nicht bloß die christlichen Fatalisten und romantischen Pessimisten, die den intellektuellen Obskurantismus und die politische Resignation während des Kalten Krieges noch extremer zugespitzt hätten als die Liberalen. Shklars Schilderung der liberalen Bankrotterklärung erfolgt in zwei Stufen, die den ersten beiden Kapiteln ihrer Doktorarbeit entsprechen und im letzten Kapitel ihres Buches zusammengefasst werden.

Die Erfindung des politischen Konservatismus in Reaktion auf die Französische Revolution, legte Shklar dar, griff sofort auf den Liberalismus über und versetzte der Aufklärung einen Schlag, von dem sie sich nur schwer zu erholen vermochte. Der totale Krieg und der Totalitarismus im 20. Jahrhundert, versicherte sie, »machten die Schlappe nur noch endgültiger«.[21] Diese rechtsgerichtete Neudefinition des Liberalismus sei mit der Übertreibung der Wichtigkeit der Freiheit für seine Geschichte einhergegangen; sie habe seinem Perfektionismus und Progressivismus abgeschworen und die Intellektuellen, ja sogar die Theorie selbst attackiert. Den Staat behandele sie als geborenen Unterdrücker und die Demokratie als ein Rezept für Totalitarismus, es sei denn, der

Staat werde auf ein Minimum reduziert und der Demokratie würden strenge Grenzen auferlegt.

Die Liberalen »gaben« die Aufklärung »preis«, weil die Beschränkung staatlicher Autorität und ein Bekenntnis zu persönlicher Freiheit in einem sich aus dem Hass auf jakobinischen Radikalismus speisenden, fatalistischen Geist plausibel zu sein schienen.[22] Ursprünglich habe der Konservatismus als eine Strategie »im Widerstand gegen den Jakobinismus« Einheitlichkeit erlangt, aber dies sei keine eindeutige Definition gewesen, da »sich der Liberalismus in Bezug auf dieses Anliegen bald zum Konservatismus gesellte«.[23] Die Erfindung des Kalte-Krieg-Liberalismus, machte Shklar geltend, habe sich deshalb »über längere Zeit hingezogen«.[24]

Mit Ausnahme von John Stuart Mill wendeten die ersten Liberalen im 19. Jahrhundert sich rasch von dem aufklärerischen Antiklerikalismus ab, der die französischen Philosophen des 18. Jahrhunderts ausgezeichnet hatte. Mit einem Seitenblick auf ihre eigene Zeit diagnostizierte Shklar einen tiefer reichenden Verzicht auf die progressive Rolle von Intellektuellen, die – wie sie Alexis de Tocqueville zitierte, der davon in *Der alte Staat und die Revolution* gesprochen hatte – nicht mehr »an sich selbst« glaubten und sich durch unbelehrbare und unberechenbare Mehrheiten bedroht fühlten, deren potenziellem Abgleiten in säkularen Fanatismus jetzt mit Hilfe von einstmals verhasster religiöser Frömmigkeit Einhalt geboten werden musste.[25] Mill, räumte sie ein, verkörperte einen Restglauben an Bildung und Erziehung, doch diente diese nicht mehr der eigenständigen universellen Emanzipation von Individuen und Gesellschaft, sondern eher der Verhinderung der verheerenden Übernahme des Staates durch fehlgeleitete Mehrheiten.

Wie Shklar zugab, war dieser Liberalismus des 19. Jahrhun-

Fate and Futility: Two Themes in
Contemporary Political Theory

A thesis presented
by
Judith N. Shklar
to
The Department of Government

in partial fulfillment of the requirements
for the degree of
Doctor of Philosophy in Radcliffe College
in the subject of
Government

Radcliffe College
Cambridge, Massachusetts
April, 1955

Judith Shklars Doktorarbeit, Titelblatt

derts ohne Zweifel meilenweit von romantischer Schwermut entfernt, denn die Liberalen seien lange Zeit »noch bereit gewesen«, den Massen »ihre Dienste anzubieten«.[26] Doch nach der Französischen Revolution stand die Schrecklichkeit der Macht selbst allen klar vor Augen, und Liberale wie Lord

Acton, der vor ihrer Korrumpierung warnte, unterschieden sich nur um Haaresbreite von Pessimisten wie Jacob Burckhardt, der Macht an sich als Übel brandmarkte. Trotzdem waren ihre Befürchtungen nicht besonders groß, sie dämpften lediglich den Optimismus der Aufklärung, bereiteten aber auch spätere Anhänger nicht auf die schlimmsten Perversionen der Macht vor. Der Liberalismus des 19. Jahrhunderts öffnete dem Konservatismus die Tore zur liberalen Festung, doch erst die Totalitarismuskritiker:innen des Kalten Krieges machten aus dieser Offenheit eine bedingungslose Kapitulation.

Erst Mitte des 20. Jahrhunderts, hob Shklar hervor, behandelten die Liberalen die Aufklärung selbst als Hauptquelle für das totalitäre Trauerspiel. Die Kritik an der Aufklärung wurde von einer beunruhigenden Zahl Liberaler übernommen. Dies führte zu einer Art Libertarianisierung dessen, wofür der Liberalismus stand, die mit dem in der politischen Theorie des 19. Jahrhunderts tonangebenden Perfektionismus und Progressivismus brach, obwohl ökonomisches Laissez-faire für die liberale Praxis bereits seit langem zentral gewesen war.

Shklar legte dar, dass die Erfahrung totalitärer Herrschaft in ganz Europa einen Verlust an Selbstvertrauen bewirkte, der wiederum den Anschein erweckte, als sei die individuelle Freiheit dermaßen in Gefahr, dass Liberale sich ausschließlich um ihren Schutz bemühen sollten. Und selbst dies, so deren verzweifelter Gedanke, ließe sich möglicherweise nicht lange aufrechterhalten. Auf diese Weise wurde der Liberalismus »bloß zu einer weiteren Ausdrucksform von sozialem Fatalismus, nicht zu einer Antwort darauf. Denjenigen, denen der ästhetische und subjektive Drang der Romantiker fehlt oder die es schwierig finden, das offizielle Christentum zu akzeptieren, bietet der konservative Liberalismus die Gelegenheit zu einer säkularen und sozialen Form von Verzweiflung.«[27]

TABLE OF CONTENTS

Judith Shklars Doktorarbeit, Inhaltsverzeichnis

Man muss Shklars zweistufigen, beinahe schon in der Entstehungszeit des Liberalismus einsetzenden Niedergang der Aufklärung mit kritischen Augen betrachten. Um so etwas wie Kontinuität zwischen beiden Stufen zu erzielen, schoss sie übers Ziel hinaus und dem fiel ihre eigene Hervorhebung der Verschlimmerung des liberalen Pessimismus im Kalten Krieg zum Opfer.

Wie sich herausstellt, hat Shklar mit ihrer ersten Stufe die intelligenteste neuere Darstellung des liberalen Denkens durch Amanda Anderson vorweggenommen, insofern sie behauptete, der Liberalismus sei von Geburt an schwermütig bzw. abgeklärt gewesen, was ihn zu einer Dauerauflehnung gegen die Aufklärung veranlasste, obwohl er sie beerbte. Diese Neigung habe der Kalte Krieg lediglich verstärkt.[28] In ihrem brillanten neueren Buch, *Bleak Liberalism* – das unter Ideenhistoriker:innen und politischen Theoretiker:innen kaum bekannt ist, weil eine Literaturwissenschaftlerin es geschrieben hat –, vertritt Anderson die These, dass der »düstere« und »geläuterte« Liberalismus des 20. Jahrhunderts, und zwar besonders im Kalten Krieg, »optimalerweise nicht als Anomalie innerhalb der Geschichte des liberalen Denkens betrachtet werden sollte, sondern eher als zugespitztes Beispiel für dauerhafte Merkmale des liberalen Denkens«.[29] Insbesondere, fügt sie hinzu, »die tiefreichende Entzauberung des politischen Denkens im 20. Jahrhundert trägt zur Erhellung eines dauerhaften Merkmals liberaler Bestrebungen bei«.

Wie Shklar vor ihr liegt Anderson zweifellos richtig, dass Liberale immer in so etwas wie einem Zwiespalt zwischen Optimismus und Pessimismus bzw. Hoffnung und Skeptizismus gefangen waren – wer ist das nicht? Indem sie die fallibilistische und skeptische Einstellung von vielen Parteigänger:innen der Vernunft hervorheben, versuchen die beiden besten Darstellungen der Aufklärung, Generationen von konservativen, reaktionären und dem Kalte-Krieg-Liberalismus verpflichteten Karikaturen von deren Hybris und Selbstüberschätzung entgegenzuwirken. Gewiss hat es auch schon im 19. und frühen 20. Jahrhundert Vorwegnahmen von

Entwicklungstendenzen im Kalten Krieg gegeben. Aber so wichtig es ist, die dauerhaften Merkmale des politischen Liberalismus nach der Französischen Revolution zur Kenntnis zu nehmen, ist es noch wichtiger, zu betonen, dass der Kalte Krieg ihn theoretisch bis zur Unkenntlichkeit transformiert hat. Und dafür ist das, was Anderson und sogar Shklar weglassen, unverzichtbar.

Gemeinsam mit dem Sozialismus ist der Liberalismus eine der zwei großen modernen Emanzipationslehren gewesen, und viele Liberalismustheoretiker:innen haben die Errichtung von Rahmenbedingungen für individuellen und kollektiven Fortschritt in Angriff genommen – was ein bemerkenswert ambitioniertes und transformatives Projekt war –, die ihre Erb:innen heute rekonstruieren müssen. Vielen dieser Theoretiker:innen war eine romantische Bindung an den perfektionistischen Liberalismus zu eigen, der der Menschheit in der Moderne einen Weg zum guten Leben wies. Auch Shklar räumte ein, dass der Liberalismus sich im 19. Jahrhundert nur selten gegen den Sozialismus ausgesprochen habe und sich manchmal zu ihm ausweitete; der Oxforder Moralphilosoph T. H. Green und andere Liberale griffen die libertäre Metaphysik aufgrund ihrer Blindheit für soziale Gerechtigkeit an und ebneten einem neuen Liberalismus und dem Wohlfahrtsstaat den Weg. Und so würdigten sowohl die Vertreter:innen des Kalte-Krieg-Liberalismus als auch ihre marxistischen Gegenspieler:innen denn auch unter der Hand dieses Emanzipationsversprechen, als sie frühere Liberalismusformen aus entgegengesetzten Gründen geißelten: die Vertreter:innen des Kalte-Krieg-Liberalismus wegen deren vermeintlich utopischen Exzessen und die Marxist:innen wegen deren fortwährenden Einschränkungen.

Doch sogar als Shklar behauptete, dass der Anti-Jakobinismus der Liberalen für ihre andauernde Ängstlichkeit verantwortlich sei, stand im Vordergrund ihrer Vorwürfe gegen den extremen Obskurantismus, den sich die liberale Theorie zu eigen gemacht hatte, als der Kalte Krieg anbrach, dass dies ein plötzlicher Umschwung gewesen sei und die Beschneidung des aufklärerischen Ehrgeizes, die er vornahm, über alles bisher Dagewesene hinausging. Intentionale Handlungsmacht und das Berufensein der politischen Theorie selbst zur Vorwegnahme von deren Emanzipation würden in zunehmendem Maße als gefährliche Fallstricke gefürchtet werden, die leicht von den Feinden der Freiheit ausgenützt werden könnten.

Angesichts der Tatsache, dass man heute das Gefühl hat, er sei ein aufregendes neues Thema, ist es erstaunlich, dass Shklar als Hauptbeispiel für den extremen Fatalismus des Kalte-Krieg-Liberalismus die aufstrebende Schule des »Neoliberalismus« heranzog. Warum sie nicht ein gutes Haar an ihm lässt, ist interessant: Es liegt nicht daran, dass er nicht von der Marktwirtschaft lassen konnte, sondern daran, dass er politisch zu konservativ war. Er kündigte das historische liberale Projekt auf und koppelte es endgültig von seinen aufklärerischen Ursprüngen ab.

In *After Utopia* stützte Shklar sich auf einen bibliografischen Überblick ihres Doktorvaters, des Harvard-Politikwissenschaftlers Carl Friedrich über den neuen österreichisch-deutschen Ordoliberalismus, der die Absicht verfolgte, den Liberalismus vor seinen Fehlern aus dem 19. Jahrhundert zu bewahren. Sie nahm Walter Eucken, Friedrich von Hayek und Wilhelm Röpke gemeinsam mit deren libertärem Paten Ludwig von Mises sowie englischsprachigen Mitläufern wie John Jewkes und Michael Polanyi in den Blick.[30] Es sei weniger sein berühmt-berüchtigtes Eifern gegen die Planwirtschaft, behauptete sie, und schon gar nicht seine Burke'sche »Wertschätzung nichtartikulierter gesellschaftlicher Grundlagen«, das bzw. die den Neoliberalismus eher zum Verbündeten als zum Gegner des christlichen und romantischen Fatalismus machten. Was sie stattdessen am bemerkenswertesten an dem Vorschlag fand, der Neoliberalismus sei die Zukunft des Liberalismus, war, dass er sich als allerletzte Antwort auf den Niedergang der westlichen Zivilisation präsentierte. Aus neoliberaler Sicht befand sich die Freiheit in einer Notlage, was die Anfeindung der Aufklärung selbst erforderlich machte.[31] Anders als das, was Individuen durch Märkte zu erreichen vermochten, wurde die Ausbildung von Handlungsmacht nicht bloß deshalb zurückgewiesen, weil sie alles nur noch schlimmer mache, sondern weil sie eine Quelle totalitärer Sklaverei sei.

Noch radikaler würde jetzt das Geistesleben selbst, das zentral für den pädagogischen Optimismus der Aufklärung gewesen sei und den Liberalen im 19. Jahrhundert weiterhin als Fortschrittsquelle gegolten habe, als Ursprung politischer Katastrophen betrachtet. Dass »die Intellektuellen dazu verdammt sind, die Gesellschaft zu zerstören«, wie Shklar das neoliberale Lamento beschrieb, war so ziemlich die extremste Absage an den aufklärerischen Optimismus, die sie sich vorstellen konnte.[32] Und doch liebäugelten Neoliberale wie Hayek und Röpke – gemeinsam mit dem Franzosen und ehemaligen Faschisten Bertrand de Jouvenel, der als Kritiker der Planwirtschaft wiederauferstand – mit genau dieser Prämisse. Sie hechteten zu den extremsten Schlussfolgerungen über intellektuellen Optimismus und Staatsreformen und wählten das Motto »planen und untergehen«, dem zufolge staatliche Eingriffe das Abgleiten in absolute Kontrolle zwangsläufig beschleunigen würden.[33]

Nichts davon, stellte Shklar klar, bedeutete, dass die liberale und neoliberale Preisgabe der Aufklärung mit ihren anderen Zielscheiben, dem christlichen Fatalismus und dem romantischen Pessimismus, vergleichbar sei. Neoliberale wie Hayek revanchierten sich für die romantische Allergie gegen Marktfreiheit mit der Geringschätzung romantischer Individualität. Was ihre freundlichere Haltung gegenüber dem Christentum anbelangte, so ging Shklar davon aus, dass diese bloß die Entscheidung der Liberalen im 19. Jahrhundert vertiefte, Religion in Drucksituationen einen zweiten Blick zu gewähren. Doch selbst wenn einander fremde Bettgenossen eine Zweckehe eingehen, schrieb sie, mache dies sie nicht gleich.

Genauso wenig war der Kalte-Krieg-Liberalismus mit dem Neoliberalismus identisch, obwohl es durchaus angemessen ist, darüber nachzudenken – wie ich es in diesem ganzen Buch tun werde –, wie genau es dazu kam, dass die Hegemonie des einen auf die Hegemonie des anderen überging. Überschneidungen waren allerdings von Beginn an vorhanden: In der hoffnungslosen Anprangerung des aufklärerischen Radikalismus, den sie mit höchster Gefahr verbanden, lag eine Übereinstimmungsmöglichkeit zwischen den Vertreter:innen des Kalte-Krieg-Liberalismus und des Neoliberalismus. Wie Shklar traurig über den Kalte-Krieg-Liberalismus festhielt, sei es mittlerweile üblich, zu sagen, dass die Vernunft selbst Totalitarismus hervorrufe.

Wie angemessen war es, den Liberalismus in den ersten Jahren des Kalten Krieges über die Preisgabe der Aufklärung zu definieren – insbesondere da niemand behaupten konnte, dass zu jener Zeit der Neoliberalismus in anderen Hinsichten repräsentativ für die liberale Theorie war? Die Antwort auf diese Frage scheint zu lauten: sehr angemessen. Möglicherweise gibt es – unter anderem deshalb, weil er gelegentlich Sorge dafür trug, sich von der neoliberalen Partei abzugrenzen – kein besseres Beispiel dafür als den ikonischsten Denker des Kalte-Krieg-Liberalismus, Shklars Lehrer und Freund Isaiah Berlin.

Berlin ist die Hauptfigur des nächsten Kapitels, doch bedenken wir fürs Erste, wie er sich in Shklars Schilderung einfügen könnte. Er war zwar eine Generation älter, aber seine Studentin und er kamen aus derselben Stadt, Riga (in Lettland), und beide waren tief von den literarischen Traditionen des deutschsprachigen jüdischen Bildungsbürgertums*[34] in Riga beeinflusst, wenngleich auf den gegenüberliegenden Seiten einer einschneidenden Zäsur: Berlin kam 1909 im Russischen Zarenreich zur Welt, fünf Jahre, bevor die Juden von Riga nach Osten evakuiert wurden – durch diesen Wegzug aus der Peripherie war er viel stärker auf das russische Geistesleben ausgerichtet, als sie es je gewesen ist –, und natürlich keine zehn Jahre vor dem Zusammenbruch des Reichs. Shklar wurde 1928 im unabhängigen Lettland in das wiederhergestellte deutschjüdische Bürgertum hineingeboren, während Berlins Familie nach dem Sieg der Bolschewiken nach London geflohen war. Shklars Flucht über Japan nach Kanada erfolgte 1939, nachdem der Pakt zwischen Adolf Hitler und Josef Stalin Lettland unter den zweifelhaften Schutz der Sowjets gestellt hatte.

Die Reihen der Vertreter:innen des Kalte-Krieg-Liberalismus waren mit auffällig vielen solcher Exilant:innen und Flüchtlinge bestückt – doch in welchem Maße wir uns ihr Denken durch ihren jüdischen Hintergrund oder persönliche Erfahrungen bedingt vorstellen sollten, ist eine heikle Frage. Klar ist dagegen, dass Berlin ein exzellentes Beispiel für einen Kalte-Krieg-Liberalen abgibt, der die Aufklärung neu bewertet und rekonfiguriert hat. Ausgereifte Ansichten über dieses

Thema entwickelte er überraschend spät. Man könnte sogar in Erwägung ziehen, ob Shklars Verteidigung der Aufklärung *gegen* den Kalte-Krieg-Liberalismus teilweise vom frühen Berlin inspiriert war. Auf jeden Fall fällt sie ein vielsagendes Urteil darüber, wo Berlin am Ende landete.

Shklar und Berlin begegneten sich 1951 zum ersten Mal. Zu diesem Zeitpunkt hatte das erste Jahr ihres Promotionsstudiums in Harvard gerade begonnen, er war dort zum zweiten Mal zu Gast. Sie hatte sein Seminar über die Aufklärung belegt.[35] Es lässt sich kaum bezweifeln, dass sie auch während Berlins Aufenthalt in Harvard im Herbst 1953 (als Talmon ebenfalls für ein Jahr dort war) Zeit miteinander verbrachten. Aufgrund dieser Verbindung wurde Shklar für Berlin zu einer lebenslangen Anlaufstelle und er vereinbarte mit ihr, dass sie ihm amerikanische Bücher schickte. Es besteht kein Anlass, ihre Vertrautheit überzubewerten; Berlins Briefwechsel und Shklars Nachlass in Harvard enthalten keine Briefe vor dem April 1970, als er sie immer noch mit Judith ansprach (und nicht, wie in späteren Briefen, mit ihrem Spitznamen Dita) und sie inständig bat, ihn Isaiah anstelle von Professor Berlin zu nennen.[36]

In ihrer Doktorarbeit und ihrem ersten Buch zitiert Shklar die damals erhältlichen Hauptwerke von Berlin: Sein Buch *Karl Marx*, das 1939 erschienen war, seinen sehr bekannten, 1950 in *Foreign Affairs* publizierten Aufsatz »Politische Ideen im 20. Jahrhundert« und seinen Essay über Leo Tolstojs Geschichtsverständnis, *Der Igel und der Fuchs*.[37] Doch wie mehrere Chronisten von Berlins Entwicklung detailliert beschrieben haben, tritt sein stärker gegen sie voreingenommenes Verständnis von Aufklärung weder in seinem Marx-Buch noch in der kurzen Einleitung zu seiner Quellensammlung *The Age of Enlightenment* von 1956 in Erscheinung. Vielmehr bildete es sich allmählich im Laufe der 1950er und bis in die 1960er Jahre heraus.[38] Dieser zeitliche Rahmen macht sein Verhältnis zu *After Utopia* kompliziert.

Es ist durchaus umstritten, ob Berlin je das in manchen Hinsichten anglozentrische, in manchen Hinsichten frankozentrische und eher simple Bild einer empiristischen und rationalistischen Aufklärung aufgegeben hat, das er in seinem Marx-Buch und in seinem Sammelband von 1956 zeichnet. Ein Kommentator meint nein, und dass Berlins Interesse an der von ihm so bezeichneten Gegenaufklärung »die Errichtung eines intellektuellen Strohmanns namens ›Aufklärung‹« erforderlich gemacht habe, der »während seiner gesamten Karriere weitgehend intakt blieb«.[39] Zahlreiche Anhaltspunkte sprächen für die Behauptung, dass Berlin aufgrund des aufklärerischen Bekenntnisses entweder zum Empirismus oder zum Rationalismus oder zu beidem bei seiner berühmten Darstellung (oder Falschdarstellung) der Aufklärung als »monistisch« und uniform geblieben ist.

Andere halten Berlins mündliche Vorträge in den 1950er Jahren für komplexer – besonders seine mittlerweile unter dem Titel *The Political Ideas of the Romantic Age* erschienenen Vorlesungen in Bryn Mawr, die er in dem Semester vorbereitete, als Shklar in Harvard bei ihm studierte, und seine BBC-Radiovorträge des Jahres 1952, die dem Buch *Freedom and Its Betrayal* zugrunde lagen.[40] In den Augen von wohlwollenderen Leser:innen hatte Berlins Aufklärung verschiedene (rationalistische, voluntaristische, kulturalistische) Stränge, doch in jedem von ihnen lauerte eine spezifische Versuchung, menschliche Freiheit auszulöschen, der ihre Erb:innen im 20. Jahrhundert beunruhigenderweise nachgaben.

Jedenfalls verdeutlichen Shklars Befürchtungen im Zusammenhang mit dem Aufkommen des Kalte-Krieg-Liberalismus, dass Berlins Reifungsprozess während dieser Zeit den erforderlichen Raum für die besorgniserregende Möglichkeit schuf, dass die schlimmsten Perversionen der Politik im 20. Jahrhundert, insbesondere bei den Linken, der Aufklärung selbst angelastet werden konnten.

Berlin trieb diese Attitüde so weit, dass er begann, eine immer vertrautere, um nicht zu sagen sich ständig wiederholende Strategie einzusetzen: die Aufklärung öffentlich für die Hervorbringung der Sowjetunion zu brandmarken und dann betroffenen oder besorgten Briefpartner:innen zu versichern, dass die Aufklärung auch für seinen eigenen Liberalismus von Belang sei. Seinen Freund:innen schrieb er, er würde es sich nie träumen lassen, zu unterstellen, dass es so schlimm stehe – obwohl er faktisch genau das unterstellt hatte. Als Berlin sich in den 1950er Jahren stärker für die Figuren zu interessieren begann, die das ausmachten, was schließlich zu seiner »Gegenaufklärung« werden sollte, trat seine kritische Haltung gegenüber der Aufklärung immer deutlicher hervor.

Alle Darstellungen der Aufklärung und Alternativen zu ihr von Berlin sind durch eine unleugbare Asymmetrie gekennzeichnet: nicht bloß eine Faszination für die, sondern so etwas wie eine liebevolle Duldung der Geißelungen der Aufklärung von rechts, die trotz deren eigenem Anteil an den politischen Gräueln des 20. Jahrhunderts die Korrekturen hervorhob, die sie anbrachten, und die Berlin mit einer flüchtigen Beschäftigung mit Aufklärung kombinierte, die stets deren dunkler Seite den Vorrang gab. Verteidiger:innen dieser Asymmetrie zitieren in der Regel Berlins Rechtfertigung gegenüber verschiedenen Gesprächs- und Briefpartner:innen, dass Kritiker:innen der eigenen Position mehr Aufmerksamkeit verdienten, weil sie deren »Schwachstellen« offenlegten.

Der bemerkenswerteste Vorfall dieser Art war die Antwort

des betagten Berlin auf einen Essay über *Der Magus in Norden* in der *London Review of Books* von Shklars Doktorand Mark Lilla im Jahr 1994. Shklars spätere Betrachtungsweise der Aufklärung nicht als monistisch, sondern als »skeptisch« zur Richtschnur nehmend, beanstandete Lilla, dass Berlin die Weltanschauung »der Aufklärung und ihrer Epigonen« immer als »absolutistisch, deterministisch, unflexibel, intolerant, kaltherzig, homogenisierend, arrogant, blind« beschreibe: »Wenn er die Laster der Aufklärung schildert, kann die Tinte gar nicht schnell genug fließen.«[41] Im anschließenden Briefwechsel mit seinem Rezensenten folgte Berlin seinem Drehbuch. Er schätze die Aufklärung und um ihrer Verbesserung willen beabsichtige er lediglich, ihr den Spiegel vor Augen zu halten, den ihre Kritiker ihr vorhielten. Er setze »Denker, die er für gut befinde«, als »selbstverständlich voraus«, »bevorzuge [aber] ihre Gegenspieler, so lasterhaft und destruktiv diese zuweilen auch sein mögen«.[42]

Doch die Wiederholung ließ seine Selbstverteidigung nicht weniger hohl klingen. Laurence Brockliss und Ritchie Robertson haben es feinfühlig – zu feinfühlig – formuliert, als sie schrieben, dass Berlins Vorstoßen in feindliches Gebiet, das angeblich nur die Festung Aufklärung schützen sollte, nicht »die ganze Wahrheit« gewesen sei.[43] Als Erklärung für die asymmetrische Aufmerksamkeit, die er Kritiker:innen der Aufklärung schenkte, und dafür, dass er den Tadel, den sie für die Gräuel des 20. Jahrhunderts verdienten, der Aufklärung selbst zuteilwerden ließ, war dies überhaupt nicht überzeugend.

»Isaiah Berlin hat die Welt nie im Zweifel darüber gelassen, welchen Standpunkt er gegenüber der Aufklärung des 18. Jahrhunderts und ihrem Vermächtnis einnahm«, insistiert ein Mitglied seines Klüngels.[44] Das ist wahr, aber nicht auf die

Weise, wie dieser Verteidiger meinte; an Berlins Standpunkt bestand kein Zweifel, weil seine Behandlung der Aufklärung einer Ablehnung nahekam. Die beste Wendung, die man dem geben kann, ist, wenn man sagt, wie dieser Anhänger es dann auch ziemlich unnachahmlich tat, dass »Berlins nahezu nietzscheanische Kühnheit und Leidenschaft, *quand-même* der Wahrheit nachzujagen und sie zu stellen«, hieß, dass »die Aufklärung [...] niemals einen Freund und Befürworter hatte, der sich weniger Illusionen über sie machte bzw. ein tieferes Wissen über ihre potenziell verhängnisvollen Schwächen besaß«.[45] Weniger apologetisch gibt T. J. Reed zu Protokoll, Unschuldsbeteuerungen von Berlin und seinem Zirkel änderten nichts an der Tatsache, dass »auf jegliche Anerkennung der Aufklärung in [Berlins Denken] stehenden Fußes ihre Untergrabung durch wiederholte allgemeine Einwände folgte«.[46]

Allem Anschein nach ist die Wahrheit ebenso interessant wie schlicht: Im Zuge der Errichtung seines Kalte-Krieg-Liberalismus während der 1950er Jahre kehrte Berlin der Aufklärung den Rücken – und Shklar diagnostizierte diese Abkehr. Anders ausgedrückt, befasst sich ihre Kritik am Kalte-Krieg-Liberalismus in *After Utopia* auf angemessene Weise mit Berlins heranreifender Position, die sich entwickelte, während sie an dem Buch schrieb.

Das Gleiche galt für die libertäre politische Theorie, die Freiheit als Nichteinmischung des Staates definierte und für die Berlin im Begriff stand, zu einer weltweiten Ikone zu werden. Als Berlin Shklar kennenlernte, war er noch nicht der ikonische Verfechter »negativer« Freiheit, zu dem er sich mauserte. Insbesondere vor dem Kalten Krieg nahm Berlin in einigen Briefen eine sarkastische Haltung gegenüber Hayek ein. Als *Der Weg zur Knechtschaft* in der amerikanischen Ausgabe von *Reader's Digest* erschien, bezeichnete er Hayek als

»schrecklich«; er stehe auf einer Stufe mit »seinem alten Wiener Mentor« von Mises und sei »genauso ein, wenn nicht ein noch größerer Depp«.[47] Auch nach dem Kalten Krieg konnte Berlin unter anderem im Gespräch mit Steven Lukes seine wohlfahrtsstaatliche Zuverlässigkeit in aller Deutlichkeit herausstellen.[48] Und obwohl es während des Kalten Krieges sehr viel weniger Belege für seine Ablehnung des ökonomischen Laissez-faire gibt (und er in anderen Fragen mit Hayek übereinstimmte), hat er sich den Neoliberalismus nie persönlich zu eigen gemacht.

Doch darum geht es hier nicht, sondern darum, dass die Aufstellung seiner Theorie negativer Freiheit während des Kalten Krieges auf unangenehme Weise mit seiner Vertreibung der Aufklärung aus dem Liberalismus zusammenfiel. Der kenntnisreichste jüngere Verteidiger der Vertreter:innen des Kalte-Krieg-Liberalismus, Jan-Werner Müller, betont, dass sie, funktional betrachtet, Sozialdemokrat:innen gewesen seien, räumt aber ein, dass »persönliche Bekenntnisse eine Sache sind – die innere Logik der politischen Ideen, die man vertritt, jedoch etwas ganz anderes«.[49] Die innere Logik des Ausrangierens der Aufklärung aus dem Liberalismus war verhängnisvoll.

Noch nicht einmal als *After Utopia* 1957 erschien, konnte Shklar Berlin wegen seiner Theorie der Freiheit als Nichteinmischung zur Rede stellen, weil er seine Antrittsvorlesung als Chichele-Professor, in der er »negative« von »positiver« Freiheit unterschied, erst ein Jahr später hielt.[50] Doch in ihrem Buch wies Shklar einen Ausschließlichkeitsvorrang von negativer Freiheit (wie Berlin sie nennen sollte) als einen Irrtum und nicht einen Vorzug des Liberalismus zurück. Zudem betonte sie, sei dieser Blickwinkel jüngeren Datums – und stehe, wo er auftrete, nicht im Vordergrund der Tradition vor ihrer

Zeit. Freiheit als Nichteinmischung sei weder im Zeitalter von Thomas Hobbes' Kritik an der republikanischen Freiheit auf dem Vormarsch gewesen (wie der Historiker Quentin Skinner später annehmen würde) noch beim Aufstieg des Handelsliberalismus aus den Trümmern bürgerlicher Tugenden (wie so viele andere Neorepublikaner:innen im Laufe der Jahre vermutet haben).[51] Vielmehr habe, wie Shklar insistiert, die Neudefinition von Freiheit als negativer Freiheit erst im späten 19. Jahrhundert, vor allem im Denken von Herbert Spencer, Bedeutung erlangt.

Zudem, fügte sie auf ihre meinungsstarke Art hinzu, sei es verheerend für die liberale Sache – und ein frühes Anzeichen für die Preisgabe der Aufklärung selbst – gewesen, dass die liberale Neudefinition von Freiheit sich von »moralischer und geistiger Selbstentfaltung« ab- und »fehlendem Zwang« zugewendet habe.[52] 1957, im Jahr vor Berlins Antrittsvorlesung über die »Zwei Freiheitsbegriffe«, kritisierte Shklar deren Position im Zuge ihrer allgemeinen Auseinandersetzung mit der Beseitigung des aufklärerischen Radikalismus durch den Kalte-Krieg-Liberalismus. Die libertäre Argumentationsweise sei ein Symptom für die Abkehr vom moralischen Kern der Aufklärung – nicht dessen Verwirklichung.

Die Aufklärung war alles andere als eine von Anfang an für alle sichtbare kanonische Zeitspanne, sondern immer eine erfundene Tradition. Es wird häufig übersehen, dass sie – ungeachtet früherer Vorstufen eines öffentlichen und wissenschaftlichen Diskurses über Aufklärung* und *lumières* auf dem Kontinent – im englischsprachigen Raum mehr oder weniger eine Kategorie des 20. Jahrhunderts ist. Aus diesem Grund ist die Auslegung der Aufklärung, die der Kalte-Krieg-Liberalismus vornimmt, so etwas wie ihre Geburtsstunde.

»Der Ausdruck ›Aufklärung‹ hat sich im Englischen kaum eingebürgert«, konnte der Historiker Alfred Cobban vom Londoner University College noch 1960 schreiben.[53]

Faktisch entschärften und zähmten die Vertreter:innen des Kalte-Krieg-Liberalismus die vormalige kontinentale Skepsis gegenüber Reaktionären – denn wir sollten keineswegs vergessen, dass es weitgehend die kontinentale Rechte war, die vor 1940 die Kritik an der Aufklärung ausgebrütet hatte und im ersten Kalten Krieg nach 1917 die Führung übernahm, bevor sie in den 1940er Jahren von den Amerikanern abgelöst wurde. Als die extreme Rechte nach dem Zweiten Weltkrieg eine Zeitlang verschwand, erwiesen die von der Rechten gegen die Linke erhobenen Vorwürfe sich als nützlich. Trotzdem ist es bemerkenswert, dass die Vertreter:innen des Kalte-Krieg-Liberalismus eine ganze Menge unternahmen, um die Aufklärung mit Mehrdeutigkeiten auszustatten, die an Verruchtheit grenzten. In *After Utopia* nahm Shklar dazu folgendermaßen Stellung: »Die Aufklärung wurde nicht von ihren Gegnern, [sondern von] ihren ganz natürlichen Nachfolgern zur Strecke gebracht.«[54]

Warum war das so? Mitte des 20. Jahrhunderts gab es viel, was verdrießlich stimmte. Doch ob nun in Bezug auf ihre begrifflichen Schachzüge oder ihre Rekanonisierungsmaßnahmen kann daran kein Zweifel bestehen, dass sich die Ambivalenz der Vertreter:innen des Kalte-Krieg-Liberalismus gegenüber der Aufklärung und deren Emanzipation von Handlungsmacht der Furcht vor den welthistorischen Implikationen der Kanonisierung verdankte, die wiederum von der Sowjetunion in Angriff genommen worden war. Im Rückblick wirkt die Reaktion der Vertreter:innen des Kalte-Krieg-Liberalismus wie eine ängstliche Entscheidung und, wie Shklar damals ins Feld führte, wie ein schrecklicher Fehler.

Im Hinblick auf deren eigene Selbstdarstellung als säkularen Abkömmling des historischen Durchbruchs zu Vernunft und Wissenschaft wurde der Sowjetunion das Alleinerbe der Aufklärung überlassen. Dass ihr ein solches Eigentumsverhältnis zur Aufklärung implizit gewährt wurde, sieht im Nachhinein beinahe wie ein Eingeständnis aus: Die Vertreter:innen des Kalte-Krieg-Liberalismus waren sich nicht sicher, ob sie die Aufklärung gegen deren Aneignung durch die Sowjetunion zu verteidigen vermochten oder ob sie überhaupt Emanzipation wollten, wenn die Kommunisten das Projekt für sich beanspruchten. Es ist sowohl bedauerlich als auch aufschlussreich, dass die Vertreter:innen des Kalte-Krieg-Liberalismus, anstatt dem Anspruch der feindlichen Kommunisten auf das Erbe der Aufklärung durch den Nachweis entgegenzutreten, wie opportunistisch er war, den Anspruch der Kommunisten akzeptierten und stattdessen der Aufklärung Vorwürfe machten.

Wie Shklar gibt Cobban in dieser Hinsicht einen interessanten Zeugen ab. Der führende englischsprachige Aufklärungsspezialist seiner Zeit war selbst eine Art Kalte-Krieg-Liberaler.[55] Er war aufs Genaueste mit dem 18. Jahrhundert und der französischen Geschichte vertraut, aus denen sich die Narrative so vieler Aufklärungskritiker:innen – erst auf der Seite der Rechten und dann in der Mitte – speisten, und es empörte ihn zu sehen, dass die Aufklärung bis zu ihrer Preisgabe von denen pervertiert wurde, die sich unter anderen Umständen als ihre eigentlichen Erb:innen verstanden hätten.

Nach seinem lobenden Eintrag über die Aufklärung in der *New Cambridge Modern History* im Jahr 1957 wurde Cobban 1958 zu Vorlesungen nach Harvard eingeladen, wo er seine Auffassung von der »Rolle der Aufklärung in der modernen Geschichte« vortrug.[56] Es gibt keinen Beleg, ob er Shklar je begegnet ist, aber möglich wäre es durchaus. Unter dem Titel »The Decline of Political Theory« hatte er in den frühen 1950er Jahren einen eigenen Beitrag zur Literatur über das Ende des politischen Denkens beigesteuert, der viel mit *After Utopia* gemeinsam hat.[57] Und lange vor Shklar veröffentlichte Cobban sogar einen Aufsatz mit dem Titel »Cruelty as a Political Problem« in der Zeitschrift *Encounter,* der sich wie ein Probelauf ihres späteren »Liberalismus der Furcht« liest.[58]

In Shklars erstem Buch findet Cobban allerdings als einer der Liberalen Erwähnung, die damals auf die Verliererstraße geraten waren – im Wesentlichen aufgrund seines kurzen Impulses während des Krieges – dem er später standhielt –, Jean-Jacques Rousseau den Totalitarismus zur Last zu legen.[59] Unabhängig davon, ob sie Cobban auf der Grundlage seiner publizierten Schriften fair behandelte, kamen die Vorlesungen, die er im folgenden Jahr in Harvard hielt (und die 1960 pünktlich zwei Jahre später als Buch erschienen), ihrer Aufforderung sehr nahe, die Aufklärung vor den falschen Anschuldigungen der Vertreter:innen des Kalte-Krieg-Liberalismus zu bewahren. In Cobbans Eintreten für die Aufklärung in den 1950er Jahren – als Berlin sie angriff – spiegelte sich wiederum möglicherweise die Tatsache wider, dass er älter war als Berlin und einst versucht hatte, die Aufklärung vor einem Teil der Schmach zu bewahren, mit der sie in den späten 1930er Jahren überzogen wurde – nur um zu erkennen, dass eine solche Schmach von den Liberalen selbst verbreitet wurde, als der Kalte Krieg sich in den 1940er Jahren herauskristallisierte.[60]

Shklars in *After Utopia* vertretene Ansicht, dass Emanzipation und Intellektualität im Zentrum der Aufklärung ständen, ist nicht ihr letztes Wort. Als sie 1978 auf das Thema zurückkam, räumte sie ein, dass »sogar der Teil des 18. Jahrhunderts, den wir ›die Aufklärung‹ nennen, eher ein intellektueller Spannungszustand als eine Abfolge einfacher Lehrsätze war«.[61] Und wie bei Cobban zeigte ihre Ablehnung einiger der schlimmsten Exzesse der Aufklärungsphobie unter manchen späteren Vertreter:innen des Kalte-Krieg-Liberalismus Wirkung: vor allem in der Deutung, die Peter Gay vorlegte, nachdem die größte Furcht vor der Sowjetunion sich gelegt hatte und die 1960er Jahre mit neuen Herausforderungen aufwarteten. Was das anbelangt, hätte Shklar zweifellos herzlich wenig mit dem heutigen Aufklärungstriumphalismus anfangen können, mit der leichtfertigen Verkündung, dass die Vernunft die Menschheit bereits vor dem Aberglauben gerettet habe (wenn die paar postmodernen Häretiker und religiösen Eiferer nur nicht im Wege stehen würden!).[62] Nur wenige Jahrzehnte nach ihrem Buch wurde dies zu einer vorstellbaren Position.

Dass Shklars Kritik an der Abkehr des Kalte-Krieg-Liberalismus von der Aufklärung also teilweise überholt ist, heißt nicht, dass ihre Untersuchung der intellektuellen Transformation, die in den ersten Jahren des Kalten Krieges vorgenommen wurde, nicht von Belang ist. Und daran ändert auch der Umstand nichts, dass Shklar sich nie veranlasst gesehen hat, darauf Anspruch zu erheben.

Aus dem Abstand vieler Jahre betonte Shklar in einem Vortrag, den sie 1989 vor dem American Council of Learned Societies hielt, dass *After Utopia* eher diagnostisch als konstruktiv gewesen sei.[63] Obwohl sie gegen das Fallenlassen der Aufklärung war, gab sie nicht vor zu wissen, wie deren Rekanonisierung mit Blick auf eine liberale Zukunft aussehen könnte. Der Furor gegen den Verlust des Optimismus ist eine Sache, ihn wiederherzustellen eine andere.

Und trotz ihrer Kritik in *After Utopia* trat Shklar in ihrer späteren Karriere nie für mehr als für ein minimalistisches

Verständnis von Aufklärung im Sinne eines Auftrags ein, nach den besten institutionellen Bedingungen für eine Verringerung schwerer physischer Schäden zu suchen.[64] Montaigne und Montesquieu wurden ihre Säulenheiligen, wo es darum ging, unter den Problemen, auf die Politik ausgerichtet werden sollte, »Grausamkeit an die erste Stelle zu setzen«. Nicht lange nach dem Erscheinen von *After Utopia* näherte Shklar sich etwas, das sie schon 1959 als Herangehensweise einer »Überlebenskünstlerin« (*survivalist*) an die politische Theorie tituliert hatte. Im Geiste des Kalte-Krieg-Liberalismus, gegen den sie kurz zuvor noch Vorwürfe erhoben hatte, zeigte Shklar sich empathischer gegenüber der »amoralischen und unideologischen« Voreingenommenheit für eine Ordnung, die »auf der Annahme beruht, dass der Staat die Menschen nicht gut machen kann, sie aber [...] von gewalttätigem Handeln abzuhalten vermag«. Die Überlebenskunst fasste Buch 5 der *Politik* von Aristoteles als eigenständige Lehre auf. Das Ergebnis bezeichnete Shklar als Bezugsrahmen für diejenigen, »die genug endloses ideologisches Gerangel erlebt haben«.[65]

Shklar hieß Überlebenskunst nicht wirklich gut. Doch nachdem sie sich vorher über eine fatalistische Perspektive beklagt und sich um deren Vermeidung bemüht hatte, hielt sie jetzt dagegen, dass Schadenskontrolle eine verständliche Regung unter denjenigen sei, die in den Trümmern ideologischer Scharmützel und mit der Enttäuschung »hochtrabender historischer Erwartungen« lebten.[66] Obwohl sie selbst Mittel für die Infragestellung von Berlins Wegstrecke in den 1950er Jahren bereitgestellt hatte, entschied sie sich jetzt dazu, ihr ebenfalls zu folgen. In ihrer gesamten Karriere stand sie nie kurz vor der Preisgabe der Aufklärung, aber sie rekonfigurierte sie zu einem minimalistischen Ruf nach Sicherheit inmitten der Gräuel und Ruinen und nicht als die Forderung von emanzipierter Handlungsmacht, als die sie sie einstmals bestimmt hatte. Die Aufklärung war jetzt eher ein Mittel zur Schadensverminderung als das Fundament für die Errichtung einer freien Gemeinschaft der Gleichen.

After Utopia ging unter. Auch wenn das mitten im Kalten Krieg verständlich war, stellte Shklars Entwicklung einen Rückzug von ihrem ersten Buch dar, der bisher noch nicht erkundet, ja noch nicht einmal erkannt worden ist. Wo *After Utopia* eine unbestechliche Kritik und Diagnose des Kalte-Krieg-Liberalismus bot, kappte ihr eigener Reifungsprozess bestimmte Entwicklungspfade, denen sie hätte folgen können. Uns stehen diese Pfade freilich weiterhin offen. Ein Ansatzpunkt für diejenigen, die das katastrophale Vermächtnis des Kalte-Krieg-Liberalismus zu überwinden hoffen, sind die Dinge, die Shklar an ihm kritisiert hat.

Isaiah Berlin, 1957

2
Romantik und gutes Leben: *Isaiah Berlin*

Die Vertreter:innen des Kalte-Krieg-Liberalismus hätten der Aufklärung den Rücken gekehrt, klagte Judith Shklar. Doch hatte die Aufklärung lediglich eine Befreiungstradition verkündet, die von Jean-Jacques Rousseau über die Französische Revolution bis zum deutschen Idealismus reichte – welche wiederum zu den Quellen der besten Liberalismusformen zählten. Deshalb war es folgenschwer, dass die Vertreter:innen des Kalte-Krieg-Liberalismus nicht nur die Aufklärung, sondern auch diese Quellen in ihren Anti-Kanon verbannten. Sie bildeten nicht mehr den Ursprungsort eines glaubwürdigen Liberalismus, sondern das, was sein Überleben am stärksten bedrohte.

Mit diesen Quellen kamen außerdem eine ganze Reihe von liberalen Schwerpunkten abhanden. Nachdem sie die Aufklärung in Frage gestellt hatten, machten die Vertreter:innen des Kalte-Krieg-Liberalismus sich nämlich daran, die liberale Tradition vom Perfektionismus und Progressivismus zu säubern. Es war von großer Tragweite, dass die Vertreter:innen des Kalte-Krieg-Liberalismus Mitte des 20. Jahrhunderts jedwede Rücksichtnahme auf das gute Leben aufgaben, und zwar nicht im antiken Verständnis, das Zielsetzungen und dauerhafte Interessen hervorgehoben hatte, sondern in seiner modernen Interpretation, welche die kreative Handlungsmacht, Neues zu erschaffen, betonte und der Geschichte als Forum der Möglichkeiten diente. Die romantische Bewegung war die Hauptquelle dieses modernen Perfektionismus gewesen – unter anderem bei Liberalen wie Benjamin Constant, John Stuart Mill oder Alexis de Tocqueville, die alle hofften, dass moderne Gesellschaften den Grundstein für ein kreatives Leben legen würden. Deshalb ist die Brandmarkung der Romantik von Seiten der Vertreter:innen des Kalte-Krieg-Liberalismus besonders bemerkenswert.

Die Folgen dieser Abkehr für die soziale Gerechtigkeit sind beträchtlich. Denn auch diesbezüglich erwies sich die Transformation des Liberalismus und seines Kanons im Kalten Krieg als verhängnisvoll. Der Kalte-Krieg-Liberalismus stilisierte sich zu einer Abfolge von Abwehrkämpfen in einer Notlage, in welche die individuelle Freiheit und die sie gewährleistenden fragilen Institutionen infolge psychischer Störungen oder der unverbesserlichen Sündhaftigkeit der Menschheit geraten waren. Doch betrat dieser allerletzte Abwehrkampf zu einem Zeitpunkt die Bühne, als Liberale auf der ganzen Welt die ambitioniertesten, interventionistischsten und größten – wie auch die egalitärsten und redistributivsten – liberalen Staaten errichteten, die es je gegeben hat. Der Lektüre der Theorie kann man das nicht entnehmen.

Daher liefert die Säuberung des Liberalismus von Perfektionismus und Progressivismus im Kalten Krieg eine Erklärung, warum im heutigen Kanon nichts aus jener Zeit zu finden ist, was die Entstehung eines neuartigen liberalen Staates preist, erklärt oder rechtfertigt, obwohl sich dadurch die sehnlichsten Hoffnungen der Liberalen des 19. Jahrhunderts (einschließlich der liberalen Sozialisten) teilweise erfüllten. John Rawls' in Bezug auf die Lage nach dem Zweiten Weltkrieg so verspätete *Theorie der Gerechtigkeit* (1971) lässt sich in Sachen liberaler Umverteilung eher mit einem Flug der Eule der Minerva vergleichen als mit einer Vorbotin von deren Ausweitung. Bezeichnenderweise lehnte Rawls denn auch letztendlich eine Rücksichtnahme auf das gute Leben zugunsten eines Liberalismus ab, der Koexistenz und Toleranz Vorrang einräumte.[1]

Den Durchbruch des Neoliberalismus ungefähr zu der Zeit, als Rawls' Buch schließlich erschien, kann man nur schwerlich dem Kalte-Krieg-Liberalismus zur Last legen, doch zwischen beidem gibt es einige interessante Überlappungen. Wie im letzten Kapitel gezeigt, hat Judith Shklar die Frage der quer zur Unterscheidung von Kalte-Krieg-Liberalismus und Neoliberalismus stehenden gemeinsamen Skepsis gegenüber der Aufklärung bereits gestreift, und es bestehen weitere Verbindungen zwischen ihnen, auf die dieses Buch an späterer Stelle aufmerksam machen wird. Doch der zentrale Punkt dürfte die Tatsache sein, wie die Vertreter:innen des Kalte-Krieg-Liberalismus von den 1940er bis in die 1960er Jahre den Liberalismus (einschließlich des liberalen Sozialismus) in ebendem Augenblick im Regen stehen lassen konnten, als die Ideologie der Marktfreiheit zu einer Bedrohung wurde.

Der politische Denker, den für diese Verfehlung zu kritisieren auf der Hand liegt, ist die Hauptfigur dieses Kapitels: der Oxforder Professor und Heroe des Kalte-Krieg-Liberalismus Sir Isaiah Berlin. Doch darf man es sich damit nicht zu leicht machen. Die Stellungnahmen zu Berlin sind zwischen Beweihräucherung und Verachtung gespalten. Sogenannte »Isaiolatrie« sollte man möglichst vermeiden.[2] Am entgegengesetzten Ende hat es einen ziemlich schäbigen Konkurrenzkampf darum gegeben, wer sich am abfälligsten und herablassendsten über ihn äußert. Interessanter ist es, sich ihn von neuem als jemanden vorzunehmen, der anders dachte als seine liberalen Weggefährt:innen während des Kalten Krieges. Auf der Suche nach den Quellen des Totalitarismus machten die anderen dem sogenannten »Romantizismus« Vorhaltungen und entfernten diese künstlerische und philosophische Bewegung bzw. diese Bewegungsstränge aus dem liberalen Kanon. Was dagegen Berlin bewundernd als »romantische Revolution« bezeichnete, war und bleibt die Hauptquelle der modernen Perfektionierung von kreativer Handlungsmacht, auch für Liberale.

In weit umfassenderem Maße als bei ihrer Rekonfiguration der Aufklärung haben die Vertreter:innen des Kalte-Krieg-Liberalismus die Romantik mehr oder weniger erfinderisch zu einem Kapitel der Geschichte des politischen Denkens gemacht, wenn in der Hauptsache auch nur zu dem Zweck, dass sie für spätere Gräuel einen Sündenbock benötigten. Als Aushängeschild der reaktionären Erzählung vom europäischen politischen Denken, die sie übernahmen, fungierten Rousseau und sein »präromantisches« weltpolitisches Vermächtnis, aber noch bezeichnender war, dass sie die Romantik selbst für die modernen Übel des romantischen Nationalismus, Etatismus und letzten Endes Totalitarismus verantwortlich machten.

Trotz all seiner anderen Fehler und groben Vereinfachungen kämpfte Berlin in dieser Hinsicht erbittert gegen seine liberalen Weggefährt:innen während des Kalten Krieges. Seine abweichende Meinung warf Licht auf ein höchst bedeutendes intellektuelles Ereignis. Berlin hat zu Recht darauf bestanden, dass Liberale die absolut grundlegende Beteiligung der Romantik an der am ehesten vertretbaren Version ihres Credos begrüßen sollten, und anders als sein restliches politisches Denken kann dieser Standpunkt noch heute für uns lehrreich sein. Dass er den zentralen Gründen für Berlins Ruhm im

Kalten Krieg und seiner eigenen antietatistischen, libertären Philosophie der Freiheit zuwiderlief, ist umso schlimmer für diese Philosophie.[3]

Insbesondere in der englischsprachigen Welt war Romantik vor 1940 eine Kategorie der Ideen- und Literaturgeschichte, aber nicht des politischen Denkens. Seit den Tagen Stendhals war *romantisch* das Gegenteil von *klassisch,* und die meisten vorausliegenden Diskussionen befassten sich mit der Frage, ob die beiden Phänomene als immerwährend oder als historisch anzusehen seien. Stendhal entschied sich bekanntlich für das Erste. Während die Romantik jetzt bei den Zuschauern Anklang fände, bot ihnen die Klassik »die Literatur, die ihren Urgroßvätern das größte mögliche Vergnügen bereitete«.[4] Auch unter anderen Rahmenbedingungen blieb Klassik lange Zeit der Gegenbegriff von Romantik. Ihre Gegensätzlichkeit zur Aufklärung war sehr viel neuer – und selbst in diesem Fall wurde Romantik nicht unbedingt als historische oder für irgendeinen Kanon in der Geschichte des politischen Denkens signifikante Kategorie betrachtet.

Erst im späten 19. Jahrhundert ist Romantik zu einem ausdrücklichen Bestimmungsfaktor einer Zeitspanne geworden, der so unterschiedliche Strömungen und Denker:innen zu einer Gruppe zusammenfasste, dass es in der berühmtesten Debatte über diese Kategorie darum ging, ob es sie überhaupt geben sollte. »Die Nachkommenschaft, die der Romantik zugeschrieben wird, ist ein ebenso seltsames Gemisch wie ihre Attribute und ihre Ahnherren«, merkte der Begründer der Ideengeschichte in den Vereinigten Staaten, Arthur Lovejoy von der Johns Hopkins University, 1924 an.[5] »Laut verschiedenen – und mitunter denselben – Historikern soll sie die Französische Revolution und die Oxfordbewegung, die

Rückkehr nach Rom und die Rückkehr zum Naturzustand, die Philosophie von [G. W. F.] Hegel, die Philosophie von [Arthur] Schopenhauer und die Philosophie von [Friedrich] Nietzsche aus sich hervorgebracht haben – die wie wenige andere drei Philosophien die reichen Möglichkeiten philosophischer Uneinigkeit nahezu ausschöpfen.«[6] Und Lovejoy fügte hinzu: »Zumindest für jemanden aus dem philosophischen Gewerbe ist die Situation unangenehm und ärgerlich; denn Philosophen sind entgegen der landläufigen Meinung Personen, die an der krankhaften Sorge leiden, genau wissen zu wollen, worüber sie reden.«[7] In der Befürchtung, dass niemand den radikaleren Vorschlag akzeptieren würde, den Ausdruck Romantik ganz und gar fallenzulassen, empfahl Lovejoy seine Verwendung im Plural und eine »Unterscheidung« seiner alternativen Lesarten.

Als politischer Begriff war Romantik in solchen Debatten nicht definiert. Der Erste Weltkrieg, der Aufstieg des Nazismus und der Ausbruch des Zweiten Weltkriegs gaben zweifellos Anlass zu mancherlei Gerede über Irrationalismus und Nationalismus und deshalb über Romantik. Schon 1940 hielt Jacques Barzun, der Professor an der Columbia University war, es angesichts der weitverbreiteten Versuche, »Faschismus als neoromantisches Wiedererwachen« hinzustellen, für nötig, der Romantik »zu Hilfe« zu eilen.[8] Überdies wurde es üblich, Jean-Jacques Rousseau eine Rolle im Entstehungsprozess der Romantik zuzuweisen – normalerweise als ihr Stammvater, im Guten wie im Schlechten. In rechtsgerichteten Narrativen kam die Rede von »Rousseau und moderner Tyrannei« auf, die Barzun 1943 in seinem Buch *Romanticism and the Modern Ego* kritisch analysiert hat.[9] Er trat der sich während des Krieges verstärkenden Mode entgegen, diesen Denker des 18. Jahrhunderts und der sich ihm anschließenden romantischen Bewegung die Schuld am Nazismus zu geben, wobei er besonders Peter Druckers Kapitel »Von Rousseau zu Hitler« in einem Bestseller von 1942 sowie vergleichbare teleologische Schilderungen der Romantik durch den konservativen Amerikaner Peter Viereck und den französischen Journalisten Raoul de Roussy de Sales herausstellte. All dies geschah, bevor Bertrand Russell in seiner *Philosophie des Abendlandes* von 1945 schrieb, dass »Hitler eine Folgeerscheinung Rousseaus« sei.[10]

Doch zu diesem Zeitpunkt hatte der Kalte Krieg noch keine eigene Tradition begründet. Dafür war noch der Aufstieg des Begriffs »Totalitarismus« erforderlich, der Nazi-Deutschland und die Sowjetunion auf eine Stufe stellte. Die Ansicht, dass die Romantik hinter dem Nationalismus stecke, musste sich erst zu der weitverbreiteten Wahrnehmung entwickeln, sie sei für den Illiberalismus an beiden Enden des ideologischen Spektrums verantwortlich. Und obwohl manch einer bereit war, die Romantik mit den gesamten politischen Nachwehen der Französischen Revolution nicht nur auf Seiten der Rechten, sondern auch auf Seiten der Linken und in der Mitte zu identifizieren, stand die prominenteste Auffassung dem eine Zeitlang entgegen. Dieses vorwiegend mit dem Literaturhistoriker (und Baron aus päpstlichem Adel) Ernest Seillière in Verbindung gebrachte französische Propagandamanöver betrachtete die Romantik als deutsche Abweichung von den Prinzipien der Französischen Revolution, durch die der Virus des Irrationalismus und Mystizismus in den Körper der europäischen Ästhetik und Moral gelangt sei.[11] Selbst zu diesem Zeitpunkt wurden wenige Versuche unternommen, Politik ins Zentrum der romantischen Idee zu stellen. So legte sogar der Literaturhistoriker René Wellek von der Yale University in seiner Entgegnung auf Lovejoy seiner Behauptung, dass die unterschiedlichen romantischen Strömungen letztendlich doch eine Einheit aufwiesen, keine politische Bedeutung bei.[12] Der Übergang von der Klassik zur Romantik fand im Laufe des Zeitalters der Französischen Revolution statt, aber das war alles.

Zwar hat es das bahnbrechende Jahr 1919 gegeben, als zwei durch einen Ozean getrennte Konservative, Irving Babbitt in Amerika und Carl Schmitt in Deutschland, ihre Versuche veröffentlichten, einen eher traditionalistischen Konservatismus vor der Romantik zu bewahren, die sie geißelten. Es hatte sich schon lange abgezeichnet, dass die Romantik nicht bloß rechtsgerichtete Neugestaltungen wie in Deutschland zuließ, sondern (besonders in Frankreich) in großer Freizügigkeit auch linksgerichtete Formen annehmen konnte. Doch waren diese konservativen Interventionen weit von einer Vorwegnahme der Bausteine des Kalte-Krieg-Liberalismus entfernt.

Babbitts *Rousseau and Romanticism* machte den Harvard-Professor als konservativen »neuen Humanisten« berühmt.[13] Doch seine zu weiten Teilen an Seillière anknüpfende Klage bezog sich auf Anarchie und Auflösung: nicht auf den Tod der Freiheit, der durch die Romantik drohte, sondern auf das Übermaß an Freiheit, das sie pries. Babbitt zeichnete ein plumpes, mehr oder weniger vollständig aus Rousseaus Denken gewonnenes Horrorbild von der Romantik, vermied aber das abgedroschene Klischee vom deutsch-französischen Antagonismus. In einer sarkastischen Fußnote hat Judith Shklar dies in *After Utopia* folgendermaßen ausgedrückt: Da »Baron Seillières Abneigung gegen alles Romantische ihn nicht [...] blind für Rousseaus Sonderstellung innerhalb der Bewegung machte«, ging er »differenzierter« vor als Babbitt, dessen Buch ansonsten »ein Wiederaufguss von Seillières [...] vielen Einfällen ohne dessen Umsicht bzw. Esprit ist«.[14]

Schmitts Version – *Politische Romantik,* die Frucht seiner römisch-katholischen Frühphase – war interessanter, aber nicht so einflussreich.[15] Insbesondere in einem 1920 in der *Historischen Zeitschrift* erschienenen Aufsatz, den er in die zweite Auflage seines Buches einarbeitete, klassifizierte und diagnostizierte er wie später Wellek die Romantik tatsächlich als einheitliches Kapitel der Geistesgeschichte.[16] Doch über das Deutschland der Zwischenkriegszeit hinaus war ihre Wirkung vernachlässigbar, und weder Berlin noch Jacob Talmon scheinen von dem Buch gewusst zu haben. In der englischsprachigen Debatte, die Berlin so stark prägen sollte, war die Romantik mithin vor 1945 keine fest etablierte Phase des modernen politischen Denkens.

Gute Belegstellen für diese Behauptung lassen sich in *After Utopia* finden, das im Wesentlichen auf einer Unterscheidung zwischen aufklärerischer und romantischer Politik beruht und diese Unterscheidung als tatsächliche Neuerung ansieht. Eine ganze Hälfte des Buches verwendete Shklar auf die Nachverfolgung der politischen Romantik von deren Ursprüngen bis in ihre Zeit. Sie stand entschieden auf Welleks Seite: Die Romantik sei einheitlich genug, um mit ihr arbeiten zu können.[17] Abermals ist hier die Datierung entscheidend: 1957 ging Shklar dieser Kategorie weiter nach als Berlin zum selben Zeitpunkt, und zwar nicht nur in Veröffentlichungen. Doch Berlins nuancierte Verteidigung des Beitrags der Romantik zum Liberalismus machte sich von der ablehnenden Haltung frei, welche die Vertreter:innen des Kalte-Krieg-Liberalismus – und sogar die frühe Shklar – an den Tag legten.

Wie man sich erinnern wird, stellte Shklar sich die Frage, was der auf Handlungsmacht und Emanzipation konzentrierten Aufklärung widerfahren sei. Ihre primäre Antwort lautete:

»der romantische Geist«.[18] Die Romantik habe mit einer ästhetischen Revolte begonnen und dann einen Gegensatz zwischen dem Individuum und der Gesellschaft eingeführt, den die Politik der Aufklärung sich nicht hatte vorstellen können. Was Hegel »unglückliches Bewusstsein« genannt habe, stand für die von der Romantik hervorgehobene Entfremdung der Dichter vom Volk, die alsbald über das Bedürfnis hinausging, ästhetische Individualität gegenüber den konformistischen Massen anzumelden und zu einer vollentwickelten politischen Theorie heranreifte.

Shklar stellte einen Vergleich zwischen Rousseau und William Godwin als dem Vorläuferpaar der romantischen Revolte an. Das Bild, das Rousseau in *La Nouvelle Héloïse* von Saint-Preux zeichnete, nahm den aufgewühlten jungen Mann vorweg, der später durch Johann Wolfgang von Goethes *Die Leiden des jungen Werthers* berühmt wurde. Doch Rousseau habe Saint-Preux lediglich benutzt, um seine Heldin Julie dafür zu loben, dass sie am höheren aufklärerischen Anspruch auf Vernunft und Moral festhielt – weshalb Immanuel Kant zu einem der größten Bewunderer Rousseaus werden konnte. Dagegen, fuhr Shklar fort, habe es niemals einen besser aufgelegten Optimisten als Godwin gegeben, obwohl er unbeabsichtigterweise gezeigt habe, dass Rationalismus die Gesellschaft niemals erlösen werde. Diejenigen, die wie Godwin und Kant eine Vergötterung der Vernunft anstrebten, erreichten genau das Gegenteil, indem sie deren Grenzen aufzeigten, »[was] poetische Geister mit Verzweiflung und anschließend mit Abneigung gegen die gesamte Philosophie erfüllte«.[19]

Eine Folge der romantischen Revolte, legte Shklar nahe, habe darin bestanden, dass »nicht der Mensch als rationales Tier, sondern der trotzige Schöpfer Prometheus zum neuen Ideal wurde«.[20] In seiner *Phänomenologie des Geistes* habe Hegel nicht nur das »unglückliche Bewusstsein« der Romantik in seine Einzelteile zerlegt, sondern in Bezug auf die Revolte noch eins draufgesetzt, indem er vorführte, inwiefern diese einer höheren Form von Vernunft den Weg bereitete. »Das Schicksal der Kunst besteht darin, [...] durch ihre Philosophiewerdung zugrunde zu gehen.«[21] Das Problem war, dass Hegels Rehabilitierung der Vernunft nach dem Angriff durch die Dichter keinen Bestand mehr hatte.

Mit sich gegenseitig überbietenden Schilderungen von Kreativität machte das von Hegel nur für kurze Zeit transzendierte »unglückliche Bewusstsein« der Romantik Prometheus zur Hauptfigur der Geistesgeschichte im späten 19. Jahrhundert. Dies war nicht bloß in der Dichtung so, sondern auch in den Philosophien von Hegels treulosen Söhnen Søren Kierkegaard und Friedrich Nietzsche (über die Shklar schrieb, als es noch innovativ war, diese beiden Figuren in den Kanon der Philosophiegeschichte aufzunehmen), in denen sich die Kunst auf alternative Weise neue Geltung verschaffte. Doch Shklars eigentliches Interesse galt der Frage, wie Romantik politisch wurde und wie ihre ursprüngliche Kritik an der Gesellschaftsorganisation im 20. Jahrhundert zu einer »Romantik der Niederlage« wurde, die jeder Hoffnung auf eine politische Aussöhnung zwischen entfremdetem Individuum und konformistischer Gesellschaft abschwor.[22]

Im Hinblick auf die Zukunft, erklärte Shklar, schürten Kierkegaard und Nietzsche Zuversicht und die Erwartung einer Kulturrevolution, während Nietzsches Schweizer Zeitgenosse Jacob Burckhardt einen eher pessimistischen Grundton anstimmte. Die Schönheit der Vergangenheit – das antike Griechenland und das Italien der Renaissance waren Gegenstand von Burkhardts denkwürdigen Studien – verschaffe etwas Trost in der »unerträglichen Gegenwart«, aber die Geschichte biete bloß Aussicht auf Zerstreuung. Und »je mehr er sich in der Vergangenheit verlor«, schrieb Shklar, »desto stärker verabscheute er die Gegenwart«.[23] Diese Art von politischem Defätismus sollten viele Romantiker:innen des 20. Jahrhunderts teilen.

Im 19. Jahrhundert, fuhr Shklar fort, habe es eine »Politik des Unpolitischen« gegeben, welche die Führung des zweitklassigen Gesindels durch ästhetische Eliten herbeisehnte (eine Aussicht, mit der auch Nietzsche noch liebäugelte), aber die romantische Politik nahm im Laufe der Zeit zunehmend die Form vollständiger und verzweifelter Abschottung an.[24] »Im besten Fall ist Politik vergeblich«, heißt es bei Shklar über Burckhardt, »im schlimmsten mischt sie sich in die Kultur ein.«[25] In ihrem ersten veröffentlichten Aufsatz erklärte Shklar 1958, dass Henri Bergson, der, wie Kierkegaard, mit ästhetizistischem Elitismus nichts am Hut hatte, seinen intuitionistischen Romantizismus nicht in die Richtung einer illiberalen und undemokratischen Politik gelenkt habe.[26] Bergsons protofaschistische Erben, wie etwa Georges Sorel, verdienten Tadel für die von ihnen verursachten Missverständnisse. Und trotzdem, schrieb Shklar, führte Bergsons Berufung auf eine unaussprechliche Intuition zu einer toxischen Politik des Rückzugs.

Aus dieser Art von Geschichten über den politischen Defätismus der unpolitischen Romantiker:innen speist sich der Gipfelpunkt von Shklars Klage, dass ihre existenzialistischen Zeitgenoss:innen die jeder Politik abholde Vergeblichkeit, in welche die Romantik ihre frühen Anhänger:innen getrieben habe, lediglich mit äußerster Intensität betreiben würden. »Der große Unterschied zwischen der Romantik des letzten [19.] Jahrhunderts und der der Gegenwart«, stellte sie fest, »besteht darin, dass für die erstgenannte die Niederlage von Zeus den Triumph des Prometheus bedeutete, während für die zweitgenannte der Tod Gottes auch noch die Niederlage des Menschen bedeutet.«[27]

Selbst heute dürfte *After Utopia* weiterhin die umfassendste Verarbeitung des europäischen Denkens in den 1940er und 1950er Jahren sein, insbesondere wenn man sich für die im weitesten Sinne existenzialistische Zeitspanne innerhalb des kontinentalen Geisteslebens interessiert. Aufgrund von Shklars Deutung des Existenzialismus als Nonplusultra der romantischen Bewegung liegen uns neben vielen abgelegeneren Beispielen bissige, aber eindringliche Lesarten seiner deutschen (insbesondere von Martin Heidegger und Karl Jaspers), französischen (vor allem von Simone de Beauvoir, Albert Camus, Gabriel Marcel und Jean-Paul Sartre) und spanischen Vertreter:innen (José Ortega y Gasset und Miguel de Unamuno) vor. Ihr Zorn funkelte unabhängig davon, ob der Existenzialismus im religiösen Kierkegaard'schen oder im heidnischen nietzscheanischen Gewand auftrat. »Die Spannung zwischen dem Einen und dem Vielen ist [...] sogar noch größer geworden«, schrieb sie in einer Zusammenfassung von deren Werken. »Das politische Leben bleibt verabscheuenswert. Das Entsetzen über die Technik und der Hass auf die Massen sind lediglich Teil der romantischen Entfremdung in einer ›totalitären Welt‹.«[28]

Wie viele ihrer wichtigen Schüler:innen hat Shklar »romantisch« bis an ihr Lebensende oft als Schimpfwort für all jene gebraucht, die ihre jeweiligen Versionen des Liberalismus in Zweifel zogen.[29] Doch die Kritik an der romantischen Entsagung und Enthaltung von aller Politik war nicht das beherrschende Thema des Kalte-Krieg-Liberalismus. Vielmehr machte sich die Überzeugung breit, dass die Romantik die Schuld am Totalitarismus trüge.

Obwohl die Vertreter:innen des Kalte-Krieg-Liberalismus sich in der Regel konservative oder sogar reaktionäre Ansichten in Bezug auf die Aufklärung zu eigen machten, gingen sie auch auf die kommunistische Vorstellung von der Französischen Revolution als Ursprungspunkt ein, als sie die Aufklärung als deren Quelle verurteilten. »Einige Millionen Wilde w[u]rden von einigen tausend Rednern geleitet«, hatte der französische Konservative Hippolyte Taine im 19. Jahrhundert im Zuge seiner Verknüpfung von Aufklärung und Revolution angemerkt.[30] Davon war mit Sicherheit eine ganze Menge im Kalte-Krieg-Liberalismus zu finden. Doch genauso üblich – und mindestens genauso verhängnisvoll – war es, der Romantik nachträglich die Schuld an den politischen Übeln zu geben, insofern der Ausbruch der Französischen Revolution 1789 (oder zumindest das Aufkommen der Schreckensherrschaft 1793) immer weniger als liberaler Durchbruch denn als Probelauf für den Totalitarismus galt.

Hier sind eine Reihe von kanonischen Bausteinen im Spiel, die jeweils unterschiedliche Ursprünge, Prämissen und Versionen aufweisen. Zum Beispiel die berühmte Frage nach Rousseaus Verantwortung für die Revolution, die unabhängig von der Bestimmung der Romantik zur Quelle der politischen Übel ist. Babbitt hat diese Zerrbilder kombiniert, als er Rousseau zum Urgrund des romantischen Vermächtnisses erklärte. Indem sie Rousseau von der Versinnbildlichung und Auslösung des romantischen Syndroms *ausnahm,* war Shklar in der Lage, sich die verrücktesten Versionen von *la faute à Rousseau* – nicht nur an der Revolution, sondern an deren vermeintlich unheilvollem modernen Erbe – im Kalte-Krieg-Liberalismus vom Halse zu schaffen. Tatsächlich hat sie einen Großteil ihrer weiteren Karriere mit der Verteidigung von Rousseau gegen den Vorwurf verbracht, für die Exzesse sowohl der Revolution als auch der Romantik verantwortlich zu sein.[31]

Im Grunde genommen zeichnet der frühe Jacob Talmon ein entgegengesetztes Bild. Er pochte darauf, dass Rousseau gemeinsam mit den übrigen Aufklärern Schuld am Totalitarismus sei, auch wenn die Romantik als politisches Phänomen bei ihm noch keine Erwähnung findet. In dem Buch *Die Ursprünge der totalitären Demokratie,* das ihm zum Durchbruch verhalf und 1952 in Großbritannien unter dem Titel *The Origins* (und in Amerika als *The Rise*) *of Totalitarian Democracy* erschien, kommen die Wörter »romantisch« und »Romantik« nicht vor. Doch war dieses Buch so wichtig für den Entstehungsprozess des Kalte-Krieg-Liberalismus, dass es unsere Aufmerksamkeit verdient, und zwar nicht nur, weil Talmon sein Versäumnis bald nachholen sollte.[32] In seinem Kalte-Krieg-Liberalismus fiel der Jagd nach den Ursprüngen des Totalitarismus nicht bloß Rousseau, sondern letztendlich nahezu das gesamte moderne Denken zum Opfer.

Nachdem er zunächst zum Studieren von Palästina nach Frankreich gezogen war, gelangte der 1916 als Yaakov Fleischer im nördlichen Mittelpolen geborene Jacob Talmon auf der Flucht vor den Nazis 1940 an die London School of Economics. Er knüpfte an E. H. Carrs Unterscheidung zwischen einem liberalen und einem sowjetischen Demokratiekonzept an, entwickelte sich aber inhaltlich von Carrs linksgerichteten politischen Ansichten weg.[33] Auf diese Weise schloss Talmon sich den vielen jüdischen Emigrant:innen an, deren Dankbarkeit gegenüber den Ländern, in denen sie Schutz fanden, sie zu Apologet:innen und begeisterten Bewunderern machte. Im Endeffekt gewann er Ansehen dadurch, dass er gegen die Aufklärung und ihre giftigen Früchte bereitwillig für die angelsächsischen Freiheitstraditionen warb.

Viel Schützenhilfe erhielt er von englischer Seite. Ein Teil davon kam von wohlmeinenden linken Mentoren wie Carr und Harold Leski. Auch Berlin packte mit an. Doch am wichtigsten war der zu jener Zeit führende konservative Journalist (und Tory-Parteitheoretiker) T. E. Utley, dem Talmon aufgrund von Utleys Erblindung Entwürfe von *Die Ursprünge der totalitären Demokratie* laut vorlas, um Verbesserungsvorschläge einzuholen. Anschließend feierte Utley das Buch aufs Überschwänglichste auf der Titelseite des *Times Literary Supplement.*

»Rousseaus paranoider Fanatismus«, schrieb Utley, »äußert sich in einer politischen Philosophie, die ihrerseits das intellektuelle Rüstzeug für ähnliche zukünftige Paranoiker liefert.«[34] Faktisch hätten die Utopien der Intellektuellen Gründe für den Massenmord bereitgestellt, auch wenn solch eine Wahrheit »diejenigen schockieren mag, die es gewohnt sind, die [Französische] Revolution als Beginn des modernen Liberalismus zu betrachten«. In seiner Lobrede auf Talmon verkündete Utley, das dieses »bisher wenig bekannte Mitglied der Fakultät für moderne Geschichte an der Hebrew University in Jerusalem« ab jetzt »zur ersten Garde europäischer Gelehrter« gehöre. Seine eigene Beteiligung an der Entstehung des Buches erwähnte er nicht.[35]

Mit mehr Nachdruck als allen anderen wies Talmon Rousseau in seinem Buch einen Platz im Anti-Kanon des Kalte-Krieg-Liberalismus zu – und rückte dabei Unterstellungen direkt ins Zentrum der Geschichte des modernen politischen Denkens, die bis dahin an den Rändern des konservativen (insbesondere römisch-katholischen) Denkens – vom hitzigen Abbé Barruel bis zu den Reaktionären der 1920er und 1930er Jahre – verborgen gewesen waren. Wie diese Interpreten, aber anders als Babbitt und andere Literaturwissenschaftler, die an Rousseaus Unterbringung auf einer romantischen Traditionslinie interessiert waren, ging Talmon fast ausschließlich auf Rousseaus politisches Denken im engeren Sinne ein: auf die Lehren aus dem *Gesellschaftsvertrag,* wie er sie deutete, und ihre Aufnahme durch böse revolutionäre Geister – insbesondere durch Cajus Gracchus Babeuf, den ersten (aber nicht letzten) Kommunisten.

Genauso wie durch ihren direkten teleologischen Pfad von Rousseau zu Stalin wurden die *Ursprünge* aufgrund von Talmons Überzeugung zum archetypischen Text des Kalte-Krieg-Liberalismus, dass das demokratische Ideal selbst den Weg in die Tyrannei bahne, wenn man es nicht den pragmatischen Reformzwängen und den Beschränkungen der politischen Bestrebungen der englischen Tradition unterwerfen würde. Die Idiosynkrasien des Buches wurden zwei Jahrzehnte lang beinahe zur zweiten Natur. Obwohl er später in anderen Versionen wirkungsvoll wiederbelebt wurde, hatte Talmons Vorstoß einen weniger langen Atem als Hannah Arendts *Elemente und Ursprünge totaler Herrschaft* oder sogar Karl Poppers *Die offene Gesellschaft und ihre Feinde,* die beide komplex genug waren, um den eigentlichen Kalten Krieg zu überdauern.

Trotzdem spielte Talmon eine ungemein wichtige Rolle. Seinem heute kaum noch gelesenen Buch gelang eine Ablösung des Liberalismus nicht bloß von der Aufklärung, sondern auch von der Französischen Revolution – was eine ebenso erfolgreiche wie furchtbare Revision des Kanons war. Als er Talmon im Sommer 1957 am Conservative Political Centre in Oxford vorstellte, formulierte Utley dessen Botschaft folgendermaßen: Was »mit Tagträumen beginnt, endet mit Tyrannei«.[36]

Shklar stieß Talmons Maßlosigkeit ab. Abgesehen davon, dass sie in Abrede stellte, dass Rousseau ein Romantiker war, ließ Shklar in *After Utopia* keinerlei Unterschied zwischen Talmon und den Neoliberalen gelten. Wegen des »politischen Fatalismus«, den sie alle gemeinsam im Rahmen ihrer Lesart der modernen Geschichte als trauriger Fabel vom Niedergang nach der Urkatastrophe an den Tag legten, handelte Shklar sie zusammen ab.[37] Rousseau sei die Schlange in dieser Fabel, schrieb Shklar, und die Französische Revolution »so etwas wie der zweite Sündenfall – ein Unheil, welches das Leben in Europa für immer und ewig in Mitleidenschaft ziehen sollte«.[38] Dabei hat sie zu jener Zeit erst den ersten von Talmons drei Bänden über diesen Entwicklungsprozess gekannt.[39]

Da nun aber schon viele Beobachter:innen – angefangen mit John Chapmans *Rousseau. Totalitarian or Liberal?* von 1956 – Talmon wegen des bleibenden Schadens an den Pranger gestellt haben, den er im Hinblick auf Untersuchungen über Rousseau und die Revolution angerichtet hat, ist es sinnvoller zu zeigen, inwiefern er auch die im Kalten Krieg verbreitetere Tradition der Verunglimpfung der Romantik verkörperte, wozu auch Shklar selbst sich gerne bereit gezeigt hat.[40] Während er die Romantik in *Die Ursprünge der totalitären Demokratie* ausgeklammert hatte, stürzte Talmon sich danach direkt in eine lebenslange Beschäftigung mit deren unseliger Bedeutung. Wo Shklar die Romantik lediglich für ihre entfremdete und defätistische Politik getadelt hatte – und für ihre Verworrenheit in Bezug auf die Bedeutung der totalitären Regime im 20. Jahrhundert –, machte Talmon die Romantik zur primären Quelle des Totalitarismus, indem er sie mit dem Messianismus und dem Utopismus zu einer Art von heilloser Dreifaltigkeit aufsummierte, zu der moderne Emanzipation unweigerlich führen werde.

In Talmons Folgeband von 1960, *Politischer Messianismus.*

Die romantische Phase, kommt Romantik im Untertitel vor.[41] Und im Titel des sieben Jahre später veröffentlichten Buches *Romanticism and Revolt. Europe 1815-1848* steht sie an erster Stelle.[42] Seiner Meinung nach lag die Hauptschwierigkeit einer Überbrückung der Lücke zwischen den Ursprungsjahren der Französischen Revolution (bei denen *Die Ursprünge* aufgehört hatten) und der Folgezeit in einer Erklärung, wieso trotz der weitverbreiteten Allergie gegen rationalen Individualismus im 19. Jahrhundert zwischen Aufklärung und Romantik eine wesentliche Kontinuität bestanden habe. Für »Rationalisten und Jakobiner«, schrieb er, »existierten nur Einzelpersonen«, und »sogar der Bürger der Republik der Gleichen [von Babeuf] wurde noch als unabhängiger Erzeuger betrachtet«. Die Erfahrung der Revolution und der napoleonischen Jahre, räumte Talmon ein, hatte der »atomistische[n] Auffassung« ihre Glaubwürdigkeit geraubt. Aber der »Einfluss der neuen Erfahrung bestand nicht in einem Verzicht auf das letzte Ziel der Sicherung von Mitteln des Selbstausdrucks für das Individuum, sondern in der Entstehung der Idee, echte Selbstverwirklichung des Individuums sei nur durch seine Eingliederung in ein festgefügtes Kollektiv möglich«.[43]

Unabhängig davon, ob dies überhaupt eine auch nur entfernt plausible Überbrückungsweise des Abgrunds zwischen Aufklärung und Romantik ist, hat Talmon an keiner Stelle mit dem grundlegendsten Einwand gegen sein Modell gerechnet: Wenn der aufklärerische Rationalismus prinzipiell die Schuld an den Gräueln des 20. Jahrhunderts trägt, wie kann eine romantische Revolte gegen einen solchen Rationalismus diesen noch vergrößern, anstatt ihm entgegenzuwirken? Diesem Problem ist Talmon ausgewichen. Zum Beispiel verurteilte er den idealistischen deutschen Philosophen Johann Gottlieb Fichte dafür, dass er als »der Romantiker unter den Rationalisten und der Rationalist unter den Romantikern« eine Art von Einheit der Gegensätze herbeigeführt habe.[44] Es ist Isaiah Berlin zugutezuhalten, dass sich seine Wege genau an diesem Punkt von seinem Mitstreiter in Sachen Kalte-Krieg-Liberalismus trennten – wenn auch vielleicht nicht deutlich genug.

Wie Gina Gustavsson vor noch nicht allzu langer Zeit angemerkt hat, ist es »einigermaßen überraschend, dass Berlins Analyse der romantischen Bewegung nicht [...] sonderlich viel Aufmerksamkeit geschenkt worden ist«.[45] Tatsächlich fehlt in der Sekundärliteratur über Berlin der möglicherweise unverwechselbarste Bestandteil seiner Herangehensweise an den Kanon des modernen politischen Denkens, insbesondere im Vergleich zu seinen liberalen Weggefährt:innen während des Kalten Krieges. Es gibt mehrere Bände über Berlin und die von ihm nur selten erwähnte Aufklärung sowie über Berlin und die »Gegenaufklärung« – einer Wortschöpfung, zu der er erst 1973 gelangte, lange nachdem er der Romantik die größte Transformationskraft im politischen Denken der Neuzeit zugesprochen hatte.[46] Mit Romantik befasste er sich mehr als ein Jahrzehnt, bevor er die unausgegorene Kategorie der »Gegenaufklärung« einführte, die sie teilweise in sich einschloss. Es ist merkwürdig, dass die Berlin-Interpret:innen der Romantik so wenig Beachtung schenken.[47]

Berlins Romantik-Bild reicht bis zu einem seiner ältesten erhaltenen Texte aus seiner Zeit an der St. Paul's School zurück, wo er 1928 einen Aufsatz mit dem Titel »Freedom« schrieb. Darin definierte er Romantik konventionell als außerweltliche Ablehnung des Klassischen und Rationalen ohne erkennbare politische Bedeutung.[48] Erst als er während seines Semesters in Harvard im Herbst 1951 an seinen Vorlesungen für Bryn Mawr arbeitete und ernsthafter noch im Jahrzehnt danach, entwickelte er sein Verständnis von der epochalen politischen Bedeutung der Romantik – für dessen Propagierung er eine äußerst ungewöhnliche Rhetorik aufbot. In einem Vortrag in Rom griff er 1960 »drei wesentliche Wendepunkte« heraus, die »einen radikalen Wandel des gesamten begrifflichen Bezugssystems« des westlichen Denkens mit sich brachten und von Aristoteles, Niccolò Machiavelli und in jüngster Zeit der romantischen Bewegung herbeigeführt wurden, welche »die Ethik und die Politik der Neuzeit in einem viel größeren Ausmaß [veränderte], als uns bislang bewußt geworden ist«.[49]

Romantik, erklärte er 1965 in Vorträgen an der National Gallery of Art in Washington, sei »die umfassendste aller Bewegungen [...], die in der jüngeren Vergangenheit Lebensweise und Denken der westlichen Welt umgestaltet hat«.[50] Und unter dem unmittelbaren Eindruck, dass diese Überhöhung nicht ausreiche, fügte er hinzu, die Romantik habe seiner Auffassung nach »die mit Abstand weitreichendsten Veränderungen im westlichen Bewusstsein bewirkt; im Vergleich dazu scheinen mir alle anderen Umbrüche, zu denen es im Laufe des 19. und 20. Jahrhunderts gekommen ist, weniger bedeutsam oder doch zutiefst von der Romantik beeinflusst zu sein«.[51] Implizit in dieser Äußerung bereits enthalten ist, dass der Liberalismus als solcher auf Dauer nicht in einem rein *äußerlichen* Verhältnis zur Romantik stehen könne. Damit stellte Berlin sich einer Herausforderung, vor der Shklar und Talmon nie gestanden haben, nämlich, was von dieser Tatsache zu halten ist (auch wenn Talmon ohne Furcht vor Inkohärenz einige Liberale lobte, die auch Romantiker waren, wie etwa Constant und Tocqueville).[52]

Natürlich übernahm auch Berlin die für den Kalte-Krieg-

Liberalismus charakteristische Verunglimpfung Rousseaus und nannte ihn »einen der übelsten und furchtbarsten Feinde der Freiheit in der gesamten Geschichte des modernen Denkens«, der erst den Jakobinern und dann den Diktaturen des 20. Jahrhunderts die Richtschnur vorgegeben habe.[53] »Von Robespierre über Babeuf, Marx und Sorel zu Lenin, Mussolini, Hitler und ihren Nachfolgern«, führte Berlin in seinen Bryn-Mawr-Vorlesungen aus, »hat jenes groteske und haarsträubende Paradox, wonach einem Menschen gesagt wird, dass ihm durch Freiheitsberaubung eine höhere, edlere Form von Freiheit zuteilwerden wird[,] eine tragende Rolle in den großen Revolutionen unserer Zeit gespielt.«[54] Berlin ließ keinen Pathologisierungsschachzug aus und bezeichnete Rousseau abwechselnd als »hirnrissig«, »irrsinnig« und »wahnsinnig« – und er fügte hinzu, es mache die Dinge nicht besser, dass Rousseau ein Anstaltsinsasse sei, auf den man zählen könne, um die Geisteskrankheit der anderen Insassen im Namen seiner ganz eigenen Variante zurückzuweisen.[55]

Berlin übernahm also Talmons Rousseau-Interpretation in Bausch und Bogen und schwächte sie mitunter – wenn auch nie sehr – durch einen nicht ganz so giftigen Anklageton ab. Berlin hatte sich 1947 mit Talmon angefreundet (»meine Überlegungen gingen in dieselbe Richtung«, erinnerte er sich an ihr erstes Treffen zurück), und sie standen in den frühen 1950er Jahren in regem Kontakt, als Talmons Buch erschien und Berlin seine Vorlesungen über den Prototototalitarismus von Rousseau hielt.[56] »Wir denken beide, dass [Rousseau] in gewissem Sinne der Vater des Totalitarismus ist«, schrieb er 1952 an Talmon.[57]

Die »Lehre«, dass diejenigen, die vorgeben, die wahren Interessen ihrer verwirrten Mitbürger:innen zu kennen, sie diesen aufnötigen dürften, sagte Berlin im selben Jahr anlässlich von Vorträgen in der BBC (die später unter dem Titel *Freedom and Its Betrayal* erschienen), »führte zu wirklicher Knechtschaft, und auf diesem Wege gelangen wir allmählich von dieser Vergöttlichung absoluter Freiheit zu absolutem Despotismus«.[58] Wie der allgegenwärtige Popularisierer des Kalte-Krieg-Credos, T. E. Utley, im weiteren Jahresverlauf in der *Times* schrieb, bekräftigten Berlins Vorträge den Unterscheid zwischen dem »empirischen Liberalismus« (wie Talmon ihn etikettiert hatte) in Großbritannien und dem rationalistischen Utopismus der Aufklärung, der direkt in die Hölle führe.[59]

Angeführt von Christopher Brooke haben mehrere Spezialisten für Berlins Werdegang sich gefragt, ob – ungeachtet von Talmons Einfluss – seine Ansichten über die Aufklärung im Allgemeinen und sein »Jean-Jacques-Rousseau-Problem« im Besonderen nicht auf seine in den 1930er Jahren erfolgte Auseinandersetzung mit dem Buch *Zur Frage der Entwicklung der monistischen Geschichtsauffassung* des russischen Marxisten Georgi Plechanow von 1895 zurückgingen.[60] Wenn das der Fall ist, können wir uns glücklich schätzen, dass Plechanow in seinem teleologischen Narrativ von den aufklärerischen Ursprüngen des marxistischen Materialismus – an dem Berlin im Kalten Krieg mehr oder weniger festhielt und es umkehrte, sodass es nicht im sonnendurchfluteten Hochland des Kommunismus, sondern im totalitären Staat endete – die Romantik nicht erwähnt hat.

Brooke hat den Kontext und die Quellen von Berlins Rousseau-Hass äußerst eindringlich beschrieben, aber dass Berlin abgesehen von einigen vereinzelten Bemerkungen in seinem gesamten Redeschwall wenig Interesse daran zeigte, eine von Rousseau zur Romantik reichende Verbindung nachzuweisen, erwähnt er nicht. In *Die Wurzeln der Romantik* nahm er sich sogar die Zeit zu betonen, dass Rousseaus Rolle in Bezug auf die Ursprünge der Romantik »übertrieben wurde. Wenn wir uns anschauen, *was* Rousseau tatsächlich zu sagen hatte [...], [...] stellen wir fest, dass wir es mit einem Rationalismus in Reinstform zu tun haben.«[61] Es ist verblüffend, dass Berlin in seiner durchgängigsten Erörterung von Rousseaus Verbindung zur Romantik ihre Existenz in Frage gestellt und ihre Bedeutung heruntergespielt hat.

Die Bedeutung der Romantik hätte er dagegen nicht noch mehr übertreiben können. Wenn er, wie Shklar, Rousseau von der Begründung der Romantik ausnahm, geschah dies kaum, um sich über deren Politik des Rückzugs zu beschweren. Seine Bryn-Mawr-Vorlesungen bildeten den Ausgangspunkt für seine Unterscheidung der begrüßenswerten »negativen« Form von Freiheit von ihrer gefährlichen »positiven« Form: Er bezeichnete das, was »positive« Freiheit werden sollte, als »romantisch«, ohne näher darauf einzugehen, was er mit diesem Ausdruck meinte. Doch in dem Vortrag »Die Revolution der Romantik« befasste er sich 1960 in Italien ernsthafter und (zumindest gemessen an seinen Ansprüchen) genauer mit dem Phänomen. Und es war überaus wichtig, auf welche Weise dies geschah.

Berlin versuchte, sich gegen Lovejoys Kritik abzusichern, während er sich Welleks Position zu eigen machte, dass es so etwas wie *Romantik* gebe und man über sie reden könne. »Vielleicht wird man von mir erwarten, dass ich gleich zu Beginn die Romantik definiere oder zumindest den Versuch einer Definition unternehme – damit von Anfang an klar wird, wie ich sie verstehe. Doch gerade diesen Fallstrick will ich umgehen«, merkte er 1965 auf entwaffnende Weise an.[62] Dennoch definierte er de facto ihr Wesen als Schritt hin zum

Subjektivismus, für den Selbsterschaffung sich nicht als hinderlich für Wahrheit, sondern als ihre Grundlage darstelle.

Genauer gesagt, fuhr Berlin fort, verdankten wir dem romantischen Umbruch, dass es keine Wahrheit gebe, nur persönliche Welten. »Das Material – unbelebte Natur (die auch meinen Körper und seine Funktionen umfaßt) ist vorgegeben, was ich daraus mache, nicht: Sonst wäre auch ich jenen endlos sich wiederholenden Zyklen ausgeliefert – Ursache, Wirkung, Ursache … –, die die unbelebte Materie beherrschen […]. Werte [werden] gemacht und nicht gefunden […]. Der Bruch mit der objektiven Welt des Humanismus – mit einer Weltsicht, die Platon, Thomas von Aquin und Voltaire teilten – könnte krasser nicht sein.«[63]

Der alles entscheidende Punkt ist nicht, dass Berlin diese Entwicklung bewunderte und ihren Sog spürte – was anders als bei seinen liberalen Weggefährt:innen während des Kalten Krieges bei ihm offenkundig der Fall war. Sondern, dass er zu keinem Zeitpunkt mit der Spannung rechnete, die auf diese Weise im Herzen seines Kalte-Krieg-Liberalismus entstand. Er hat niemals vollständig Rechenschaft darüber abgelegt, wie tiefgehend seine eigene für den Kalten Krieg typische und libertäre Auffassung von liberaler Politik einem romantischen Liberalismus der Selbsterschaffung im gleichen Maße vorbeugte, wie sie ihn schützte. Diese Möglichkeit lässt sich am leichtesten erkunden, wenn man seine bahnbrechenden Ausführungen über das Vermächtnis der Romantik in den 1950er Jahren neben die zum gleichen Zeitpunkt erfolgende Herausbildung seines berühmt-berüchtigten Kalte-Krieg-Liberalismus hält.

Berlins berühmtester Schrift, seiner Chichele-Antrittsvorlesung über »Zwei Freiheitsbegriffe« am letzten Oktobertag 1958, die nach wie vor so viel Schaden anrichtet, kann man seinen (zumindest was das nichtrussische Denken betrifft) großartigsten Aufsatz entgegenstellen – den Vortrag über John Stuart Mill aus dem Jahr 1959, in dem die Romantik-Theorie, mit der er einige Monate später in seinem Vortrag in Italien aufwarten sollte, bereits angelegt ist.[64] Zusammen genommen, befreien die beiden Vorträge die Romantik von ihrer Geringschätzung im Kalten Krieg, und sie legen eine liberale Theorie vor, die sich in ebendem Augenblick vom romantischen Perfektionismus verabschiedet, in dem Berlin ihn rehabilitierte.

In Hinsichten, die Shklar herunterspielte und Talmon vollständig ausblendete, gab es bei den liberalen Hauptprotagonisten im 19. Jahrhundert, wie etwa Constant, Mill und Tocqueville, Schnittmengen zwischen Liberalismus und Romantik. Sie alle traten für Selbsterschaffung als höchstem liberalen Wert ein.[65] Dies war ein Perfektionismus, den Berlin sehr viel stärker registrierte als die anderen – obwohl er sich verwirrenderweise gleichzeitig darin seinen Mitstreiter:innen in Sachen Kalte-Krieg-Liberalismus anschloss, dass er aus der von ihm vertretenen Version dieser Tradition allen Perfektionismus entfernte. In einigen seiner Arbeiten sagte er sich von Shklars Porträt der Romantik als Enthaltung und Rückzug von aller Politik und von Talmons Bild der Romantik als politischer Raserei und Messianismus los – versäumte es aber, sie nach dieser Rettungstat in seinen *eigenen* Liberalismus zu integrieren.

Dass Berlins Verständnis von negativer Freiheit sich auf Constant stützte, wie er selbst zugegeben hat, obwohl er dessen Romantizismus und Republikanismus unter den Teppich kehrte, hat unter Constant-Expert:innen immer wieder für Frustration gesorgt.[66] Doch in seiner liebevollen Wiedergabe von Mills Leben und Denken lobt Berlin diesen für genau die Kombination, die Talmon angewidert zurückweichen ließ, nämlich für Mills »Versuch, Rationalismus und Romantik zu verschmelzen«.[67]

Diese Beschreibung trifft auf Mill zu, aber es ist erstaunlich, welche Tragweite Berlin seiner These gibt. Nach dem Bruch mit dem Bentham'schen Utilitarismus seines Vaters unter dem Einfluss der romantischen Bewegung machte Mill sich zweifellos einen Perfektionismus zu eigen, in dessen Mittelpunkt seine Überzeugung stand, für menschliche Wesen sei kreatives Experimentieren und Originalität das gute Leben. Und Berlin spannt dies für seine eigene Theorie der Romantik als einem epochalen Ausbrechen aus der gesamten, von Platon und Aristoteles bis zur Aufklärung reichenden Tradition objektiver Wahrheit und Werte ein, die sowohl Wahrheit als auch Werte als gefunden und nicht als gemacht begreift.

Diese These, die später zum Kernstück von Berlins Vortrag in Italien werden sollte, wird faktisch zum ersten Mal im Mill-Aufsatz sichtbar. »[O]ffenbar«, sagt Berlin, habe Mill »die allen Aristotelikern ebenso wie vielen christlichen Scholastikern und atheistischen Materialisten gemeinsame Überzeugung, es gebe eine erkennbare, elementare menschliche Natur, die stets und überall für alle Menschen ein und dieselbe sei«, abgelehnt.[68] Lebensexperimente, wie Mill die Aktivitäten von Freischaffenden nannte, seien nicht deshalb unverzichtbar, weil sie zur Enthüllung der Wahrheit beitragen würden, wer wir wirklich sind, sondern, weil sie die Menschheit in Gestalt eines nicht endenden Abenteuers in eine neue, von der Norm abweichende Richtung lenkten.

Unter bestimmten Bedingungen – darunter die Beschränkung staatlicher Befugnisse –, die instrumentell insoweit gerechtfertigt sind, wie sie der gesellschaftlichen Hervorbringung von Individualität dienen, machte Mill dieses Bekenntnis zum Eckpfeiler seiner Theorie des öffentlichen (nicht bloß privaten) Lebens. In »Zwei Freiheitsbegriffe« hält Berlin nun aber Mills unübersehbar libertäre Grundannahme einer notwendig erforderlichen Beschränkung staatlicher Befugnisse fest, dessen Bekenntnis zur romantischen Individualität (die unter anderem der Rechtfertigung jener Beschränkung dient) verfolgt er jedoch nicht weiter.

Berlins Konzentration auf einen möglichen Konflikt zwischen Zwecken und Mitteln im romantischen Liberalismus ist aufschlussreich. Wenn sich herausstellt, dass die strikte Beschränkung staatlicher Macht die Bedingungen für individuelle Kreativität nur manchmal oder in bestimmtem Maße begünstigt, »dann«, schreibt Berlin, »läßt sich Mills These, Freiheit sei eine notwendige Voraussetzung für das Wachstum menschlichen Genies, nicht halten. Wenn seine beiden Ziele sich als unvereinbar erweisen würden, stände Mill vor einem schwierigen Dilemma.«[69] Wenn die Mittel nicht dem Zweck dienten, müsse er sich zwischen Libertarismus und Romantizismus entscheiden. Doch auch Berlin stand vor diesem Dilemma: *de te fabula narratur.* In der Notlage, die der Kalte Krieg darstellte, optierte er unglücklicherweise dafür, Mills Libertarismus von seinem Romantizismus zu befreien, wodurch er etwas, das ein instrumentelles Verhältnis gewesen war, in dem eine Seite die andere rechtfertigte und ihr diente (oder nicht), zu einer Dichotomie von Selbsterschaffung und staatlichen Grenzen verfestigte.

Dies trug dazu bei, dass Berlin der Weg zur liberalen Sehnsucht des 19. Jahrhunderts nach einer Form von Politik – man könnte sie Sittlichkeit nennen – versperrt war, die – wenn auch sicherlich ohne Rücksicht auf die Freiheit – für die Hervorbringung kreativer Handlungsmacht auf der individuellen und auf der kollektiven Ebene erforderlich ist. Constant und Mill haben die von ihnen zutiefst geschätzte romantische Individualität nie verleugnet. Berlin schon, insofern er gleichzeitig seine Form von Kalte-Krieg-Liberalismus definierte und die Romantik vor dem Anti-Kanon des Kalte-Krieg-Liberalismus bewahrte.[70]

Der Ausweg, an dem Berlin sich versuchte, als er im Laufe der Jahre immer stärker dem »Pluralismus« und seinen historischen Verfechter:innen, wie dem deutschen Denker Johann Gottlieb Herder, zuneigte, bestand darin, die in ethischer Hinsicht perfektionistische Romantik anzuprangern, ihre gegen den Staat und gegen monistische, möglicherweise vom Staat (sprich: Kommunismus) verhängte Programme vermeintlich aufklärerischen Ursprungs gerichteten pluralistischen Implikationen aber für seine Zwecke zu nutzen. Doch nichts in Berlins Eintreten für negative Freiheit gewährleistete das Überleben romantischer Individualität, und ihrer Beförderung diente erst recht nichts. Dies war insbesondere deshalb der Fall, weil die Hauptbedrohung für Kreativität nicht der Staat, sondern sozialer Konformismus ist, wie schon Mill (im Anschluss an Tocqueville) gewarnt hatte.

Was sein kanonisches Narrativ anbelangt, kommt Berlin das Verdienst zu, dass er anders als andere Vertreter:innen des Kalte-Krieg-Liberalismus der politischen Romantik nicht bloß in Bezug auf die Ursprünge des Illiberalismus, sondern auch in Bezug auf die Ursprünge des Liberalismus einen grundlegenden und eindeutigen Platz zugewiesen hat. Kein Ruhmestitel kommt ihm dafür zu, dass seine Zweiteilung der Freiheit und sein Eintreten für die Art von Staat, die negative Freiheit zu gewährleisten vermochte, ihm und seinen Anhänger:innen politisch den Weg zu dem romantischen Liberalismus versperrte, für den er in seinem Kanon der Geschichte des politischen Denkens Raum geschaffen hatte.

Vor einigen Jahren hat der Politikwissenschaftler Alan Ryan darauf aufmerksam gemacht, dass Berlin »an genau dem, wofür sich die meisten von uns in den letzten 50 Jahren interessiert haben, kein Interesse hatte, [...], nämlich an der Institutionalisierung sozialer Gerechtigkeit in den fortgeschrittenen Industriegesellschaften«.[71] »Berlin hatte dazu durchaus eine Meinung«, fügte Ryan hinzu, »aber diese bildete sich beiläufig und stand nicht im Zentrum seines Interesses. Im Zentrum standen so etwas wie die Kernwerte, die ein Liberaler gegen alles, was da kommen möge, verteidigen muss.«[72] Dem könnte man hinzufügen, dass Berlin es versäumt hat, viel Interesse an der Institutionalisierung sowohl von sozialer Gerechtigkeit als auch von Handlungsfreiheit und kreativer Handlungsmacht als solcher an den Tag zu legen. Damit würde sicherlich die Beschränkung staatlicher Einmischung in individuelle Leben einhergehen, allerdings nur in einem komplexen Verhältnis zur Rolle des Staates bei der individuellen und kollektiven Selbsterschaffung.

In dieser Hinsicht stehen zugegebenermaßen auch die Romantiker:innen kaum besser da. Doch die auf sie folgenden deutschen Idealist:innen – deren Einfluss auf die Liberalen genauso tief reichte wie der der Romantiker:innen – kämpften erbittert darum, der Sittlichkeit institutionell Rechnung zu tragen. Für eine Untersuchung des Kanons des Kalte-Krieg-Liberalismus geht es deshalb in erster Linie darum, was Hegel und seinem Geschichtsverständnis als Forum für die schrittweise Institutionalisierung von Freiheit widerfahren ist.

Karl Popper (undatiert)

3
Die Schrecken der Geschichte und des Fortschritts: *Karl Popper*

In den ersten Jahren und auch noch darüber hinaus war die politische Geografie des Kalten Krieges atlantisch ausgerichtet. Ein Historiker überschrieb seine Darstellung jener Zeit mit »Der Atlantik und seine Feinde«.[1] Im Kalten Krieg kämpfte der Westen gegen den Osten und später in auffallendem Maße gegen die Welt, als er inmitten von Wüsten der Tyrannei Oasen der Freiheit aufrechterhielt. Im Unterschied zu dieser politischen Geografie des Kalten Krieges machte die kanonische Geografie des Kalte-Krieg-Liberalismus allerdings Kontinentaleuropa zu mehr als zu einem zentralen Schlachtfeld. Sie machte die Geschichte der Kontinentalphilosophie zum Pulverfass des gesamten Konflikts – vor allem in Frankreich und in Deutschland, wo Theoretiker:innen des Kalte-Krieg-Liberalismus geltend machten, dass das, was als fragwürdiges Freiheitskonzept begonnen hatte, sich im 20. Jahrhundert in Schutt und Schrecken verwandelt habe. In einer bipolaren und dekolonisierten Welt könne die politische Theorie sich dadurch nützlich machen, dass sie in Reaktion darauf die Schuldigen an den Pranger stelle. Und solch ein von Jean-Jacques Rousseau über die Französische Revolution und die Romantik reichender Anti-Kanon moderner Emanzipation kulminierte im Kalten Krieg in G. W. F. Hegel und Karl Marx.

Es ist interessant, dass weder Berlin noch Popper oder Talmon in ihren Arbeiten besonderes Interesse an englischsprachigen Liberalismusquellen im Allgemeinen oder englischen Quellen im Besonderen zeigten. Keiner von ihnen hat über John Locke geschrieben.[2] Zwar bevorzugten Berlin und Talmon das Ingenium der englischen politischen Institutionen und Tugenden der Vergangenheit und Gegenwart, aber in einem Brief an eine Freundin äußerte Isaiah Berlin sich abfällig über Lionel Trillings »Verblendung« durch »Anglomanie«.[3] Immerhin erklärte er, als er einmal nicht an das Sprichwort vom Esel und vom Langohr dachte: »Ich habe mich auf die Seite von England geschlagen. Es ist das beste Land der Welt!«[4] »Ich habe das Pech, selbst kein Engländer zu sein«, sagte Talmon 1957 in seinem Vortrag vor einem konservativen Think-Tank in Oxford, und diese Bemerkung war anscheinend nicht ironisch gemeint. Doch Berlin und Talmon konzentrierten sich übereinstimmend auf die verhängnisvolle kontinentale Geistesgeschichte des 18. und 19. Jahrhunderts und deren umfassende Folgen für das 20. Jahrhundert: auf die Französische Revolution, ihre Vorformen und ihre nationalistischen sowie sozialistischen Folgen im deutschen Idealismus und in der Romantik.

Ein Großteil dieses Gedankenguts wurde natürlich nur zu Dämonisierungszwecken in den Anti-Kanon aufgenommen. Das ist etwas anderes als Ausschluss. Anti-Kanons sind Teil des Kanons. Wie in der Anfangszeit des Kalten Krieges mit Hegel und Marx umgegangen wurde, stellte für den Liberalismus eine verhängnisvolle Wende dar. Diese Art von Umgang erschwerte nicht nur die Würdigung der kontinentalen liberalen Traditionen im 20. Jahrhundert, sondern verschleierte auch, von welch maßgeblicher Bedeutung Hegels und sogar Marx' emanzipatorische Prämissen vor dem Zweiten Weltkrieg und weit über den Kontinent hinaus für den Liberalismus gewesen waren. Und am schlimmsten war, dass diese Art von Umgang philosophische Auswirkungen hatte, weil er die liberalen Traditionen in theoretischer Hinsicht von der im und durch den Zustand der Sittlichkeit erlangten Freiheit und Gleichheit abschnitt, der den Liberalen im 19. und frühen 20. Jahrhundert geläufig gewesen war.

Als der Kalte Krieg anbrach, wurde Karl Raimund Popper die zweifelhafte Ehre zuteil, das Sinnbild für eine weitverbreitete Kritik an dem zu werden, was er »Historizismus« nannte. Auch der von Österreich nach England emigrierte Popper war gerne bereit, englische Anständigkeit und Unschuld gegen den kontinentalen (vor allem deutschen) Pseudo-Tiefgang und Totalitarismus zu verteidigen.[5] Sein – noch bevor er als dankbarer Einwanderer nach England kam, zu anderen Zwecken entwickelter – Antihegelianismus prägte die liberale politische Theorie während des Kalten Krieges so stark wie kaum ein anderer Faktor. Er mag sogar noch mehr als die Säuberung von Aufklärung und Romantik dazu beigetragen haben, die liberale politische Theorie von ihren vorherigen geistigen Grundannahmen zu entbinden.

Der Begriff und Ausdruck »Historizismus« entstammt dem deutschen Denken des 19. Jahrhunderts. Ursprünglich bezeichnete er die feste Überzeugung, dass die Menschheit im Laufe der Zeit nicht gleich bleibe, sondern immer im Verhältnis zu einem zeitlich spezifischen Sinn und einer dem entsprechenden Praxis stehe. Außerhalb eines bestimmten Kontextes gebe es so etwas wie Wahrheit und Werte nicht – ja noch nicht einmal Verständlichkeit. Genauso wenig gebe es einen zeitunabhängigen Blickwinkel, der eine Betrachtung der Geschichte als insgesamt fortschrittlich zulasse. Die Gründe liegen auf der Hand, warum diese Strömung einen voll entwickelten Relativismus hervorrief und das deutsche Denken an der Wende zum 20. Jahrhundert in den Strudel einer »Krise des Historismus« geriet.[6]

Wenn man ermessen möchte, was die Vertreter:innen des Kalte-Krieg-Liberalismus ihrer Tradition angetan haben, bietet es sich allerdings eher an, Historizismus auf andere Weise zu verstehen, nämlich im weitesten Sinne als die Ansicht, dass Geschichte ein Forum der Möglichkeiten zur Erlangung und Institutionalisierung von Freiheit ist. Als das 19. Jahrhundert verging und das frühe 20. Jahrhundert heraufzog, war dieses auf beiden Seiten des Atlantiks, ja sogar auf der ganzen Welt weithin geteilte Credo mit Erwartungen und Optimismus verbunden. Poppers eigene berühmt-berüchtigte Definition von »Historizismus« grenzte davon eine enge Version ab – die Überzeugung, es gebe ein Drehbuch für gesellschaftliche Entwicklung, die einem Naturgesetz gliche und die Menschheit zwingend von der Unterwerfung zur Emanzipation führe. Und anschließend machte er sich daran, diesen Gedanken auseinanderzunehmen.

Auf diese Weise ist es Popper im Wesentlichen gelungen, die Liberalen davon zu überzeugen, die weite Version des Historizismus fallenzulassen, als ob seine Kritik der engen Version ihn entsorgt habe. Im 19. Jahrhundert hatte sich der Liberalismus zu großen Teilen auf einen schicksalhaften Optimismus in Bezug auf Vervollkommnung und Fortschritt gestützt. Ähnlich wie eine weit größere Gruppe anderer Denker im 19. Jahrhundert hingen manche Liberale tatsächlich der engen, szientistischen Geschichtsauffassung an, die Popper brandmarkte. Sehr viel mehr bekannten sich jedoch zu einem weiter gefassten Begriff nicht von unvermeidlichem, aber von möglichem Fortschritt und von Niederlagen nicht als Beiträgen zum Fortschritt, sondern als vorübergehende Rückschläge, die man überwinden muss. Dies hat der Kalte Krieg auf unbestimmte Zeit ins Dunkel getaucht.

Hegel hat die vollständigste Fassung einer Philosophie der historischen Möglichkeiten entwickelt. Er legte sogar eine Theodizee fortschreitender Gewalt vor, die lange Zeit nicht verhinderte, dass Liberale auf ihn zurückgriffen. Infolgedessen sickerte das Bekenntnis zu so etwas wie einem neuerlichen schicksalhaften Glauben an den »Sinn der Geschichte« tief in den liberalen Mainstream ein.[7] Dieser war zunehmend nicht mit ethischer Theorie, sondern mit historistischer Sensibilität beschäftigt. Kant schlug vor, die Zeichen der Zeit als Fingerzeige auf eine kosmopolitische Zukunft zu lesen; François Guizot entwarf Geschichten vom zivilisatorischen Fortschritt; John Stuart Mill sann über den »Geist der Zeit« nach; und Alexis de Tocqueville fand heraus, wie das Christentum sich in Demokratie verwandelte, als es sowohl die Philosophen als auch die Mächtigen beschwor, »das Ziel menschlichen Tuns in die Ferne zu rücken«. Den Menschen, schrieb er, müsse »jene[r] Sinn für die Zukunft [wiederge]geben« werden.[8] Er bezeichnete diese Zukunft nicht wirklich als strahlend, wie der Kommunismus es tun würde – aber er verschmähte sie auch nicht völlig als Motivationsquelle für die Gegenwart, welche die Menschen am Phänomen der aufstrebenden Demokratie teilhaben ließ, um es sich zunutze zu machen.

Es lässt sich nicht leugnen, dass der Liberalismus im 19. Jahrhundert weiterhin die Einschränkung des staatlichen Einflussbereichs bevorzugte, nicht zuletzt bei wirtschaftlichen Angelegenheiten. Aber entgegen ihrer späteren Darstellung als Prophet:innen des Antitotalitarismus durch die Vertreter:innen des Kalte-Krieg-Liberalismus gingen die Denker:innen des liberalen Mainstreams im 19. Jahrhundert davon aus, dass Freiheit und Gleichheit in und durch Institutionen den höchsten Wert des Fortschritts ausmachten. Das galt sogar für England, wie oft die eindeutiger etatistisch orientierten französischen und deutschen Liberalen es auch als Land der versprengten Kleinkrämer hinstellen mochten. Nicht bloß im hegelianischen Stil, sondern zutiefst von Hegel beeinflusst, bekämpften der Oxforder Moralphilosoph T. H. Green und seine Schüler den Libertarismus und bahnten dem britischen Wohlfahrtsstaat einen »idealistischen« Weg.[9]

Mit der Rekonstruktion dieses Hintergrunds ist notwendig außerdem das Christentum der zuversichtlicheren Form von Liberalismus angesprochen, die zugunsten der Kalte-Krieg-Version verworfen wurde. Die Fortschrittsauguren des 19. Jahrhunderts – zunächst Benjamin Constant, dann Hegel, Tocqueville und andere – hoben immer wieder die christliche Provenienz ihres Bekenntnisses zum Sinn der Geschichte hervor. Nach ihrem Verständnis gehörten Vervollkommnung und Fortschritt zum Vermächtnis einer alten christlichen Erneuerungstradition.[10] Und das war richtig, weil der Historizismus – die Annahme, dass die Geschichte für individuelle und kollektive Handlungsmacht und Selbstbehauptung ein Forum der Möglichkeiten sei – unbestreitbar im christlichen Glauben und Brauch wurzelt. Dabei ging es stets darum, ob es den Liberalen jemals gelungen ist – bzw. ob wir es heute vermögen –, diesen Gedanken glaubwürdig auf säkulare Begriffe zu bringen.

Bevor wir uns der Dekonstruktion des Fortschritts im Kalten Krieg zuwenden, sei aber noch ein zweiter Ansatzpunkt hervorgehoben. Wenn man den Liberalismus des späten 19. Jahrhunderts sorgfältig untersucht, zeigt sich, dass damals an entscheidender Stelle nicht nur auf Hegel, sondern sogar auf Marx zurückgegriffen wurde. Vor allem als die Arbeiterbewegungen immer marxistischere Anschauungen vertraten, wurde Marx für viele Liberale zu einem freundschaftlichen Sparringspartner, wenn es darum ging, die Wirtschaft des zunehmend interventionistischen Staates in den Griff zu bekommen, für den sie sich viel zu lange zumeist nur theoretisch einsetzen sollten. In Großbritannien verkörperte John Hobson im Rahmen des Aufkommens des sogenannten »neuen Liberalismus« den zunehmenden staatlichen Interventionismus zugunsten der Freiheit.[11] Und in den Jahren vor dem Zweiten Weltkrieg führte die steigende Zahl marxistischer Sozialismusinterpretationen zu einer Fülle neuartiger Kreuzungen von Liberalismus und Sozialismus. Die Zwischenkriegsjahre waren zweifellos krisengeschüttelt und erlebten an vielen Orten, dass der Liberalismus auf merkwürdige Weisen zugrunde ging.[12] Doch selbst solche fürchterlichen Ereignisse ließen den liberalen Historizismus nicht versiegen, der jetzt als eine Theorie verstanden wurde, der zufolge fortschreitende Freiheit ökonomische Fairness erforderlich mache.

In Anknüpfung an Hegel, aber unter Betonung nicht bloß institutioneller, sondern auch materieller Vorbedingungen zettelte Marx eine Revolte gegen allzu formale Freiheitsbegriffe an. Dies betraf das liberale Denken von Grund auf.[13] Im frühen 19. Jahrhundert hatten Liberale über eigene wissenschaftlich verfahrende Modelle eines unvermeidlichen Fortschritts und über eigene Programme von Geschichte als einer zwingenden Abfolge von Stadien verfügt, die sich nach einer unaufhaltsamen Logik entfalteten. Aber zwischen dem späten 19. Jahrhundert und dem Zweiten Weltkrieg gaben Liberale und liberale Sozialisten nicht nur in zunehmendem Maße die Vorstellung einer nach Gesetzen ablaufenden Geschichte auf; vielmehr stimmten sie auch vermehrt Marx' hegelianischer Kritik an formaler Emanzipation zu. Mehr als alles andere veranlasste dieser Faktor sie zu einer Neuerfindung ihrer Tradition. Übrig blieben Formen von Fortschrittshoffnung, die sich von jedweder Vorstellung von historischer Unvermeidlichkeit weit entfernt hatten, auch wenn sie sich bemühten, die wirtschaftlichen Bedingungen für den grundsätzlichen Genuss von Freiheit und Gleichheit zu überdenken.

Deshalb ist es besonders bedauerlich, dass eine Folge des Kalten Krieges darin bestand, die Liberalen von der theoretischen Grundlage eines solchen Auftrags abzuschneiden, wodurch den Sowjets und ihrem Mythos des wissenschaftlichen Fortschritts die Geschichtsphilosophie überlassen blieb, die einstmals die liberalen Bestrebungen denkbar gemacht hatte.

Karl Poppers beiläufiger, aber folgenschwerer Beitrag zum Kalte-Krieg-Liberalismus bestand in der erfolgreichen Liquidierung von dessen hegelianischem und historistischem Vermächtnis. Nach Popper schien es so, als ob die einzige Form von »Historizismus« ein szientistisches Unvermeidlichkeitscredo sei, das eine rationale Erklärung für staatlichen Terror liefere. Tragisch wird sein Entwicklungsverlauf dadurch, dass er die wesentlichen Bestandteile seiner Kritik am Historizismus und dessen etatistischen Auswirkungen nicht bloß vor dem Kalten Krieg, sondern sogar vor dem Zweiten Weltkrieg entwickelte, als er mehr oder weniger Sozialist war – um dann zu erleben, dass seine Arbeit dazu beitrug, die Geschichte für Liberale unverständlich und den Staat weniger zu einer Chance als zu einem Risiko zu machen.

Schon der Erste Weltkrieg hatte Schaden angerichtet. Er heizte die Kritik am Hegelianismus im englischsprachigen Raum an, die zu weiten Teilen auf der Tatsache beruhte, dass er aus Deutschland kam und deshalb mit dem Feind assoziiert wurde. Doch für die Zukunft waren die Würfel damit noch nicht gefallen. So heftig der Tadel in den in der Hitze dieses Krieges veröffentlichten Breitseiten auch ausfiel, bildete der hegelianische Historizismus nicht ihre oberste Priorität, wenn sie ihn überhaupt erwähnten. Auch wenn sie den »Egoismus in der deutschen Philosophie« – um den Titel des erschreckend schlechten Buches des Harvard-Philosophen George Santayana von 1916 zu zitieren – mit dem illiberalen Staat in Verbindung brachten oder nach 1933 in Heimarbeit deutschen Idealismus in Narrative einschleusten, die von Hegel zu Adolf Hitler führten, war die Kritik an »Historizismus« und Fortschritt nicht ihr zentrales Kennzeichen.[14]

1916 hatte John Dewey ein Kapitel seines Buches *Deutsche Philosophie und deutsche Politik* der »germanischen Geschichtsphilosophie« gewidmet, doch der eigentliche Schwerpunkt seiner – wie der seiner Kritiker – Vorwürfe lag auf Immanuel Kant. Vor 1917 konnte man nicht ahnen, dass Hegel im Kalten Krieg pauschal in einen Propheten von Gewalt im Namen notwendiger Gesetze verwandelt werden würde.[15] Und in seiner englischen Antwort auf vorausliegende amerikanische Klagen ging L. T. Hobhouse in *The Metaphysical Theory of the State* (1918) gar nicht auf historische Ansprüche ein. Obwohl der Erste Weltkrieg sich als überaus schädlich für die englischsprachige Rezeption des deutschen Denkens erwies, war diese Rezeption weniger auf Theorien des emanzipatorischen Staates ausgerichtet, die von den Liberalen ausgiebig in Anspruch genommen worden waren, sondern auf vermeintlich irrationale Strömungen im späten 19. Jahrhundert, die auf Friedrich Nietzsche zurückgingen.

Im Grunde genommen waren zwei Ereignisse in der Geistesgeschichte der Zwischenkriegszeit von großer Tragweite für die Entfesselung der Kritik am Historizismus. Ein Ereignis war allgemeiner Art: die europaweite kommunistische

Selbstdarstellung des Marxismus als einer »Geschichtswissenschaft«, wobei die Komintern dem vulgären Theoriegebäude der Zweiten Internationale in genau dem Augenblick in ganz Europa Geltung verschaffte, als es darauf ankam, die durch Josef Stalins Vormachtstellung gekennzeichnete neue Phase der sowjetischen Geschichte zu interpretieren. Keiner der Bestseller über den Bolschewismus aus den 1920er oder sogar 1930er Jahren der Zwischenkriegszeit räumt den zunehmend im Mittelpunkt stehenden Behauptungen des Regimes in Bezug auf eine rosige Zukunft und den historischen Fortschritt, die nur es allein herbeiführen werde, viel Platz ein. Einige der historistischen Deutungsraster entstammten Marx oder zumindest Friedrich Engels und klassischen Äußerungen wie denen des (für Isaiah Berlin so prägenden) russischen Marxisten Georgi Plechanow. Doch die Rechtfertigung (durch ihre Freunde) und die Zurückweisung (durch ihre Feinde) der Behauptung, dass die Sowjetunion die Speerspitze des historischen Fortschritts sei, rückte erstaunlich spät ins Zentrum der intellektuellen Auseinandersetzung. Von allen in den vorausgehenden zwei Jahrzehnten erschienenen Büchern legte Edmund Wilsons *Auf dem Weg zum Finnischen Bahnhof* von 1940 möglicherweise am meisten Nachdruck darauf, dass der Marxismus die Philosophie des historischen Fortschritts sei.[16] Als die Sowjetunion sich von einem belagerten, eingekreisten und schwachen Land in den klaren Sieger des größten Krieges verwandelte, den die Welt je erlebt hatte, kam der Frage, ob sie jetzt die gesamte Menschheit in die Zukunft führen würde, entscheidende Bedeutung zu.

Das zweite Ereignis war spezifisch für Popper: sein Umschwenken von seiner naturalistischen Wissenschaftstheorie der 1920er Jahre auf sein verspätetes Interesse an politischer Theorie, das erst in den späten 1930er Jahren einsetzte.[17] Der

Schock des Anschlusses* von Österreich an Nazideutschland 1938 zwang ihn zum Handeln, und Poppers Wissenschaftstheorie bildete die Basis für seinen Angriff auf den »Aberglauben« des Historizismus. Sein Rachedurst führte dazu, dass er den falschen Feind ins Visier nahm, trug aber trotzdem zum Wandel des liberalen politischen Denkens bei. Er hängte Hegel das Verbrechen der Unwissenschaftlichkeit und Marx das der Pseudowissenschaftlichkeit an. Und er tadelte beide für ihre falschen historischen Ansprüche.

Die Zufälligkeit und Idiosynkrasie von Poppers Weg in die politische Theorie scheinen in keinem Verhältnis zu seinem enormen Einfluss zu stehen. Sein Biograf Malachi Hacohen hat gezeigt, dass Poppers direkter Gegner der Sozialismus seiner Heimatstadt gewesen ist. Als er im »Roten Wien« lebte und schrieb, war er zu einem Wissenschaftstheoretiker herangereift, der sich nicht für politische Theorie interessierte. Die Ereignisse der 1930er Jahre ließen ihn dem Sozialismus die Schuld am Faschismus geben, als ob das marxistische Vertrauen in die Zukunft die Hauptverantwortung für den Sieg der extremen Rechten trug.

Was die Regierungsgeschäfte anbelangt, so hatte der Sozialismus in Österreich nach 1920 immer aus der Opposition heraus agiert – in Wien gab er den Ton an, wurde aber vom Konservatismus in der Provinz und dann vom Faschismus beiseitegedrängt. Vier Jahre bevor im Zuge des Anschlusses Hitlers großdeutsches Reich willkommen geheißen wurde, lehnte der rechtsstehende christlich-soziale Kanzler Engelbert Dollfuß 1934 ein Bündnisangebot der Sozialisten ab und führte seine Partei und sein Land vorbeugend in einen autoritären »austrofaschistischen Ständestaat«. Obwohl er weder ein Freund der christlichen noch der säkularen Rechten war, entwickelte Popper nach 1938 seine Kritik an der Berufung auf den Fortschritt in Gegnerschaft zu einem unterlegenen österreichischen Sozialismus.

Aus Bestürzung über die Verkündung einer Einparteienherrschaft durch Dollfuß 1934 ging Popper 1935 nach England, wo er sich um einen festen Wohnsitz bemühte. Dort lernte er Berlin und andere führende englische Philosoph:innen kennen, und im Frühjahr 1936 kam es zu einem denkwürdigen Treffen mit J. D. Bernal, J. B. S. Haldane und anderen marxistischen oder auf den Marxismus neugierigen Wissenschaftstheoretikern in der alten Windmühle des Seebades Hunstanton in Norfolk. Popper reagierte darauf mit der Ausarbeitung der ersten Fassung seiner Kritik an progressiven Darstellungen der historischen Vernunft. Was zum *Elend des Historizismus* werden sollte, wurde ursprünglich mündlich in Friedrich Hayeks Seminar an der London School of Economics vorgetragen. Die Anfänge der Invektive gegen den Historizismus fielen zeitlich mit den Anfängen des Neoliberalismus zusammen.

Als es ihm weder in Großbritannien noch in den Vereinigten Staaten gelang, einen Posten zu ergattern, musste Popper allerdings Anfang 1937 eine Stelle am Canterbury University College im neuseeländischen Christchurch annehmen – »auf halbem Weg zum Mond«, wie seine Frau Hettie es ausdrückte. Dort schrieb er seine Hauptwerke über politische Theorie und die Geschichte des politischen Denkens »in nahezu vollständiger Isolation«. Doch wie er selbst bekannte, »faßte ich [...] [d]en Entschluß zur Niederschrift« erst »im März 1938, als mich die Nachricht von der Invasion Österreichs erreichte«.[18] *Das Elend des Historizismus* erschien 1944 und *Die offene Gesellschaft und ihre Feinde* 1945, was Poppers Emigration nach London möglich machte, wo Hayek ihm für das Folgejahr eine Stelle an der LSE besorgt hatte.

In Neuseeland las Popper wenig, und der zweite Band von *Die offene Gesellschaft* über Hegel und Marx stützte sich auf eine höchst punktuelle Kenntnis von deren Werken. Obwohl Isolation und die Befreiung von den üblichen Anforderungen des Wissenschaftsbetriebs in manchen Fällen große Werke hervorbringen können – man denke an Erich Auerbach in Istanbul –, bedeutete Poppers beschämende Nachlässigkeit, dass sein wütender Vorstoß gegen die Austromarxisten (die zu lesen er sich ebenfalls nicht die Mühe machte) es ihm paradoxerweise erlaubte, unbeabsichtigte Ziele zu treffen.

Wäre er besser informiert gewesen, wäre Popper unmöglich dahin geraten, wo er am Ende landete. Über Poppers nahezu völlige Ahnungslosigkeit in Bezug auf Hegel hinaus hatten die westeuropäischen Marxist:innen schon in der Zwischenkriegszeit jedwedes unilineares Geschichtsverständnis aufgegeben.[19] Und im Vergleich zur Sowjetideologie waren die Fortschrittsbehauptungen im Werk der Austromarxisten bestenfalls peripher gewesen. Trotzdem gab Popper dem marxistischen Glauben an eine unvermeidliche sozialistische Zukunft die Schuld an den angeblichen strategischen und taktischen Fehlern der österreichischen Linken, insbesondere an ihrem Versäumnis, den Faschismus abzuwenden. Ironischerweise äußerte Popper keine laute Kritik an den sowjetischen Kommunist:innen, die seinen Zorn (noch) nicht erregten. Doch seine aufgebrachte Maßregelung der österreichischen Sozialisten, die Hitlers Sieg einigen seiner Opfer zur Last legte, abstrahierte von dem ihn beschäftigenden lokalen Schauplatz, weil sie nach universeller Anwendbarkeit strebte. Darin bestand die geistige Erblast, die er dem Kalte-Krieg-Liberalismus hinterließ.

In *Das Elend des Historizismus* wendete Popper seine Falsifizierungstheorie – es zeichne Wissenschaft aus, behauptete er, dass sie empirisch überprüfbare Hypothesen aufstelle, die falsch sein könnten – auf die menschliche Lebenswelt an. Anders als die Positivisten im 19. Jahrhundert verwischte Popper den Unterschied zwischen den beiden Reichen nicht, um die Möglichkeit historischer Gesetzmäßigkeit zu untermauern, sondern um zu zeigen, dass solch ein Gedanke nicht glaubwürdig sei. Historizistische Autoren, schrieb er, hätten optimistisch »prophezeit, daß einmal ein Reich der Freiheit entstehen würde, in dem eine vernunftgemäße Planung des menschlichen Lebens möglich sein wird«. Doch sei dies irrationaler Rationalismus gewesen, denn »der Übergang vom Reich der Notwendigkeit, in dem die Menschheit jetzt schmachtet, zum Reich der Freiheit und der Vernunft [ist] nicht durch die Vernunft zu bewerkstelligen [...], sondern [...] nur durch harte Notwendigkeit, durch die blinden, unerbittlichen Gesetze der geschichtlichen Entwicklung«.[20]

Natur und Geschichte seien sich ähnlich, erklärte Popper, da es auf beiden Gebieten zulässig sei, negative Gesetze aufzustellen, die festlegten, was nicht möglich sei. Doch im Unterschied zu problemlösenden Technologen seien Utopisten Betrüger, die vorgäben, positive Gesetze der gesellschaftlichen Gesamtentwicklung zu erkennen, um deren Zukunft vorauszusagen oder sogar herbeizuführen. Voraussagen auf der Basis von historischem Wissen seien vertretbar, aber wie Wettervorhersagen: kurzfristige Vermutungen und alles andere als eine Theorie fortschreitender systemischer Entwicklung von Anfang bis Ende. Fortschritt könne eintreten, sei aber keine Frage immanenter Notwendigkeit; seine Gegner:innen könnten ihn aufhalten oder sogar rückgängig machen. Und wie später den Vertreter:innen des Kalte-Krieg-Liberalismus war es Popper besonders wichtig, dass Voraussagen historischer

Unvermeidlichkeit kein Vorrang gegenüber moralischen Verpflichtungen zukommen könne.

Als Invektive gegen den Glauben an die notwendige Entwicklung der Gesellschaft als eines holistischen Systems im 19. Jahrhundert war Poppers Argumentation erfolgreich. Als Neuformulierung glaubwürdiger Grundlagen für einen Fortschritt im Rahmen seiner eigenen Wissenschaftstheorie lässt der Text von *Das Elend des Historizismus* sich irgendwo zwischen harmlos und hilfreich verorten. Doch seine pauschale Erklärung, »Geschichte hat keinen Sinn«, ließ keinen Spielraum für die Überlegung, ob sie abgesehen von dem von Popper gebrandmarkten szientistischen und systemischen Versuch, einen solchen Sinn zu liefern, vielleicht doch einen Sinn haben könnte.[21] Schlimmer noch: Sein Modell verzerrte, wie verbreitet die Ansicht, die er verfluchte, gewesen war und wer sie vertrat (was viele Liberale getan hatten). Und obwohl es als Eintreten für problemlösende Reformen durch wissenschaftlich gesinnte Experimentator:innen gemeint gewesen war, untergrub es die Motivation zu Reformen. Außerdem klammerte Poppers Modell die Frage aus, ob Liberale eine Basis für ihren Entwurf von historischer Emanzipation benötigten. Er legte die Vermutung nahe, dass die Zurückweisung der von einer Handvoll Marxisten vertretenen deterministischen Geschichtsphilosophie bedeutete, der Historizismus habe nie eine andere Basis gehabt und könne nie eine andere Basis haben, ob nun im Hegelianismus der Vergangenheit oder in irgendeiner Form von Liberalismus.

Nach seinem Angriff auf den Historizismus war die Sache für Popper noch nicht erledigt. Er machte sich direkt daran, den Kanon der politischen Theorie zu überdenken, was der seiner Zeit vorausliegenden intellektuellen Tradition des Liberalismus großen Schaden zufügte. Die erste allgemeine

Aufnahme von Poppers engstirniger Zurückweisung des wissenschaftlichen Historizismus bestand nämlich in seiner eigenen, wenig sachkundigen, aber einflussreichen Rekanonisierung des westlichen politischen Denkens, in deren Rahmen er den Urgrund dieser Art von Historizismus in Platon als dem totalitären Verteidiger staatlicher Ordnung entdeckte und die Propheten Hegel und Marx zu seinen modernen, revolutionären Erben ummünzte. Begonnen hatte Popper mit einem Angriff auf gelegentliche Fehlgriffe in der Geschichtsphilosophie, am Ende legte er sich mit der gesamten Philosophiegeschichte an.

Die Dehegelianisierung und Dehistorisierung des Liberalismus durch den Kalte-Krieg-Liberalismus folgte dem Drehbuch von *Die offene Gesellschaft und ihre Feinde*. Wie die Hegelianer des sogenannten »westlichen Marxismus« in ihren Versuchen, Marx vor der Zweiten Internationale und vor der Sowjetunion zu retten, bereits begonnen hatten darzulegen, war Hegel der Letzte, bei dem ein Glaube an immanente und notwendige Gesetze gesellschaftlicher Ordnung zu finden wäre. In gewissem Sinne war Popper einverstanden, dass Hegel nicht einmal versuchte, wissenschaftlich zu sein, und Marx' Materialismus zumindest insoweit lobenswert sei, wie er Hegels Idealismus und Spiritualismus verurteilte.[22] Doch weil er sich das Bild vom deutschen Irrationalismus seines Wiener Mitemigranten Aurel Kolnai zu eigen machte, bildete Hegel für Popper trotzdem die Brücke zwischen altem und modernem historistischen Totalitarismus.[23] »Es gibt – außer Hegel – kaum jemanden, den ich kritisiere, dessen Züge keine entlastenden Eigenschaften aufweisen«, gestand Popper ein.[24] Später versuchte er, sein kurzes Kapitel über Hegel als »Spaß« abzutun, was sogar nach Einschätzung seiner treuesten Anhänger:innen nach hinten losging.[25] Dass seine sich anschließende Auseinandersetzung mit Marx nicht nur vollständiger, sondern auch fairer war, heißt nicht viel.[26]

Wie Hacohen in seiner wunderbaren Biografie anmerkt, »endeten Poppers Kriegsanstrengungen damit, dass er den Verlauf des falschen Krieges beeinflusste«.[27] Seine Überlegungen erblickten in dem Moment das Licht der Öffentlichkeit, als der Sieg der Sowjets über den Faschismus im Zweiten Weltkrieg den Kommunismus reizvoller gemacht hatte als jemals zuvor oder danach. Arthur Koestlers 1940 erschienene *Sonnenfinsternis* war ein Verkaufsschlager gewesen. Indem er den Prozess gegen Nikolai Bucharin zum Schauplatz der Verkündung der marxistischen Theorie machte, rückte Koestler die Rechtfertigung des historischen Fortschritts stärker denn je ins Zentrum dessen, was Millionen von Leser:innen unter dem philosophischen Beweisgrund für den Kommunismus verstanden. Im Gegenzug wurde von liberaler Seite eine Neudefinition des Liberalismus vorgenommen, die darin bestand, abzustreiten, dass die Geschichte uns eine Vollmacht zum Handeln erteile und man um der Zukunft willen auch Immoralität hinnehmen müsse. Was der Zusammenbruch Österreichs im Jahr 1938 für Popper war, ist für Koestler der Prozess gegen Bucharin gewesen (was sich möglicherweise eher vertreten lässt). Ihre Invektiven gegen die Ideologie des historischen Fortschritts begannen zur gleichen Zeit.

Erst als sich am Ende des Zweiten Weltkriegs die Bedingungen ihrer Rezeption herausbildeten, fing – der vorher nachsichtigere – Popper an, die Sowjetunion zu seinen Zielscheiben zu zählen. Er war nicht der Einzige. Vor dem Zweiten Weltkrieg hatte es so etwas wie die während des Kalten Krieges herrschende Angst vor dem Kommunismus nicht bloß als Herrschaftsform, sondern als einem System nicht gegeben, das den liberalen Staaten in Bezug auf den endgültigen Abschluss von deren immanenter Entwicklung hätte zuvorkommen können. All dies änderte sich durch Koestler in populärer und durch Popper in intellektueller Hinsicht.

Dies führte dazu, dass selbst die Liberalen es oftmals zuließen, den Marxismus nicht als Antrieb für ihre eigene Erneuerung zu betrachten, wie vor dem Krieg, sondern als einzigen plausiblen Deutungsrahmen für Freiheit und Gleichheit beim und durch den Aufstieg des Staates. An einer besonders fairen Darstellung von Marx selbst durch Koestler oder Popper lag das nicht. »[T]atsächlich ist sehr wenig Marxismus in *Sonnenfinsternis* zu finden«, schrieb Maurice Merleau-Ponty 1947 (als er noch Marxist war)[28] – und das Gleiche galt für *Das Elend des Historizismus.* Mehr Marxismus fand sich in *Die offene Gesellschaft und ihre Feinde,* aber lediglich in einer ganz groben teleologischen Lesart, der zufolge die Behauptungen der Sowjets über die Unvermeidlichkeit des Fortschritts bereits in Marx' Schriften enthalten seien, obwohl Popper gelegentlich anmahnte, dass Marx selbst gesagt habe, er sei kein Marxist und erst recht kein Vulgärmarxist.

Als der Kalte Krieg Gestalt annahm, war man sich unter Liberalen und vielen ihrer Widersacher auf Seiten der Linken trotzdem weithin darin einig, dass der Marxismus in so etwas wie einem nur ihm eigenen Ausschließlichkeitsverhältnis zum Historizismus stehe. Dabei handelte es sich nicht unbedingt um die szientistische Version, die Popper so scharf missbilligt hatte, sondern um eine ausgefeiltere Lesart. Die Liberalen hatten mittlerweile auf jeglichen Versuch verzichtet, ihre Vorstellung von Freiheit in einen zeitlichen Ablauf einzubetten. »In diesem Sinn ist er [der Marxismus] nicht irgendeine Geschichtsphilosophie«, hatte Merleau-Ponty 1947 hinzugefügt, »sondern *die* Geschichtsphilosophie, und auf sie verzichten heißt, die geschichtliche Vernunft zu Grabe tragen«.[29] Merkwürdigerweise haben seither viele diese Schlussfolgerung akzeptiert – und für diese Akzeptanz sind Popper und weitere Vertreter:innen des Kalte-Krieg-Liberalismus verantwortlich.

Merleau-Ponty steht unweigerlich im krassen Gegensatz zu Popper und den anderen Vertreter:innen des Kalte-Krieg-Liberalismus. 1950 hatte er dem Marxismus den Rücken gekehrt, und das Jahrzehnt bis zu seinem frühen Tod verbrachte er mit dem Versuch, den Historizismus – den er nie mit einer gesetzesförmigen Entwicklung verband – vor dem Marxismus zu retten. Genau wie bei der Aufklärung gingen die Vertreter:innen des Kalte-Krieg-Liberalismus umgekehrt vor: Sie akzeptierten die Narrative ihrer Gegner, und aus Angst, ausgestochen zu werden, verleugneten die Liberalen mit Stumpf und Stiel, was einmal ein wesentlicher Bestandteil ihrer Tradition gewesen war. Sie erklärten sich einverstanden, dass der Marxismus *die* Geschichtsphilosophie sei, und als sie sich von ihm abgewendet hatten, machten sie sich mit Begeisterung daran, den Historizismus zu Grabe zu tragen. Jedes Bekenntnis zu einer sich in historischer Zeit entfaltenden kollektiven Freiheit wirkte nun wie eine Apologie des Schreckens.

Da den Liberalen jeder Versuch fernlag, einen eigenen – ob nun wissenschaftlichen oder nichtwissenschaftlichen – Historizismus vorzulegen wie im 19. Jahrhundert, waren sie gezwungen, ihre politischen Ansichten auf der Grundlage abstrakter Normativität, eines antiutopischen Realismus, eines antidogmatischen Skeptizismus, augustinischer Sündhaftigkeit oder eines aggressiven Todestriebes vollständig neu zu erfinden. Dafür haben sie einen hohen Preis gezahlt.

Als einer der am Ableben des Marxismus aktiv Beteiligten hat der französische Historiker François Furet – im Grunde einer der einflussreichsten Schüler:innen von Talmon, insofern er Demokratie mit Schrecken gleichsetzte und die Französische Revolution für Liberale als unwiederbringlich abschrieb – 1995 wehmütig angemerkt, dass durch das Verschwinden des Marxismus »[d]ie Vorstellung von einer *anderen* Gesellschaft« in der Zukunft »praktisch undenkbar geworden [sei], und in der Welt von heute entwirft diesbezüglich im übrigen niemand auch nur ansatzweise ein neues Konzept«. Deshalb, so seine düstere Schlussfolgerung, seien wir »dazu verdammt, in dieser Welt zu leben«.[30] Ähnlich hat der Liberale Tony Judt, nachdem er Jahrzehnte mit der Verunglimpfung von Marxist:innen zugebracht hatte, 2006 auf entwaffnende Weise Stellung bezogen: »Der Verlust des Marxismus als gesellschaftskritisches Bezugssystem hat eine Leerstelle hinterlassen.«[31] Offenbar schien niemand zu glauben, dass der Liberalismus diese Lücke je füllen könnte. Wenn das stimmt, liegt das daran, dass unter anderem die Vertreter:innen des Kalte-Krieg-Liberalismus dafür gesorgt haben, den Liberalismus aus dem vom Historizismus abgesteckten Rahmen herauszudrängen.

Sogar Berlin mischte auf seine Weise mit. In einem Gespräch mit Steven Lukes, das 1998 erschien, räumte er ein, dass der Angriff der Vertreter:innen des Kalte-Krieg-Liberalismus auf das Unvermeidlichkeitstheorem bedeutete, dass sie jede Form von »Emanzipationsgeschichte« hinter sich lassen mussten. Alles, was bleibe, sei, dass eins auf das andere folge. »Zuerst haben Sie eine Bewegung zugunsten von etwas, dann bekommen die Kinder das, was die Eltern wollen, dann werden die Enkel:innen dessen überdrüssig, weil sie es haben, und dann scheint die andere Seite, die nie dafür war, aufregender zu sein, weil sie dagegen ist, und wenn sie bekommen, was sie wollen, werden sie dessen auch überdrüssig, und so machen wir Fortschritte oder vielleicht auch nicht; wir bewegen uns voran.«[32] Wenn Geschichte keine Fortschritte macht, ist sie sinnlos.

*

Zu diesem Zeitpunkt war Berlin Popper längst darin gefolgt, Hegel und dem Historizismus die Schuld am Totalitarismus zu geben.[33] Nach ihrem Treffen 1935 hielten Berlin und Popper Kontakt, während sie an ihren Versionen eines antiutopischen Liberalismus arbeiteten. In seinem Buch über *Karl Marx* (1939) waren die Kommentare zu Hegel von Berlin, der den Ausdruck »Historizismus« sogar vor Popper verwendete, allerdings ausgewogen, ja sogar lobend geblieben, insofern er ihn als Bestandteil der romantischen Bewegung einstufte und ihm Beiträge zum historischen Selbstverständnis zugutehielt, die »gar nicht überschätzt werden« könnten.[34]

Als Berlin mehr als zehn Jahre nach dieser ersten Stellungnahme die Einladung zu Vorlesungen am Bryn Mawr College annahm, schlug er eine Vorlesung über »Individuelle Freiheit und den Gang der Geschichte« vor. Jetzt war er zu einer vollständigen Ausschlachtung von Poppers Argumentation bereit und dazu, Hegel zu einem Meilenstein auf dem Weg ins Verderben aufzubauen, den jede Geschichtswissenschaft einschlage. In seinen BBC-Vorträgen kurz darauf wurde Hegel zu einem der sechs »Feinde der menschlichen Freiheit«. Ein Berlin-Interpret meint, durch die Eingliederung des Endpunktes in Gestalt der Schrecken des 20. Jahrhunderts in Hegel, also noch vor Marx, als Anfangspunkt gehe mit Berlins »Kritik am teleologischen Denken ihrerseits eine Form von teleologischem Denken einher«.[35] Wenn dem so ist, so lernte er dies nicht von Plechanow oder aus seiner direkten Beobachtung des Kommunismus, sondern weil Popper ihn diesen unverantwortlichen und ungestümen Schritt lehrte.

Und in einer Fußnote von großem Belang in seinem klassischen Aufsatz »Historische Unvermeidlichkeit«, der auf seine Auguste-Comte-Vorlesung im Mai 1953 zurückging und im folgenden Jahr als eigenständiges Heftchen erschien, lobte Berlin, dass »[n]iemand [...] klarer« als Popper den Irrtum »nachgewiesen« habe, den »Gang der Geschichte« als wirkliches, »empirisch überprüfbares« und deshalb »wissenschaftliches« Phänomen von gegenwärtiger und zukünftiger Regelmäßigkeit zu behandeln. »In *Die offene Gesellschaft und ihre Feinde* und in *Das Elend des Historizismus*«, schrieb Berlin, habe Popper »einige der Trugschlüsse des metaphysischen Historizismus so überzeugend und präzise bloßgestellt und ihre Unvereinbarkeit mit jeder Art von wissenschaftlichem Empirismus nachgewiesen, daß es keine Entschuldigung mehr dafür gibt, beides zu vermengen.«[36] Popper revanchierte sich 1959, als er nach der Lektüre von Berlins »Zwei Freiheitsbegriffen« an diesen schrieb: »Ich habe kaum je etwas über politische Philosophie gelesen, mit dem ich in allen wichtigen Fragen so vollständig übereingestimmt hätte. [...] Ich bin begeistert, dass Sie so klar zwischen dem unterscheiden, was Sie negative und positive Freiheit nennen; von Ihrem eigenen Glaubensbekenntnis – das, obwohl es unausgesprochen bleibt, offen und entschieden zu Tage tritt – zu negativer Freiheit; [und] dass Sie gegen moralischen Historismus und Historizismus [...] Stellung beziehen.«[37]

Was Berlins Fußnote ebenfalls besagt, ist, dass seine Kehrtwende in Bezug auf Hegel in der Nachkriegszeit Poppers Losung nicht vollständig entspricht. Vor dem Krieg hatte Berlin in *Karl Marx* betont, dass Hegel, nachdem er das Missverhältnis zwischen den naturalistischen Grundannahmen von David Hume und Voltaire und deren Vortrefflichkeit als Historiker begriffen hatte, versucht habe, die Geschichtswissenschaft vor Szientismus zu bewahren.[38] Berlins Versuch in den Bryn-Mawr-Vorlesungen, hegelianische Voraussagen ins Wanken zu bringen, hielt Geschichtswissenschaft und Naturwissenschaften auseinander und implizit auch von der Anforderung fern, dass Erstere sich nach wissenschaftlichen epistemologischen Standards richte. Nach dem Zweiten Weltkrieg erkannte Berlin, dass ein szientistisches Geschichtsverständnis Hegel fremd war und eigentlich eher Comte und andere Begründer der »Sozialwissenschaft« im 19. Jahrhundert charakterisierte, was Auswirkungen auf Marx und den Marxismus allerdings nur als eine von mehreren nezessitaristischen Schulen jener Zeit hatte. In der ansonsten lobenden Fußnote schlug Berlin sich auf die Seite von Hayeks Buch *Mißbrauch und Fall der Vernunft*, das er dafür rühmte, gezeigt zu haben, dass Popper »die Unterschiede zwischen den Methoden der Naturwissenschaft und der Geschichtswissenschaft bzw. des gesunden Menschenverstandes unterschätzt« habe – in Bezug auf dieses Thema hatte sich zwischen Hayek und Popper eine freundschaftliche Meinungsverschiedenheit entwickelt.[39]

Doch nach Ansicht von Berlin schmälerte dieser Irrtum Poppers nicht dessen erfolgreiche Zerstörung der Glaubwürdigkeit Marx'scher historischer Ansprüche im Geiste der Naturwissenschaften. Und »Historische Unvermeidlichkeit« bleibt einer der großen Texte des Kalte-Krieg-Liberalismus, weil er Poppers diesbezügliche Kritikpunkte unterstrich, die moralische Entscheidungen vor dem unerbittlichen Determinismus in Sicherheit brachten, der in der Gegenwart von Verantwortung entbindet, weil die Zukunft bereits feststeht.

Es bedeutete aber auch, dass Berlins böswilliger Angriff auf Hegel eine andere Form annehmen musste, insofern er sich weniger auf die Vorwegnahme des gescheiterten Versuchs des Marxismus, wissenschaftliche Strenge zu bewahren, richtete, als auf dessen historistische Verkehrung einer Freiheitslehre in eine weitere Rationalisierung von Sklaverei.[40] »Nach Ansicht von Hegel«, erklärte Berlin in der BBC, »haben wir ein gewaltiges, in sich kohärentes historisches Schauspiel vor uns, das er mit der eigenen Verehrung für die in seinen Augen wahren Werte gleichsetzt. [...] Geschichte besteht in großen Bataillonen, die eine breite Allee heruntermarschieren, nachdem alle unerfüllten Möglichkeiten und alle Märtyrer und Visionäre ausradiert worden sind; und Moral ist im Grunde eine spezifische Form, sich vor den Tatsachen zu verneigen.«[41]

In einem sehr viel größeren Zusammenhang betrachtet, hat Berlin seine Konzeption von »negativer« Freiheit als Nichteinmischung und seine Vorbehalte gegen »positive« Freiheit auf der Grundlage einer Kritik an Hegel und einer bis in seine Studienzeit zurückreichenden Beschäftigung mit der sowohl Bernard Bosanquet als auch T. H. Green einbeziehenden idealistischen Tradition ausgearbeitet.[42] »Hegels Staat ist mir ein Gräuel«, versicherte er Talmon 1978 in einem Brief (als dieser das Gefühl hatte, sein Freund stände dem Projekt einer israelischen Nation zu ehrerbietig gegenüber).[43]

Als Gefolgsmann war Talmon Popper sklavischer ergeben als Berlin. Obwohl er Popper gelesen hatte, während er an den *Ursprüngen der totalitären Demokratie* schrieb, gab es – noch – keine zeitlichen oder inhaltlichen Überschneidungen zwischen Talmons Kompendium über die Spinner des 18. Jahrhunderts und Poppers früherem platonischen und späterem hegelianischen Anti-Kanon. In seinem ersten Buch machte Talmon kaum einen Versuch, eine für den Kalten Krieg spezifische Genealogie des Historizismus vorzulegen. Das änderte sich. Unter Ausblendung der Popularität der

Universalgeschichte in der frühen Neuzeit bezeichnete er den Umstand, »dass die *Geschichte* zum Abgott gemacht wurde«, in *Politischer Messianismus* als Neuerung des 19. Jahrhunderts. Für Talmon, der damit eine der fragwürdigen Weisheiten des Kalte-Krieg-Liberalismus zum Ausdruck brachte, bestand die Alternative zu solch einem Historizismus in dem Eingeständnis, dass unsere kollektive Erfahrung undurchsichtig und unverständlich sei.

Die in dem Buch entfaltete Geschichte von Hegel, Marx und dem Totalitarismus folgt Poppers Spuren auf Schritt und Tritt. Hegel habe »trotz der verwirrenden Mannigfaltigkeit und scheinbaren Sinnlosigkeit« unserer tatsächlichen Zeiterfahrung aus der Geschichte »eine alles umfassende und in sich geschlossene Einheit« gemacht.[44] »Wie Hegel«, fügte er hinzu, »glaubt auch Marx, dass er die Gesamtheit der Geschichte vom Gipfelpunkt des sich erfüllenden Geschehens der Geschichte überblickt, mit vollem Verständnis für deren Ablauf und Bestimmung.«[45] Sie sei, wie Popper gesagt habe, eine »Prophezeiung«, deren Messianismus in eben ihrer Pseudowissenschaftlichkeit bestehe.

Judith Shklar hatte das Privileg, Zeugin dieser Entwicklungen zu sein, und im Verhältnis zu dem für ihre Zeit typischen »Aufbegehren gegen den Historizismus«[46] tat sie in *After Utopia* etwas ebenso Interessantes wie Unerwartetes. Nicht zuletzt wendete sie die Kritik am Glauben an historische Unvermeidlichkeit gegen den Kalte-Krieg-Liberalismus selbst.

Dabei war sie für Kritik am Historizismus keineswegs unempfänglich. Auch sie war der Meinung, dass der »Preis der Unvermeidlichkeit« für die Linke hoch gewesen sei, die im Vertrauen auf den »taktischen Vorteil« der Behauptung, die Geschichte auf ihrer Seite zu haben, mit der Aufklärung brach. Dieser Schachzug war zwar eher eine Frage der Vertrauensbildung als trunkene Prophezeiung, erwies sich aber als verheerend, als die Geschichte in die falsche Richtung ging. »Historische Unvermeidlichkeit«, schrieb sie, »ist ein zweischneidiges Schwert. [...] Als Totalitarismus und Krieg den Beweis erbrachten, dass die ›wissenschaftlichen‹ Behauptungen [der Linken] absolut falsch gewesen waren, standen die Sozialisten auf einmal ohne Philosophie da.«[47] Trotzdem fiel ihre Handhabung Hegels in *After Utopia* – die ihr späteres Buch ausschließlich über ihn vorwegnahm – bei weitem respektvoller aus als bei den Vertreter:innen des Kalte-Krieg-Liberalismus.[48] Berlin, räumte sie ein, habe nicht falschgelegen, dass sowohl Marx als auch der Marxismus »der konservativen Lehre [...] von der sozialen Notwendigkeit sehr viel näher« gewesen seien »als der radikalen Vorstellung, dass die Menschen die Freiheit besitzen, ihre eigene Geschichte zu erschaffen«.[49] Gleichwohl lobte Shklar an einer interessanten Stelle Rudolf Hilferding – der aus der austromarxistischen Tradition kommt, mit der sie sich, anders als Popper, tatsächlich durch Lektüre vertraut gemacht hat – dafür, dass er aus der Erfahrung gelernt und von »ökonomischer Notwendigkeit« als Veränderungsmotor abgesehen habe.[50]

Und die Kritik am Historizismus, so stichhaltig sie bei einigen Angriffszielen sei, könne auf Abwege führen, wenn man sie auf die Spitze treibe. Dies auszusprechen, gehörte zu Shklars Hauptzielen in *After Utopia*. Die Alternative zu hegelianischem Historizismus, schrieb sie, sei lange Zeit der Verzicht auf Geschichtlichkeit gewesen, für den Søren Kierkegaard im Namen von romantischer Individualität und Gottes Erlösung jedes menschlichen Wesens in seiner Unaussprechlichkeit eingetreten sei. Für Kierkegaard, schrieb sie, »ist nicht nur jeder historische Fortschritt unmöglich, sondern

Geschichte könne uns nichts lehren, was wirklich von Bedeutung wäre«.[51]

Wo die Aufklärung die gleich großen, einander entgegengesetzten Fehler einer Postulierung eherner historischer Gesetze und der Unempfänglichkeit personaler »Existenz« für sie vermieden habe, wurde nach Kierkegaard die Entfremdung von Geschichte überhaupt zur Hauptalternative des Historizismus. Die unheilvolle Folge davon im Existenzialismus des 20. Jahrhunderts war ein mit dem Grauen vor und dem Unverständnis von kollektiver Pfadabhängigkeit gepaarter Mythos moralischer Autonomie. »Es gebe nicht nur keine ›historischen Gesetze‹«, berichte uns diese Schule, die sich das entgegengesetzte Extrem des historistischen Determinismus zu eigen mache, sondern »die Geschichte selbst bleibe uns auf immer fremd«.[52] Was die Vertreter:innen des Kalte-Krieg-Liberalismus anbelange, schrieb Shklar, so hätten die von der Sowjetunion im Namen der Geschichte begangenen Verbrechen die Existenzialist:innen zu einer »hübschen Verteidigung des ewig menschlichen Werts der Empörung über durch historische Vernunft gerechtfertigte Revolutionen getrieben«, in der »sich Kierkegaards Abscheu vor Hegels nüchterner Systematisierung des Bösen wiederfindet«.[53]

Dies war die säkulare Entwicklung; Shklar zitierte Albert Camus' *Der Mensch in der Revolte*: »Hitler war die Geschichte in Reinzustand.«[54] Das Gleiche geschah aber auch in religiösen Kreisen; Shklar erwähnte es nicht, aber bei all seiner Schwäche für die im Kalten Krieg verbreitete Sitte, Gegner:innen als verrückte religiöse Eiferer herabzusetzen, betrachtete niemand anders als Popper in seinen zentralen politischen Texten jenen Teil des christlichen Denkens als wahr (oder zumindest nützlich), der den Historizismus zurückwies.

Shklar warnte nicht nur davor, dass das im Kalten Krieg gegen den Historizismus gewählte Heilmittel genauso schlimm sei wie die Krankheit selbst, sie zeigte auch, dass die Vertreter:innen des Kalte-Krieg-Liberalismus eigene Formen von Historizismus hofierten. Infolge der deterministischen Annahme, dass die Aufklärung im Osten wie im Westen unaufhaltsam zu Planungsstaaten geführt habe und dass ihr Intellektualismus aufgrund der Raserei des Volkes die Versklavung fördere, hätten Neoliberale wie Wilhelm Röpke die Vorstellung aufgegeben, dass »zweckgerichtetes soziales Denken und Handeln« irgendetwas anderes als den Tod der Freiheit bewirken könne.[55] Talmons Ansichten, schrieb sie, ständen im Einklang mit der extremen Annahme der neoliberalen Partei, dass es von aufklärerischer Politik nur ein kleiner Schritt zu den Gräueln des Totalitarismus sei.

Dafür, dass Talmon und verschiedenerlei Neoliberale sich zur Erklärung, warum Freiheit Demokratie oder Umverteilung nicht überleben könne, denselben historischen Determinismus zu eigen machten, den sie bei Marx geißelten, hatte Shklar nur Hohn und Spott übrig. Keine Liberale und kein Liberaler müssten sich dafür entschuldigen, vermerkte sie, dass sie um persönliche Freiheit und staatliche Grenzen besorgt seien. Aber für Vertreter:innen des Kalte-Krieg-Liberalismus habe »ein innerer Hang zum Fatalismus alle [...] Unterschiede zwischen konkreten Regierungsformen ausgelöscht«.[56] Solche Herangehensweisen würden alle interessanten Fragen zum Verschwinden bringen, wie etwa welche Arten von Ordnung leichtere Beute für Diktaturen seien (da »planende« Regierungen weder zu Hitler noch zu Stalin geführt hätten), welche Formen von Eliteherrschaft zu einer Einparteienregierung verkämen und wie genau das demokratische Handeln von Interessengruppen ein Land anfällig für einen autokratischen Rückschlag machen könne.

Shklar begegnete der Kritik am Historizismus im Kalten Krieg mit weniger Ambivalenz, nachdem sie selber zu einer Kalte-Krieg-Liberalen geworden war. In ihrem nächsten Buch, das 1964 erschien, beschäftigte sie sich ausführlicher mit Merleau-Pontys Argument, dass es vor dem Hintergrund einer Geschichte mit gewalttätigen Widersachern auf beiden Seiten unverzichtbar sei, Spekulationen darüber anzustellen, welche Seite mehr Freiheit und Gleichheit mit sich bringen würde. Sie verurteilte jedwede Neigung, die Förderung einer besseren Zukunft zur Rechtfertigung für heutige Immoralität heranzuziehen. Dies sei »ein tröstlicher Glaube für Marxisten in Not« und »ein Vorwand für die Tötung so vieler Menschen«.[57] Wie könne selbst eine »zutreffende Vermutung«, welche übergeordneten Erfolge ein entsetzliches Verbrechen herbeiführen möge, die Tat moralisch werden lassen?[58] Auch wenn Stalins Unterdrückung seiner Gegner in den 1930er Jahren sich als gute Sache herausgestellt habe, weil er so in den 1940er Jahren Hitler abzuwehren vermochte, könnten weiterreichende Ziele niemals kurzfristige Verbrechen rechtfertigen. Dies legte nahe, dass Merleau-Pontys Irrtum nicht darin bestand, sich historisch auf die falsche Seite geschlagen zu haben, sondern darin, überhaupt ein kollektives historisches Fortschreiten anzustreben – obwohl Liberale dies schon lange Zeit bevor die Marxisten es in Verruf brachten getan hatten. Im Gegensatz zu Tocquevilles Ruf nach einem visionären Liberalismus verlangte der Kalte-Krieg-Liberalismus eine Aufkündigung der Zukunft.

Mit seinen mitten im Zweiten Weltkrieg entstandenen Schriften verfolgte Popper offenkundig die Absicht einer Intervention seiner Kritik am Historizismus und seines neuen Blicks auf den Kanon der westlichen Philosophie »*innerhalb* des ›linken‹ Lagers«, wie er Herbert Read 1944 in einem Brief mitteilte. Den Umstand, dass seine Manuskripte die Zustimmung von Harold Laski fanden, der das Erscheinen von *Die offene Gesellschaft* in einem Gutachten befürwortet hatte, begrüßte er als ein Zeichen, dass seine neue politische Theorie durch die ungehinderte Erörterung alternativer, die Extreme von Kommunismus und Faschismus meidender Positionen die Oberaufsicht über die Besserstellung der Menschheit übernehmen könnte. Er hoffte, dass das Buch »zur Konsolidierung der ›Linken‹ beitragen« und durch Reformen und Selbstkritik »im Lager des Humanitarismus für frischen Wind sorgen« würde.[59] Sie beeinflussten sich zwar gegenseitig, aber während Popper seine im Krieg entstandenen Schriften abschloss, stellte Hayeks Einwirkung auf ihn trotzdem die Weichen für seinen Weg von der Kritik am Historizismus zu einer Version des Kalte-Krieg-Liberalismus, die in zunehmendem Maße dem Neoliberalismus zuneigte.

In *Die offene Gesellschaft und ihre Feinde* dankte Popper Hayek herzlich für seine intellektuelle und persönliche Schützenhilfe in all den Jahren, seit er eine frühe Fassung seines Angriffs auf den Historizismus in Hayeks Seminar an der LSE vorgestellt hatte. Noch 1944 ermahnte Popper Hayek in einem Brief, dass »es ein gewaltiger Unterschied ist, ob man bloß betont, Interventionismus sei schlecht, oder ob man betont, wir hätten lediglich die Wahl zwischen verschiedenen Formen von Interventionismus«. Der von Popper befürwortete letztgenannte Standpunkt erlaube *»eine Überwindung der fatalen Spaltung des humanitären Lagers«*, weil er ein Gleichgewicht zwischen freien Märkten und sozialer Absicherung herstelle.[60] In *Das Elend des Historizismus* war Popper so weit gegangen, die steigende »Tendenz zum Einkommensausgleich« als Beispiel für eine Intervention anzuführen, die stückchenweise unterstützt werden könnte. Es ginge nicht darum, jemanden auszuschließen, der »sich bezüglich der Reichweite seiner Reform« offen zeige, sondern lediglich diejenigen, die »von vornherein entschieden [haben], daß eine vollständige Umformung der Gesellschaft möglich und notwendig ist«.[61] 1947 nahm Popper Hayeks Einladung, auf der ersten Sitzung der Mont Pèlerin Society – an der er teilnahm – zu erscheinen, mit dem Ratschlag an, dass das gesamte Vorhaben »ernsthaften Schaden« nehmen würde, wenn »die Behauptung irgendeinen Anschein von Wahrheit hätte, es habe von Anfang an aus Personen bestanden, die dem Sozialismus feindlich gegenüberstehen«.[62]

Bis 1947 der Kalte Krieg einsetzte, verhielt Popper sich taktisch gegenüber dem Sozialismus. In einem Moment, in dem eine Volksfront gegen die Tyrannei erforderlich war, blieb es wichtig, diejenigen nicht zu verprellen, die an ihn glaubten. Doch während Hayek so freundlich war, einige von Poppers Thesen in seine eigenen Schriften aus jener Zeit einfließen zu lassen (wie die Hegel-Kritik in *Mißbrauch und Fall der Vernunft* zeigt), hatte Popper sich seit einigen Jahren auf den Neoliberalismus seines Freundes zubewegt.[63] Den Antiintellektualismus der die Aufklärung als solche ablehnenden Neoliberalen hat er nie akzeptiert.[64] Aber unter Hayeks Einfluss entschied er 1944, dass stückweise Reformen und ein Planungsstaat einander ausschlössen. Wie er Hayek versicherte, überzeugte ihn kurz darauf seine Lektüre von *Der Weg zur Knechtschaft* davon, dass »Sozialismus an sich direkt zum Totalitarismus führt«.[65] Popper »hatte mit Hayeks Einfluss auf seine politischen Ansichten zu kämpfen«.[66] Auch wenn es nur ein schwacher Indikator dafür ist, wie Popper selbst seine früheren Argumente zunächst in Bezug auf ihre Übereinstimmung mit dem Kalte-Krieg-Liberalismus und später, gegen Ende seines langen Lebens, in einer streng konservativen Gemütsverfassung interpretieren würde, erwies sein Entwicklungsverlauf während des Krieges sich als verhängnisvoll.

Obwohl Berlin Poppers Reise vom Sozialismus zum Konservatismus zu keinem Zeitpunkt mitmachte, gab er ein Sinnbild davon ab, inwiefern ihrer beider Beschädigung des Kanons bestimmte politische Auswirkungen hatte. Über seine eigene, nicht ganz so unstete Perspektive hat Berlin einmal angemerkt, dass sie »sowohl philosophisch als auch politisch für den äußersten rechten Rand der linken Bewegung« stehe.[67] Als zeitgenössischer Erbe der Vertreter:innen des Kalte-Krieg-Liberalismus erinnert Jan-Werner Müller mit zustimmenden Worten daran, dass »die beste Version des Liberalismus [...] im Rahmen von Berlins Denkansatz sich wohl oder übel (zumindest in der Praxis) als so etwas wie ein linker oder sozialdemokratischer Liberalismus entpuppte«. Gleichzeitig räumt Müller ein, »bleibt es eine offene Frage, ob seine eigene Theorie diesem Bekenntnis entsprach«.[68]

Eines ist sicher: Bei seinem Kanon war das nicht der Fall. Wie für Popper gilt für Berlin, dass ihre geheime Absprache nicht zuletzt in ihrer Rolle als Austreiber des hegelianischen Denkens, den historischen und philosophischen Hintergrund von aufklärerischer Politik in der Versenkung verschwinden zu lassen, dazu beiträgt, Müllers Frage zu klären. Kein Liberalismus konnte über längere Zeit gedeihen, der nicht emanzipatorisch und der Zukunft zugewandt war.

»Für Hegel hat heute kaum jemand ein gutes Wort übrig«, bemerkte Lionel Trilling 1955, »und ich – der ich kein Hegelianer bin, wie ich besser sagen sollte – hege keinen Zweifel, dass alle aus den richtigen Gründen schlecht auf ihn zu sprechen sind.«[69] Die erste Folge dieser Neukonfiguration war politisch. Wenn die Wende vom Wohlfahrtsstaat zur ihm nachfolgenden politischen Ökonomie »vom Idealismus zum Neoliberalismus« verlief, dann fungierte der Kalte-Krieg-Liberalismus als Scharnier.[70] Weit über die Stigmatisierung des Stalinismus hinaus machten seine Vertreter:innen sich mit größtem Eifer daran, die politische Theorie des Idealismus für nichtig zu erklären und – weiter ausgreifend – Hegel und Marx ihren Platz im liberalen Kanon zu entziehen. Obwohl es Vertreter:innen des Kalte-Krieg-Liberalismus gab, die persönlich den Wohlfahrtsstaat begrüßten oder zumindest nicht gegen ihn waren, halfen sie mit, die Grundlage für den Angriff auf ihn zu schaffen, der folgte.

Auf Dauer wirkte ihr Werk sich auch auf den liberalen Kanon in Forschung und Lehre aus. Wie hoch der Einsatz bei der Abrechnung der Vertreter:innen des Kalte-Krieg-Liberalismus mit Hegel und Marx war, ist dadurch verschleiert worden, dass ihre Dämonisierung sich als Auftakt zu ihrer Verbannung aus dem Kanon herausstellte. Durch die Nachdrücklichkeit, mit der sie von Rousseau über Hegel bis zu Marx die kontinentale Freiheit dafür geißelten, dass sie die geistige Quelle des Totalitarismus sei, haben die Vertreter:innen des Kalte-Krieg-Liberalismus Generationen von Liberalen dazu veranlasst, den englischsprachigen Traditionsverlauf von John Locke bis John Rawls zu bevorzugen und sogar Hegels Präsenz in Gestalt des Oxforder Dozenten T. H. Green in ihrem eigenen Land immer wieder auszublenden, ganz zu schweigen vom inhaltlich und geografisch breiter ausgerichteten Liberalismus der Neuzeit. Auch wenn man den Vertreter:innen des Kalte-Krieg-Liberalismus nicht die Verstetigung des allseits bekannten Kanons liberaler politischer Theorie vorwerfen kann, mit dem das 20. Jahrhundert letzten Endes aufwartete, sind sie doch dafür verantwortlich, die Marginalisierung von Hegel und Marx herbeigeführt zu haben.

Als Hegel – vom ganz anders angelegten Hegelianismus des konservativen Michael Oakeshott einmal abgesehen – in den 1970er Jahren durch Raymond Plant, Z. A. Pelczynski und Charles Taylor in Großbritannien wiederbelebt wurde, war es zu spät.[71] Auch vergleichbare andere, weitgehend von der Neuen Linken und ihrer Wiederentdeckung des hegelianischen Marxismus angestoßene Bemühungen anderenorts führten nicht zur Rehabilitierung der Art von Liberalismus, deren theoretischer Blütezeit der Kalte Krieg ein Ende bereitete. Natürlich hat sich Francis Fukuyama auf den Rechtshegelianismus zurückbesonnen, um das Ende des Kalten Krieges als Ende der Geschichte etikettieren zu können. Das Jahr 1989, in dem er dies tat, erscheint uns heute wie ein feierlicher und selbstzufriedener Moment – in dem niemand darauf beharrte, dass die kollektive Orientierung auf zukünftige Freiheit und Gleichheit früher einmal auch für Liberale unabdingbar gewesen ist, bevor ihre Nachfolger:innen diese von ihnen für gefährlich und tyrannisch gehaltene Zukunft während des Kalten Krieges aufkündigten. Mit den Folgen davon leben wir heute noch.

Gertrude Himmelfarb, circa 1955

4
Jüdisches Christentum: *Gertrude Himmelfarb*

Die Vertreter:innen des Kalte-Krieg-Liberalismus haben die Aufklärung preisgegeben, die Romantik stigmatisiert und die historische Vernunft zu Grabe getragen, als sie die Vergangenheit des Liberalismus um Perfektionismus und Progressivismus bereinigten. Um eines neuen – eines Besseren belehrten – Liberalismus willen wurde allerdings Ersatz für dieses alte Zubehör gefunden. Durch die Verbannung der von Jean-Jacques Rousseau bis zu G. W. F. Hegel reichenden emanzipatorischen Tradition in ihren Anti-Kanon und die Transformation der Französischen Revolution von einer Inspiration in eine Bedrohung schufen die Vertreter:innen des Kalte-Krieg-Liberalismus Raum für neue Quellen.

Die Entdeckung des englisch-deutschen, liberalen Katholiken und Freiheitshistorikers John Emerich Edward Dalberg-Acton in den 1940er Jahren war nicht nur für sich genommen interessant. Sie bringt auch die neoorthodoxe christliche Mode wieder in den Blick, die einstmals ein Erkennungsmerkmal des Kalte-Krieg-Liberalismus gewesen ist. Als Analytiker der Gefahren von Macht und Chronist einer Freiheit, die in deren Umfeld zu bestehen und zu gedeihen vermag, war Acton eine Ikone des Kalten Krieges, wie sie nichts zu wünschen übrigließ. Für viele Christ:innen und Nichtchrist:innen stellte er ein Modell dafür dar, wie man sich im Namen eines Liberalismus jenseits historistischer Rahmenbedingungen Geschichte und Politik aus der Perspektive immerwährender Bekenntnisse nähert.

In diesem Kapitel wird außerdem zur Sprache kommen – was auch schon von anderen erwähnt worden ist –, dass viele der Hauptprotagonist:innen des politischen Denkens im Kalte-Krieg-Liberalismus zum Judentum zählten. Die meisten von ihnen waren jüdische Flüchtlinge: Isaiah Berlin, Judith Shklar und im mittleren Alter Karl Popper als Sohn jüdischer Eltern, die zum Luthertum konvertiert waren und ihn hatten taufen lassen. Andere, wie Lionel Trilling, waren aufgrund der vorher erfolgten Einwanderung ihrer Eltern Amerikaner:innen in erster Generation. In einem bemerkenswerten Ausmaß beteiligten sich Jüdinnen und Juden Mitte des Jahrhunderts bereitwillig an der Verteidigung des Westens, als sie dem Liberalismus auf Dauer und auf schicksalhafte Weise eine neue Gestalt verliehen.

War der Kalte-Krieg-Liberalismus – in Anbetracht seiner Erfinder:innen – ein jüdisches Phänomen? Die Acton-Mode deutet darauf hin, dass dies nicht der Fall war. Selbst wenn Jüdinnen und Juden für ihre Aufstellung zentral gewesen sind, war die politische Theorie des Kalte-Krieg-Liberalismus sehr viel eher typisch christlich, was Auswirkungen hatte, die niemand erbitterter kritisierte als die junge Shklar.

Die in Amerika geborene Tochter jüdischer Immigrant:innen Gertrude Himmelfarb reiste 1946/1947 nach Cambridge, um sich an der dortigen Universität in den zu weiten Teilen unerforschten Nachlass von Lord Acton einzuarbeiten. Ihr jüdisches Christentum – und das des Mitbegründers des Neokonservatismus, ihres Ehemanns Irving Kristol – lässt die sich wechselseitig verstärkenden Verbindungen zwischen religiöser Neoorthodoxie und Kalte-Krieg-Liberalismus deutlich hervortreten. Aber das neue Bündnis zwischen politischem Liberalismus und Sündhaftigkeitsvorstellungen sollte sich nicht nur rasch als folgenreich erweisen. Shklar beunruhigte, dass es die liberalen Bestrebungen in ebendem Moment gefährdete und abwertete, als der Sowjetunion die Versinnbildlichung des Säkularismus zugestanden wurde.

Nach vier Jahren am Brooklyn College schrieb die 1922 geborene Himmelfarb sich als Graduate-Studentin an der University of Chicago ein. Ihren Mann Irving (der am City College studierte) hatte sie bei der Young People's Socialist League, einer militanten trotzkistischen Gruppe, kennengelernt.[1] Allein in Chicago, nachdem ihr Mann im Zweiten Weltkrieg zum Militärdienst bei der Infanterie nach Westeuropa eingerückt war, konnte Himmelfarb sich keine großen Hoffnungen auf eine Universitätskarriere machen. Ihr Mentor Louis Gottschalk (1899-1975), einer der führenden Frankreichhistoriker seiner Zeit (und größter Fachmann für den Werdegang des Marquis de Lafayette), hatte sie bei ihrem Zulassungsgespräch vorgewarnt: Er habe zwei Hürden überwunden – wie sie als Jude in Brooklyn zur Welt gekommen zu sein –, doch sie habe noch das zusätzliche Handicap, eine Frau zu sein.[2] (Sie lehrte schließlich trotzdem jahrzehntelang an ihrem ehemaligen College und am Graduate Center der New Yorker City University.)

Himmelfarbs erste längere Arbeit war ihre Masterarbeit über Maximilien Robespierre vom Dezember 1944, in der sie sich daranmachte zu zeigen, wie »der liberale, humanitäre und demokrat[ische Impuls] der [Französischen] Revolution« in eine »unterdrückerische und terroristische Staatsführung« überging.[3] In dieser frühen Arbeit werden keine Ereignisse der Gegenwart oder der jüngeren Vergangenheit erwähnt, sie lässt sich aber – insbesondere in Anbetracht ihrer wiederholten Bezugnahme auf Revolutionskritiker von Acton und Edmund Burke in der Vergangenheit bis zu Arthur Koestler in ihrer Zeit – leicht als Nachsinnen über die Frage lesen, warum die Sowjetunion so schnell Schiffbruch erlitten hatte.[4] Anscheinend war der linksliberale Gottschalk nicht vollständig zufrieden: Sie dankte ihm für »die Toleranz, die sich auch auf Deutungen erstreckte, denen zu widersprechen er sich hätte verpflichtet fühlen können«.[5]

Über viele Jahre wollte Himmelfarb lediglich einen konservativeren Liberalismus entwickeln. »Ein Liberaler«, behauptete sie am Schluss ihrer Masterarbeit, »ist jemand, der dem lieben Gott huldigt, doch den Teufel respektiert.«[6] Robespierres Fehler habe darin bestanden, sich selbst an die Position eines von Gott bestimmten Wahrheitsapostels zu setzen, der keinen Fehler duldet und auch keinen begehen darf – der sich aber aus eben diesem Grund als jemand erweist, der Teufelswerk verrichtet. Noch 50 Jahre später erinnerte Himmelfarb sich, dass Acton ihr zum ersten Mal aufgrund seines »sehr provokanten Buches« über »genau dieses Thema« der Verkehrung von Freiheit in Knechtschaft durch die Französische Revolution als Dissertationsthema in den Sinn gekommen war. Außerdem gab Acton den Anstoß für Himmelfarbs wissenschaftliche Laufbahn als Spezialistin für Englands Viktorianisches Zeitalter.[7]

Nachdem sie im Februar 1944 in Gottschalks Historiografie-Seminar eine Arbeit über Acton geschrieben hatte, brach Himmelfarb zu ihrem Forschungsjahr in Cambridge auf, wo sie die Archivalien des Barons durchforstete.[8] Sie bezeichnete dieses Jahr in einem Brief an Gottschalk als »herrlich«, wobei sie die »fürchterlichen Frostbeulen« herunterspielte, die sich im Laufe des »langen, kalten Winters« gebildet hatten und sie zwangen, Handschuhe zu tragen, damit sie Actons Schriftstücke nicht mit Blut beschmierte.[9] Acton, der Verfasser des »größten niemals geschriebenen Buches«, hatte diverse Schriften hinterlassen, die nach seinem Tod unter anderem von John Figgis veröffentlicht wurden, doch in der Folgezeit war er ziemlich in Vergessenheit geraten – obwohl der Aufstieg Hitlers seine Worte über Machtmissbrauch zu einem geläufigen Diktum gemacht hatte.

Nach Himmelfarbs Rückkehr nach New York brachte die Free Press 1948 ihre Edition von Actons Schriften heraus, die in ihrem Heimatland über Jahrzehnte zur meistverwendeten Ausgabe werden sollte.[10] Im Jahr darauf veröffentlichte sie ihren ersten wissenschaftlichen Aufsatz über Acton und die Amerikanische Revolution.[11] Diese Quellen vermitteln den besten Einblick in ihre Agenda, ehe sie 1950 ihre Doktorarbeit verteidigte. Diese erschien 1952 unter dem Titel *Lord Acton. A Study in Conscience and Politics* – im selben Jahr, in dem ihr erstes Kind, William Kristol, das Licht der Welt erblickte.[12]

Ihre Edition von Actons Schriften ist höchst interessant, weil entweder Himmelfarb oder ihr Verleger ein langjähriges Mitglied des politikwissenschaftlichen Instituts der University of Chicago, Herman Finer, darum gebeten hat, ein Vorwort zu schreiben. Finer, der eine Entgegnung auf Friedrich Hayeks *Weg zur Knechtschaft* in Buchlänge verfasst hatte, die allerdings nicht annähernd so erfolgreich gewesen war, regte eine sozialdemokratische Rückbesinnung auf Actons Pochen auf Freiheit an. Actons »Anbetung der Freiheit dürfte in einer vom totalen Krieg gepeinigten Zeit eifrige Bewunderer finden«, stimmte Finer zu; sie zeichne sich aber auch aus durch »ein wachsendes demokratisches Bewusstsein [...], das mit allmächtigen Wirtschaftskapitänen und erblichen Kapitalinteressen in Konflikt steht«.[13]

Trotz der vielen Verwendungsmöglichkeiten, die Finer in der Eröffnung einer antitotalitären, sozialdemokratischen Perspektive auf Acton sah, verfolgte Himmelfarb andere Ziele. Die Richtung hatte sie schon 1945 in ihrer Arbeit über Acton in Gottschalks Historiografie-Seminar vorgegeben. Actons große Bedeutung für die liberale Verteidigung der Freiheit bestände darin, dass er einen Mittelweg ermögliche zwischen dem Materialismus, den die vereinten säkularen Liberalen des 19. Jahrhunderts mit ihren zukünftigen linken Erb:innen teilten, auf der einen und der Spiritualität, die auf der anderen Seite so viele – nicht zuletzt in Actons eigener Kirche – in den Konservativismus oder in reaktionäre Gruppierungen trieb. Er bewahre sowohl Liberalismus als auch Religion vor ihrer totalitären Pervertierung.

Himmelfarbs Wiederbelebung von Acton weigerte sich, bedeutende Viktorianer und ihre Kämpfe mit dem wehmütigen, langanhaltenden, zurückgenommenen, aber nicht zu überhörenden Abschied vom Glauben als irrelevant für säkularere und aufgeklärtere Zeiten zu betrachten. »Man mag Zweifel daran hegen, ob Acton uns viel mehr zu sagen hat als jeder andere große Viktorianer«, meinte der Harvard-Professor Crane Brinton in einer Besprechung ihrer Textsammlung. »Das zwischen dem Individuum und dem Staat bestehende Problem bringt der viktorianische Rahmen in unseren Augen nicht vernünftig zum Ausdruck – das heißt der Rahmen unvergänglicher und unveräußerlicher Rechte, Moralvorstellungen oder anderer Absoluta.«[14] Himmelfarb sah die Dinge anders.

Ihre Arbeit von 1945 begann folgendermaßen: »Vor etwa einem Jahrzehnt war es in Mode, auf der Einzigartigkeit der Probleme des 20. Jahrhunderts im Vergleich zu denen des 19. Jahrhunderts zu beharren.« Seither habe die Erfahrung gezeigt, dass niemand »die menschliche Rationalität« oder »die

Unvermeidlichkeit des Fortschritts« blauäugig gelten lassen könne. »Der liberale Staat kann nicht mehr als Tatsache vorausgesetzt werden; selbst seine Wünschbarkeit als Orientierungswert steht in Frage.«[15] Sie erlebte die bis in die Gegenwart reichende Urerfahrung der Vertreter:innen des Kalte-Krieg-Liberalismus: Wenn die elementarsten Grundsätze einer freiheitlichen Ordnung in der Schwebe bleiben oder gefährdet sind, macht eine solche Notlage zu ihrer Verteidigung immerwährende Wachsamkeit erforderlich; der Frage, wodurch das liberale Projekt überhaupt ins Straucheln geraten ist oder warum ständig äußere und innere Feinde dräuen, wird dagegen weniger Wissbegierde entgegengebracht.

Vor allem verlangte solch eine Erfahrung, dass man den Optimismus des Liberalismus dämpfte und sich Gedanken über die Pervertierung des Liberalismus durch seine Feinde machte. Der spezielle Wert von Acton in dieser Situation bestand darin, dass er individuelle Freiheit an die erste Stelle gesetzt, dafür aber keine historischen Gründe angeführt habe. »Actons Meinung nach«, stellte Himmelfarb fest, »soll der Historiker der Hüter des Gewissens der zivilisierten Welt sein. Geschichte sei im Wesentlichen eine ethische Wissenschaft und nicht, wie Hegel es gerne hätte, eine metaphysische.« Dies liege daran, dass Recht und Unrecht sich nicht aus dem Wandel der Zeiten ergäben, selbst wenn das auf den Grad zuträfe, in dem die Gesellschaft ihnen entspreche. »Es gebe so etwas wie einen absoluten und universellen Moralkodex mit eindeutigen, zweifelsfreien und nicht zu bestreitenden Prinzipien, die genauso auf historische Situationen wie aufs Alltagsleben anwendbar seien. In dieser unbeugsamen Integrität des moralischen Gesetzes siedelte [Acton] die Autorität, Würde und Nützlichkeit der Geschichte an.«[16] Dieses »auf die Tafeln der Ewigkeit geschriebene moralische Gesetz« sei auch der Maßstab für die Politik der Gegenwart; es gebiete die Unantastbarkeit des individuellen menschlichen Lebens als immerwährendes Kriterium für Machtanwendung und die Einschränkung ihres übermäßigen Gebrauchs.[17]

In der auf den Januar 1948, als der Kalte Krieg in vollem Gange war, datierten Einleitung zu ihrem Acton-Sammelband verglich Himmelfarb Acton mit anderen viktorianischen Liberalen. Im Verhältnis zu anderen mit ihren »Opportunitäten und Kompromissen« glänze Acton, schrieb sie, weil er anders als jene, »die kein Gespür für die religiöse Unantastbarkeit solcher Prinzipien« hätten, »das Vorhandensein von ewigen und absoluten moralischen Prinzipien« anerkenne.[18] Nicht nur, dass Acton Freiheit über Demokratie und Gleichheit stelle – in Anbetracht der Tatsache, wohin sie während der Französischen Revolution und seither geführt hätten –, sei relevant für die Gegenwart, sondern auch seine Verurteilung erbärmlicher, vermeintlich durch in weiter Ferne liegende Ziele gerechtfertigter Mittel. Trotz seines konservativen Faibles für Hierarchien sei Acton der perfekte Liberale für eine postfaschistische Zeit, in der zudem der Kommunismus verhindert werden müsse.

In seinem Beharren, dass »Fortschritt die Religion derjenigen [ist], die keine haben«, und mit seiner Aufforderung, dass wahre Liberale die Ewigkeit des moralischen Gesetzes begrüßen sollten, das im Namen der Zukunft begangene Verbrechen verbiete, »wendet Acton sich stärker an unser Zeitalter als an seines«, schloss Himmelfarb.[19] So gesehen, käme Religion dem Säkularismus zu Hilfe. »Geistliche sind nicht die Einzigen«, schrieb sie, »die das Banner der Religion hochhalten; eine Menge Menschen, die zu Actons Lebzeiten mit hoher Wahrscheinlichkeit dem gegnerischen Lager angehört hätten, haben sich ihnen angeschlossen. […] [E]rwarteter

Fortschritt hat sich als Fehlschlag erwiesen; das traditionelle Werteschema ist zerfallen und wir sehen uns gedrängt, alte Glaubensvorstellungen und alte Autoritäten neu zu beleben, um dem Versinken in moralischer Anarchie Einhalt zu gebieten. Die säkularen Hoffnungen früherer Jahre sind mit genauso großer Sicherheit verschwunden wie die religiösen Befürchtungen in der Zeit davor.«[20] Jetzt, da man wisse, zu welchen Gräueln Fortschrittsideologien führten, stelle die Kanonisierung von Acton und seinem Christentum eine unabdingbare Alternative bereit.

Himmelfarbs erster Aufsatz ist sogar noch aufschlussreicher in Bezug auf Actons Nützlichkeit für eine dankbare junge Amerikanerin, die sich für den Aufstieg ihres Heimatlandes zu der liberalen Vormachtstellung einsetzte, die Actons Großbritannien auf globaler Bühne nicht mehr ausüben konnte. Andere, darunter auch Erzbischof David Mathew, der 1946 eine Studie über Actons »prägende Jahre« veröffentlichte, hatten eine Verbindung zwischen Acton und Edmund Burke hergestellt, die beide Glauben und Tradition mit einem Minimum an Whig-Reformismus versöhnten.[21] Dies treffe auf den frühen Acton zu, räumte Himmelfarb ein, der Burke »das Gesetz und die Propheten« genannt habe.[22] Als Acton im US-amerikanischen Bürgerkrieg für die Konföderierten Partei ergriff, habe er das Anliegen der Nordstaaten mit der zu einem katastrophalen Rausch führenden Art von Kreuzzug für einen abstrakten Idealismus verglichen, den Burke mit Blick auf die Französische Revolution angeprangert hatte.[23] Doch als reiferer Mann, beruhigte Himmelfarb sich selbst, habe Acton dann innerhalb seiner in sich widersprüchlichen Schilderung der Bedeutung der Amerikanischen Revolution – dem Thema von Himmelfarbs erstem Aufsatz – einen liberaleren Standpunkt eingenommen.

Jetzt habe »Acton den Ursprung moderner Freiheit auf 1776 datiert« und angenommen, dass die Amerikanische Revolution sehr viel wichtiger gewesen sei, als ihre restaurative Darstellung durch Burke unterstellt habe.[24] Für Acton, schrieb Himmelfarb, »war die Revolution [...] der erste Anlass, bei dem Freiheit als höchstes ethisches Prinzip direkt mit politischem Handeln gleichgesetzt wurde«.[25] Dass die Amerikanische Revolution »wieder auf Ideale zurückgriff«, schrieb sie, »machte die Verwandlung von Whiggismus in Liberalismus kenntlich. Das Zentrum verlagerte sich vom Sein zum Sollen.«[26] Diese sich stark von Burke unterscheidende Sichtweise – die Amerikanische Revolution eher als liberaler Durchbruch denn als Whig-Restauration – fiele bei Acton mit Bestürzung über Burke zusammen: Jetzt, wo Amerika im Namen eines immerwährenden Prinzips die Führung der Welt übernommen hatte, konnte Burke in den Augen einer Kalte-Krieg-Liberalen nicht als Leitfigur dienen. »Für eine:n Liberale:n«, hatte der späte Acton geschrieben, »sind alle Stufen zwischen Burke und Nero kaum mehr als Phasen vergessener Monde.«[27] »Als die Liberalen sich endlich eingestanden, dass Konservatismus ein Fundus politischer Klugheit sein könnte«, klagte Himmelfarb noch 1953, »haben sie sich auf Burke als Schiedsstelle für Politik und Moral verständigt. Doch konservative Einsichten hätten sich leichter bei [...] einem Acton finden lassen, der absolute Moral gegen Geschichte, Demokratie und sogar Religion gesetzt hat.«[28]

Himmelfarb hat die Buchfassung ihrer Dissertation als »intellektuelle Biografie« bezeichnet.[29] Sie ist ihr bestes Buch – eine »brillante Studie«, schrieb Hans Kohn anlässlich ihres Erscheinens in der *New York Times* – und möglicherweise weiterhin das beste über das Thema (auch wenn sie es später schlechtmachte).[30] Gegen den nationalen Blickwinkel von

Actons englischen Student:innen gefeit, besteht Himmelfarbs wesentliche Leistung darin, ihn im gleichen Maße als kontinentale wie als englische Figur zu rekonstruieren, insbesondere nachdem er in Cambridge nicht zugelassen worden war und deshalb sein Studium beim deutschen Theologen Ignaz von Döllinger beginnen musste, was wiederum zu ihrer beider Widerstand gegen die autoritären Erlasse des Ersten Vatikanischen Konzils führte. Obwohl Himmelfarbs für den Kalte-Krieg-Liberalismus typische Anglophilie beispiellos gewesen ist, spielte es für sie eine Rolle, dass Actons Geistesleben kontinental ausgerichtet war.

In Weiterführung ihres Aufsatzes hob Himmelfarb außerdem hervor, dass Acton im weiteren Verlauf seiner Karriere immer liberaler wurde. Dabei ging er so weit, die Ausweitung des Stimmrechts – zumindest für Männer – als eine Form von Freiheit in bestimmten Grenzen zu verteidigen. Außerdem erwärmte er sich für Sozialreformen. Acton fing an, darauf zu beharren, dass Eigentum sogar in liberalen Staaten nicht absolut sakrosankt sei, er lehnte das Erstgeburtsrecht als Markenzeichen der Tory-Reaktion ab und distanzierte sich sogar – auf »äußerst radikale« Weise, wie Himmelfarb schrieb – von der Neigung zum ökonomischen Laissez-faire seiner Jugendjahre.[31] Er wurde so etwas wie ein »Revolutionär«, der eine Ode auf die moderne Freiheit sang, die stark vom konservativen Loblied auf die Erblasten der Vergangenheit abwich. Was Himmelfarb ebenso wie anderen Vertreter:innen des Kalte-Krieg-Liberalismus an erster Stelle zu stehen schien, war die Immunisierung des Liberalismus gegen den progressistischen Weg zur Knechtschaft – (vorerst) ohne einzugestehen, dass die Konservativen von vornherein recht gehabt hatten.

Der eindrucksvollste Aspekt des Buches ist allerdings Himmelfarbs Rekonstruktion von Actons liberalem Christentum gewesen, die den Liberalismus gleichermaßen gegen autoritären Ultramontanismus wie gegen säkularen Materialismus absicherte. In einer Welt, die über die Bedrohungen durch eine integralistische Reaktion Bescheid wisse, führte sie an, könne ein liberales Christentum sich als wesentlich erweisen, während eine säkulare Revolution die Unterdrückung möglicherweise noch schlimmer machen würde.[32] Obgleich er politischer und päpstlicher Macht kritisch gegenüberstand, habe Acton eine augustinische Sündhaftigkeitsvorstellung zur entscheidenden Grundlage seines Liberalismus gemacht. Entgegen der optimistischen Grundierung christlicher »Reformen« im antiken Pelagianismus und seinem modernen Nachfolger, dem Hegelianismus, habe Acton »gehofft, ein neues Zeitalter einzuläuten«, in dem »die Vision eines Augustinus, eines Augustinus mit einer neuen Eschatologie, in dem der Plan göttlicher Erlösung mit der Geschichte der menschlichen Freiheit identisch wäre«.[33]

Doch auch Augustinus' Theologie verbot übermäßigen Optimismus: Die Menschheit konnte sich nicht selbst erlösen. Durch die von Adam begangene Erbsünde wurde Macht zu einer permanenten Bedrohung, während Gott – ganz anders als bei Hegel – der externe Richter über die Geschichte war, auch wenn Er sich dazu herabließ, Seinen Willen in deren internen Abläufen wirken zu lassen. Darin unterschied die christliche Vorsehung sich von ihrem illegitimen Kind, dem säkularen Fortschritt. Nach Actons Vorstellung »ist Gott sowohl außerhalb als auch innerhalb der Geschichte. Für sich genommen habe die Geschichte weder Sinn noch Zweck; sie erlange Sinn lediglich durch den Vergleich mit einem ihr äußerlichen, feststehenden moralischen Standard und Zweck durch die Erfüllung eines ihr auferlegten moralischen Ziels.«[34]

Als Himmelfarb ihn in den Kanon aufnahm, hatte Acton in der Luft gelegen. Nach Cambridge war sie nämlich nicht bloß zu Archivarbeiten gekommen, sondern auch, um sich von einem der weltgrößten Historiker betreuen zu lassen, der damals gerade ein eigenes groß angelegtes Buch über Acton plante (das er nie vollendete): Herbert Butterfield.

Ihr erstes Treffen fand am 9. Oktober 1946 statt. Butterfield war Mitte 40 und seit längerem Fellow am Peterhouse-College in Cambridge (dessen Vorsteher er später wurde). Zwei seiner insgesamt 20 Jahre als ordentlicher Universitätsprofessor für neuzeitliche Geschichte hatte er damals bereits hinter sich. Gegen Ende dieser Zeit, 1963, wurde er auf Actons ehemaligen Posten berufen und zum königlichen Regius Professor auf diesem Gebiet ernannt.[35] Butterfield war in Yorkshire aufgewachsen und sein Leben lang Methodist. Wie weit seine heimlichen Sympathien für den Nationalsozialismus während der 1930er Jahre bis in den Zweiten Weltkrieg wirklich gingen, ist umstritten. Als der Kalte Krieg vor der Tür stand, war er dabei, wegen dessen Bedeutung für Moral und Politik – besonders für internationale Politik – sein Christentum wiederzuentdecken und neu zu definieren. Himmelfarbs Kanonisierung von Acton hatte ganz andere Gründe, aber neoorthodoxe Religion rückten sie beide ins Zentrum eines Kalte-Krieg-Liberalismus, der sich von Säkularismus und Totalitarismus abgrenzte.

Butterfield hatte durch seinen Angriff auf progressive und teleologische Deutungen des Entwicklungsverlaufs der Freiheit vom Protestantismus bis zur Gegenwart in *The Whig Interpretation of History* (1931) Berühmtheit erlangt. In ihrer Einleitung zu Actons Schriften merkte Himmelfarb an, Butterfield habe »auf brillante Weise entlarvt«, wie der Liberalismus sich früher dazu hergegeben habe, »Revolutionen zu preisen, wenn sie erfolgreich gewesen waren, auf bestimmte Fortschrittsprinzipien aus der Vergangenheit abzuheben und mit einer Geschichte aufzuwarten, welche die Gegenwart bestätige, wenn nicht verherrliche«.[36] Merkwürdigerweise erwähnte sie mit keinem Wort, dass Butterfield auch Acton dem Fortschrittssyndrom zugeschlagen hatte, obgleich Acton – wie sie es 2004 in einer kritischen Rückschau auf ihren Mentor in Cambridge ausdrückte – »weder Protestant noch Whig noch sonderlich ›progressiv‹« gewesen sei.[37] Ihr kam es dagegen bei Anbruch des Kalten Krieges darauf an, dass Butterfields vorausblickende Verurteilung der Sünden des progressistischen Liberalismus beschrieb, welche Elemente jetzt aus dem Liberalismus entfernt werden mussten, da die Sowjetunion und ihre Apologet:innen sich diese Sünden mit größtem Vergnügen zu eigen machten. Im Rückblick erschien Acton als großer Kritiker des historistischen Fehlers – Butterfields Behauptung, Acton selbst habe ihn begangen, tat dabei nichts zur Sache.

In den 1940er Jahren hatte Acton für Butterfield eine andere Bedeutung als für Himmelfarb. Nachdem er 1944 mit seinem progressistischen und triumphalistischen Buch *The Englishman and His History* sein Image als Beschwichtiger und Relativist korrigiert hatte, half Acton ihm dabei, ein ausgewogenes Verhältnis zwischen dem Glauben an das sich göttlicher Vorhersehung verdankende Geschenk der Freiheit und der Pflicht des Historikers, keine Urteile zu fällen, herzustellen. Und als Christ, der in den späten 1930er Jahren (während einer leidenschaftlichen Affäre) gezögert hatte, seinen Glauben auszuüben, und der auf politische Irrwege geraten war, muss es Butterfield ebenfalls attraktiv erschienen sein, dass Acton sein Leben mit »schmerzhaften inneren Narben« fristete, wie er es in einer kleinen Druckschrift über seinen großen Vorgänger ausgedrückt hat.[38]

Butterfields Warnungen, die besiegten Deutschen zu diffamieren, die er (ebenfalls 1944) in einer Antrittsvorlesung äußerte, vertrugen sich nicht mit Himmelfarbs Moralismus: Der Historiker, führte er aus, dürfe zu keinem Zeitpunkt die Rolle des Scharfrichters einnehmen.[39] Sowohl Acton als auch, an ihn anknüpfend, Butterfield machten die christliche Vorsehung gegen den Progressivismus geltend – da die Vorsehung, wie Acton schrieb (und Butterfield ihn zitierte), sich »nicht an Erfolgen zeige«, sondern »in der fortwährenden Gewinnung des Guten aus dem Bösen«.[40] Doch in den Radio-Ansprachen, aus denen der Bestseller *Christentum und Geschichte* werden sollte, tat Butterfield sich schwer mit der Frage, wie der historisierende Gestus des Historikers sich mit dem christlichen Glauben an die Vorsehung verknüpfen ließ. Dies war der Fall, weil er sehr viel unverblümter als Himmelfarb einräumte, dass Acton nach einer Bestätigung des Fortschritts in nichts anderem als in der menschlichen Freiheit – »in der Gewissheit, in der Erfassung und im Genuss von Freiheit« – in der und durch die Geschichte strebte.[41]

Diese Vorstellung von göttlicher Vorsehung war Hegels Fortschritt weit näher, als Himmelfarb zugab. Acton und Butterfield übertrugen Gott allein die Handlungsmacht sowohl für das Erlangen als auch für die Beurteilung des Ergebnisses. Ein Butterfield-Interpret hat sich gefragt, wie das gehen soll: »Als einmal der Applaus eines hingerissenen Publikums [Fustel de Coulanges'] Vorlesung unterbrach, hob er die Hand und sagte: ›Kein Applaus, bitte. Nicht ich spreche hier, die Geschichte spricht aus mir.‹ Erliegt Butterfield nicht einer ähnlichen Selbsttäuschung? Sagt er nicht: ›Nicht ich richte hier, sondern die Vorsehung, deren Urteile ich gewahr werde und aufzeichne?‹«[42]

Obwohl er Gottes Plan von wachsender Freiheit bejahte,

vermochte Butterfield jedoch Actons Gewinnung der erhabenen Perspektive immerwährender Moralität in historischer Zeit nie auf dieselbe Weise in ein enthusiastisches – der Form, wenn nicht dem Inhalt nach whiggisches – Narrativ zu kleiden wie Himmelfarb. »Acton mag zwar in späteren Jahren seine politische Meinung geändert haben, sodass er liberaler und progressiver wurde und der Idee des Fortschritts stärker zugeneigt war«, schrieb Butterfield 1953 im *Cambridge Journal*, was ein Jahr nach dem Erscheinen ihres Buches einer direkten Entgegnung auf Himmelfarb gleichkam, »aber das historische Selbstverständnis der früheren Jahre bzw. das Gespür für historische Prozesse, das er erlangt hatte, hat er nicht verloren.«[43]

Nach ihrem Studienaufenthalt bei Butterfield blieb Himmelfarb ihm für seine freundliche Betreuung dankbar. »Ich brauche Ihnen nicht zu sagen, wie sehr ich Ihr Interesse an Acton und an meiner Arbeit zu schätzen weiß«, schrieb sie ihm nach ihrer Rückkehr nach New York.[44] In den Danksagungen ihres Buches überhäufte sie »Professor Herbert Butterfield von der Universität Cambridge« mit Dank »für anregende Gespräche über Acton«, und sie dankte »sowohl Professor als auch Frau Butterfield, dass sie 1946/1947 in Cambridge so freundlich zu mir waren«.[45] Er revanchierte sich mit einem lobenden, seine Publikation im Vereinigten Königreich befürwortenden Lesebericht ihres Buches, das er dafür rühmte, »ein neues Stadium zu markieren, das alle zukünftigen Studien über Lord Acton auf neue Füße stellen wird«.[46] Als er 25 Jahre später um ein Empfehlungsschreiben für ihre Berufung an die University of California gebeten wurde, räumte Butterfield ein, dass Himmelfarb »nicht ganz an der Spitze der Stufenleiter rar gesäter, außerordentlicher Begabungen steht«, sie aber »einen der oberen Plätze – einen wirklich sehr interessanten Platz – über dem Durchschnitt der Professorenschaft belegt«.[47]

Doch 2004, als ihre Karriere als Neokonservative schon weit fortgeschritten war, sprach Himmelfarb nachträglich etwas aus, das sie für die Folge von Differenzen hielt, die sie von Anfang an voneinander getrennt hätten. Die Enthüllungen über Butterfields politische Position in den 1930er Jahren ließen sie nicht kalt. Sie stellten sich als »so etwas wie eine Offenbarung [für] diejenigen von uns« heraus, schrieb sie, »die Butterfield nicht nur ernsthaft gelesen haben, sondern ihn auch persönlich kannten und die es erschüttern dürfte, Seiten an ihm als Historiker und öffentliche Figur zu entdecken, von denen wir keine Ahnung hatten oder die wir vielleicht großherzig verdrängt haben«. Aufgrund der Enthüllungen oder »vielleicht« weil ihrem Gedächtnis genau in dem Moment auf die Sprünge geholfen worden war, als die Neokonservativen für einen Krieg gegen Hitlers jüngste Inkarnation im Irak warben, zeigte Himmelfarb sich fassungslos über ihre »Feststellung einer moralischen Gleichwertigkeit, welche die Vaterlandsliebe der Nazis, ja sogar ihre ›übermäßige‹ Liebe zu ihrem Land mit der der Engländer gleichsetzte [und die] vor, während und nach dem Krieg Butterfields Antwort auf Deutschland war«.[48]

Aus der neokonservativen Perspektive ihrer reiferen Jahre nahm sie außerdem daran Anstoß, was für ein unzulänglicher Kritiker der Sowjetunion Butterfield während des Kalten Krieges gewesen war. Es hätte nicht ausgereicht, die Sowjetunion immer wieder als »Antichrist« zu brandmarken; vielmehr sei ein Maß an moralischer Klarheit erforderlich gewesen, das sein Vertieftsein in Acton ihm an keiner Stelle gewährt habe. In Weiterführung seiner toleranten Haltung gegenüber der marxistischen Historiografie zu Beginn seiner Karriere habe Butterfield vor einem allzu kategorischen Kalte-Krieg-Standpunkt gewarnt – auch wenn der Antikommunismus eindeutig die treibende Kraft hinter seinen prodeutschen Sympathien gewesen war. »Es kam uns nicht in den Sinn«, merkte Himmelfarb sarkastisch an, dass Butterfields fortwährende und lehrreiche Warnung vor whiggischer Teleologie in einer liberalen Historiografie »die Verharmlosung der moralischen Tatsachen der Vergangenheit bedeuten könnte. [...] Uns war vollständig bewusst, wie schwer es werden würde, sich dieser Herausforderung zu stellen, ohne dem ›Whig-Fehlschluss‹ zu erliegen. Was wir uns damals nicht klarmachten, war, wie wenig Butterfield selbst dieser Herausforderung gerecht wurde.«[49]

Himmelsfarbs Betroffenheit zu diesem späten Zeitpunkt wirkt eher vorgetäuscht als aufrichtig. Es hatte schon vorher nicht an Belegen für Butterfields exkulpatorische Haltung gegenüber den Deutschen und Hitler selbst sowohl vor als auch nach dem Zweiten Weltkrieg gemangelt. In den frühen 1960er Jahren berichtete Ved Mehta im *New Yorker* über Butterfields querköpfige Schützenhilfe für A. J. P. Taylors relativierende Schilderung der Ursprünge des Zweiten Weltkriegs. »Dass Taylor Hitler nicht verurteilt, beunruhigt mich nicht«, hatte Butterfield geäußert. »Es klingt selbstgefällig, aber ich glaube nicht, dass das Fällen von Urteilen zum Aufgabengebiet des Fachhistorikers gehört.«[50] Und 2004 waren beinahe 15 Jahre vergangen, seit Noel Annan es sich zur Aufgabe gemacht hatte, die landläufigen Gerüchte über Butterfields prodeutsche Sympathien und darüber, wie spät er einen Separatfrieden befürwortet hatte, zu veröffentlichen.[51] Doch selbst als Himmelfarb sich am Ende darüber lustig machte, wie wenig der antiquierte Säkularismus von Butterfields historischen Arbeiten zu »seiner wiederholten Anrufung der Vorsehung«

und zu »seiner qualvollen Beschäftigung mit dem Verhältnis von Christentum und Geschichte« passte, »für das er nie eine befriedigende Lösung gefunden hat«, zog sie nicht in Erwägung, dass solche Versäumnisse möglicherweise Actons Schriften treuer folgten als ihre vormalige, simplere Kanonisierung Actons als Kalte-Krieg-Moralist, dessen Wert in seiner Verurteilung der Exzesse der historischen Vernunft bestanden hatte.[52]

Die beiden waren ohnehin nicht die Einzigen, die sich Acton in den 1940er Jahren zu eigen machten. Als Butterfield und Himmelfarb noch mit der Vorbereitung ihrer Einlassungen beschäftigt waren, kam Friedrich Hayek ihnen zuvor. Im Februar 1944 hielt er in Cambridge einen Vortrag – der im Januar 1945 in *Time and Tide* erschien –, in dem er Überlegungen darüber anstellte, wie sehr die *Reeducation* der Deutschen von deutschen Fachhistoriker:innen abhängen würde.[53] Actons Feststellung, eine »Garnison herausragender Historiker [...] hat der preußischen Vormachtstellung den Boden bereitet«, habe sich als noch prophetischer erwiesen, als er hätte voraussehen können. Warum also nicht Acton selbst zu jener Art von »großer Figur« machen, »deren Name als die Fahne dienen könne, unter der die Menschen sich auf eine Vereinigung zu verständigen vermögen?« Acton sei »von seinem Bildungsweg her halber Deutscher und durch seine Ausbildung als Historiker mehr als ein halber Deutscher gewesen« und könne seine englischen Erb:innen mit mittlerweile therapiebedürftigen deutschen Gelehrten zusammenbringen.[54]

Doch das war noch nicht alles. Acton eigne sich besser für diesen Zweck, legte Hayek nach, als Jacob Burckhardt, dessen Name nicht nur weil er Schweizer war, sondern aufgrund seines Epigramms, dass alle Macht böse sei, bereits früh die

Runde gemacht hatte, denn seine Lehre könne an die Stelle deutschnationaler Gesänge treten. Zum Glück sei Acton im Namen des ethischen Werts individueller Freiheit von Burckhardts extremem Pessimismus abgewichen. Im Unterschied zu Himmelfarb, die zum selben Zeitpunkt ihre Seminararbeit abschloss, begeisterte Hayek sich nicht für »die extreme Strenge, mit der [Acton] universelle moralische Standards auf alle Zeiten und Gegebenheiten anwendet«. Aber immerhin täte er das, um »wie möglicherweise keine andere Figur in jüngerer Zeit die großartige englische liberale Tradition mit dem besten zu vereinigen, was die liberale Tradition des Kontinents zu bieten hat« – und anders als diejenigen, die sich heute für staatliche Befugnisse starkmachten, welche Acton klugerweise als »sekundäre Freiheiten« abgetan habe, »verwendete er das Wort ›liberal‹ stets in seinem wahren und umfassenden Sinn«.[55]

Die von Hayek drei Jahre später gegründete Mont Pèlerin Society sollte ursprünglich »Acton-Tocqueville Society« heißen und dies änderte sich erst, als einige den Einwand erhoben, eine Organisation für Neoliberalismus könne nicht den Namen zweier Katholiken tragen, so liberal sie auch gewesen seien. (In den Danksagungen ihrer Acton-Biografie dankte Himmelfarb Hayek für »die Schilderung seiner Bemühungen, eine internationale Acton-Society zur Förderung der Ideale von Freiheit und Sittlichkeit zu gründen.«)[56] Während jener Jahre warb Hayek weiterhin für Acton und erweiterte dessen Verwendungsmöglichkeiten über die *Reeducation* deutscher Historiker:innen hinaus. Das seinen Ruhm begründende Buch *Der Weg zur Knechtschaft* (das ebenfalls von 1944 war) begann mit einem Sinnspruch von Acton, und sein Vortrag über Actons Individualismus am University College Dublin im Dezember 1945, der im Folgejahr als kleine Broschüre erschien, erregte aufgrund von Hayeks neu erworbener Berühmtheit viel Aufmerksamkeit.

Im Rahmen seiner Kanon-Manöver schlug Hayek eine britische Traditionslinie für »wahren Individualismus« vor, die über Burke und Acton verlief und Alexis de Tocqueville in Anbetracht der Tatsache eine Ehrenmitgliedschaft einräumte, dass der »Cartesische Rationalismus« »französische und andere kontinentale Schriftsteller« zum Vertreten eines falschen Individualismus verleitet habe, der »immer die Tendenz [besitze], sich zum Gegenteil des Individualismus zu entwickeln, nämlich zum Sozialismus und Kollektivismus«. Diese Personen hätten Volksherrschaft zwar mitunter als Nebenerscheinung von Freiheit verstanden, vor der »Allgültigkeit von Majoritätsentscheidungen« aber stets gewarnt.[57] Insbesondere Acton blieb zentral für Hayeks Beteuerung, kein Konservativer zu sein, sondern ein Liberaler, der auf Freiheit Wert lege und den Staat – sogar den demokratischen Staat – illiberaler Absichten verdächtige.[58]

Entweder wusste der Begründer des Neoliberalismus nicht oder er spielte die Tatsache herunter, dass Himmelfarb ihm zu Beginn ihres ersten Aufsatzes seine Inanspruchnahme von Acton streitig gemacht hatte. »Seit kurzem«, schrieb sie, »taucht sein Name gelegentlich, aber mit zunehmender Regelmäßigkeit in der Rolle des Förderers eines ökonomischen und politischen Liberalismus auf, dessen Entstehungsgeschichte auf Adam Smith und die Manchester-Schule zurückgeht.« Doch dies, entgegnete sie, verfälsche nicht nur Actons zunehmendes soziales Engagement (und seine Zurückweisung von Burke in reiferen Jahren). Acton habe von Anfang an »die Rolle abstrakter Ideen und absoluter moralischer Ideale gewürdigt, jedweder Ehrfurcht vor Verfassungen und Gesetzen abgeschworen und abgestritten, dass Mäßigung das Grundprinzip politischen Handelns sei«, wodurch »der Historiker etwas von der Geisteshaltung eines Ingenieurs bekomme, die Hayek beklagt«.[59]

Trotz dieses Versuchs, Acton vor Hayeks alternativer Kanonisierung zu bewahren, fand Hayek sich 1953 zu einer äußerst lobenden Besprechung ihres Buches bereit. In dieser »ersten« von, wie er hoffe, vielen »zufriedenstellenden Darstellungen«, schrieb er, sei ihr »ein sehr kundiger Bericht« gelungen, wie Acton zur »vollständigste[n] Wiedergabe jenes wahren Liberalismus« gelangt sei, »der sich scharf vom Radikalismus, der zum Sozialismus führte, unterschied« und der für »de[n] vortrefflichsten Wertekatalog« stehe, »den die westliche Zivilisation hervorgebracht hat«. Es handele sich um »die beste Einführung in Actons Denken, auch wenn die Autorin das Ausmaß wahrscheinlich überbetont, in dem Acton im späteren Leben von der Whigschen Haltung des frühen Burke abgerückt war«.[60]

Doch eine Hervorhebung der winzigen, aber tatsächlich vorhandenen Unterschiede zwischen Actons Wiederbeleber:innen in den 1940er Jahren – bzw. von Himmelfarbs neokonservativer Wut auf jemanden, der sich vollumfänglichen moralischen Kreuzzügen verweigert hatte – würde entgehen, welches Licht die allgemeinen Merkmale dieser Wiederbelebung auf die Beschaffenheit des Kalte-Krieg-Liberalismus werfen. Die Rekonstruktion jener allgemeinen Merkmale wird uns in Erinnerung rufen, dass die Wahlverwandtschaften und Gelegenheitsbündnisse zwischen dem Kalte-Krieg-Liberalismus und seinen Fortsetzungen im Neokonservatismus und im Neoliberalismus schon vorhanden waren, bevor Himmelfarb sich intensiver auf diese beiden Strömungen einließ.

Der aufstrebende Kalte-Krieg-Liberalismus war um seine aufklärerischen Vorläufer, romantischen Geburtswehen und seine historistische Ausgangslage bereinigt worden, und Acton war der Inbegriff von bereinigenden Verwendungsmöglichkeiten eines neu konfigurierten liberalen Kanons. Obwohl er von 1776 nicht annähernd so begeistert war wie sie, teilte Butterfield Himmelfarbs actonianische Überzeugung, dass 1789 anschaulich mache, »wie ein anfänglicher Liberalismus sich zu einer höheren Form von Tyrannei entwickelt«.[61] »Wenn ihre Logik sich entfaltet«, schrieb er, »wird die Revolution immer unverhohlener materialistisch, um die Gier der Menschen zu befriedigen, die jetzt nicht mehr nach Freiheit, sondern nach den Besitztümern anderer Menschen lechzen.«[62] Was seine Befürchtungen in Bezug auf Demokratie, Nationalismus und Sozialismus anbelangte, gestattete die Verehrung Actons ihm eine klare Abgrenzung des Liberalismus von solchen furchterregenden Dingen, deren Trennlinien früher sehr viel verschwommener gewesen waren. Insofern er die Wichtigkeit einer im Individuum als höchstem Wert wurzelnden Gewissens- und Gedankenfreiheit vorhergesehen hatte und gegen Mord allergisch war, versorgte Acton jene Zeit mit einer nüchternen, aber notwendigen Zukunftsperspektive. Er bot eine Möglichkeit, den säkularisierten Formen von Liberalismus entgegenzutreten, die sich zu seinen Lebzeiten im 19. Jahrhundert und stärker sogar nach seinem Tod zu Beginn des 20. Jahrhunderts noch vor dem Aufstieg von im Höchstmaß heidnischen und tyrannischen Staaten durchsetzten.

Genauso wichtig ist, dass er einem Liberalismus als Ikone diente, der gegen einen Wissenschaftlichkeit und Säkularismus für sich in Anspruch nehmenden Widersacher nach einer rekonstruierten Form von ökumenischer Religion griff.

In jenen Jahren hat es in dem fachspezifischen Sinn eine ökumenische Bewegung gegeben, dass Protestant:innen sich über die Konfessionen und Ozeane hinweg zusammenschlossen; dies kulminierte 1948 in der Gründung des Ökumenischen Rats der Kirchen. Es gab aber auch eine ökumenische Bewegung in einem allgemeineren und informelleren Sinn, die zeitlich mit dem Beginn des Kalten Krieges zusammenfiel. Nach Jahrhunderte währenden Zwistigkeiten begruben die Protestant:innen das Kriegsbeil mit den Katholik:innen. Es fällt nicht schwer, die damalige Hinwendung des Nonkonformisten Butterfield sowie der Jüdin Himmelfarb zum Katholizismus als Bestandteil dieser faszinierenden Transformation zu deuten.[63] Actons liberaler Katholizismus war sinnbildlich für dieses breitere Bündnis von Christ:innen. Und zur selben Zeit wurde kurzerhand etwas noch Umfassenderes namens »jüdisch-christliche Kultur« erfunden.[64]

Keine Darstellung der Entstehung der freien Welt während des Kalten Krieges kann Vollständigkeit beanspruchen, die unberücksichtigt lässt, dass »Gottesfurcht und Freiheit« sogar unter säkularen Liberalen als Gesamtpaket betrachtet wurden.[65] Die Wiederentdeckung von Acton korrespondiert mit der wachsenden Bedeutung des protestantischen Theologen Reinhold Niebuhr, dessen Weg bekanntlich von der Social-Gospel- und Pazifismus-Bewegung vor dem Zweiten Weltkrieg zum augustinischen Säulenheiligen für Vertreter:innen des Kalte-Krieg-Liberalismus auf der ganzen Welt führte. Die Wiederbelebung des Christentums in der Nachkriegszeit und in den ersten Jahren des Kalten Krieges kann nicht ausgeblendet werden, wenn man ihrem Liberalismus angemessen Rechnung tragen will – wie Louis Menand es getan hat, als er durch eine rosa Brille wehmütig auf die 1940er und 1950er Jahre zurückblickte, die ihn die Utopie eines innovativen Modernismus sehen ließ, aber nicht die Kalte-Krieg-Religiosität, von der das Zeitalter erfüllt war.[66]

Im Unterschied zu Himmelfarbs moralisierendem Liberalismus machte Butterfields augustinischer Standpunkt ihn in dieser Atmosphäre lediglich zu einer anderen Art von Kalte-Krieg-Denker, insofern er den »Realismus« internationaler Beziehungen mitbegründete.[67] Wie Nicolas Guilhot unterstrichen hat, beruhte Butterfields Beteiligung an dieser Entwicklung ausschließlich auf einer ökumenischen Theorie über die Bedeutung von Sündhaftigkeit für staatliche Konflikte.[68] Am entgegengesetzten Ende des zukünftigen Neokonservatismus verlangte Butterfields Kalter Krieg eher Eindämmung als Kreuzzüge der »Rechtschaffenheit«. Doch sowohl für ihn als auch für Himmelfarb waren die Verwendungsmöglichkeiten von Acton im Zeitalter einer ökumenischen Religiosität, die sich gegen eine komplett säkulare Politik behauptete, zu massiv, um sich ihrer zu erwehren – auch wenn beide am Rande erwähnten, dass Acton im Hinblick auf die Verankerung des Liberalismus »eine grundlegendere Sittlichkeit als die Religion selbst« verlangt habe.[69]

Butterfields und Himmelfarbs Betonung der Bedeutung menschlicher Sündhaftigkeit für die Politik sticht nicht bloß als zentraler gemeinsamer Punkt heraus – auch wenn einer der beiden für den Geschmack der anderen manchen Sünder:innen zu viel Zuneigung entgegenbrachte –, sondern als eines der wesentlichen Motive der liberalen Religiosität während des Kalten Krieges durch die Bank. Dem mag man entgegnen, dass nur wenige andere Vertreter:innen des Kalte-Krieg-Liberalismus sich so frontal auf Religion beriefen und dass viele mit dem geradezu umgekehrten Gedanken hausieren gingen, dass die Wurzeln des Totalitarismus in seiner Kryptoreligiosität lägen. Doch eine große Zahl ebendieser

Personen stand dennoch einem Bündnis mit der richtigen Art von Religion wohlwollend gegenüber, selbst wenn sie nicht so weit gingen, sie sich selbst zu eigen zu machen.

Das traf nicht auf alle zu: Isaiah Berlin plauderte einmal in einem Brief an Arthur Schlesinger Jr. aus, »nie eine Zeile« von Lord Acton gelesen zu haben.[70] Das hinderte Irving Kristol in seiner in *Encounter* erschienenen Besprechung von Berlins Unvermeidlichkeits-Heftchen nicht daran, ihm »die Annahme« zuzuschreiben, dass »Lord Actons Rolle« darin bestehe, »Gewissen und Kritiker« der Historisten zu sein.[71] Doch trotz seiner Vorbehalte gegenüber einem glaubensbasierten Liberalismus – die er auch in einem Brief an Butterfield zum Ausdruck brachte – räumte Berlin ein, dass Neoorthodoxie das Zeitalter des Kalte-Krieg-Liberalismus definiere, als er 1952 schrieb, »einer der bemerkenswertesten Wesenszüge der Literatur- und Kunstszene« sei die »Wiederbelebung der Religion«, die sich deren »Pulverisierung [...] aller älteren Form von Liberalismus [und] Säkularismus« verdanke.[72]

Und dann war da noch das aus dem Rahmen fallende Kapitel in Poppers *Die offene Gesellschaft und ihre Feinde,* das den neoorthodoxen Augustinismus dafür pries, neopelagianischen Historizismus zu verbieten. Aus religiöser Sicht, schrieb Popper, brachte der Historizismus die innere Bedeutung des Individuums auf grausame Weise zur Strecke und riskierte die »grobe Lästerung«, die Geschichte von »internationale[n] Verbrechen und Massenmorde[n]« freizusprechen. Zur Rechtfertigung des Fortschrittsterrors wendeten die Apologet:innen des Hegelianismus und Marxismus lediglich den theologischen Irrtum der Theodizee ins Säkulare. Und Popper schloss, »daß die Anbetung des historischen Erfolgs nicht nur von meinem ›rationalistischen‹ und ›humanistischen‹

Standpunkt aus unvereinbar zu sein scheint mit dem Geiste des Christentums. Nicht die historischen Taten der mächtigen römischen Eroberer, sondern (um einen Ausdruck Kierkegaards zu verwenden), ›was ein paar Fischer in die Welt gesetzt haben‹, ist für das Christentum entscheidend.«[73] Beim Angriff auf den säkularen Historizismus konnten mit anderen Worten auch bestimmte Arten von Christ:innen zu Verbündeten der säkularen Rationalist:innen werden.

Sodann ist zu berücksichtigen, in welchem Maße Himmelfarbs Ehemann sich in dieser Zeit ihrer miteinander verschlungenen Wegstrecken in seinen frühen Essays auf eine ähnliche Wiederbelebung von Neoorthodoxie einließ. Diese erschienen sowohl vor als auch nach seinem Kriegsdienst in der damals ideologisch noch nicht festgelegten Zeitschrift *Commentary,* bei der er nach der Rückkehr des Paares von Cambridge nach New York zu arbeiten begann, während Himmelfarb an ihrer Dissertation schrieb.[74] Wie Himmelfarb später in einem Gedenkessay betonte, habe ihr Mann ein über viele Jahre »andauerndes Interesse an und Respekt für Religion« gehabt.[75]

Es sei an der Zeit, schrieb Kristol 1950 in einem Brief an Berlin, dem »Vulgärhegelianismus« entgegenzutreten, der den Liberalismus umtreibe.[76] Wie mehrere andere Juden nach dem Holocaust hielt er Judentum und Hegelianismus für unvereinbar, denn, wie er es einige Monate zuvor eindrucksvoll formuliert hatte, »das Judentum peinigt die Tatsache, dass der Messias nicht gekommen ist, die Gaskammern aber schon«.[77] Butterfield unterstrich für gewöhnlich das »alttestamentarische« Fundament moderner historischer Texte; wie der jüdische Historiker Yosef Hayim Yerushalmi es ausdrücken würde, war »Herodot der Vater der Geschichtsschreibung«, aber die Juden waren »die Väter des Sinns der Geschichte«.[78]

Doch wie viele andere Jüdinnen und Juden während des Kalten Krieges suchte Kristol nach einem Ausstieg aus historischen Ansprüchen.[79]

Aus Kristols Einlassungen zur christlichen Neoorthodoxie und deren Hervorhebung beständiger Sündhaftigkeit speiste sich im Januar 1948 seine imposante Brandmarkung moderner Auffassungen des Judentums, die es eher als progressive Sozialethik darstellten denn als Hinnahme der strikten Grenzen, die das Böse den menschlichen Möglichkeiten auferlegt.[80] Als er im November 1947 an Himmelfarbs Doktorvater schrieb, er höre »den Geist von Lord Acton kichern«, experimentierte Kristol gerade mit einem actonianischen Judentum.[81] In den Folgejahren besuchten Himmelfarb und Kristol gemeinsam ein Seminar des neoorthodoxen jüdischen Gurus Jacob Taubes, das sich nicht zuletzt deshalb als schicksalhaft erwies, weil es das Paar mit dem Denken von Leo Strauss bekannt machte, das Himmelfarb in gedruckter Form pries, bevor ihr Mann den interessantesten unter den ganz frühen Versuchen nach dem Zweiten Weltkrieg unternahm, inmitten der in Amerika herrschenden liberalen Hegemonie für eine Rehabilitierung des Konservatismus zu sorgen.[82]

Vertreter:innen des Kalte-Krieg-Liberalismus wie Himmelfarb und Kristol – obwohl sie im Grunde genommen nicht fromm waren – fügen sich mithin gut in Hannah Arendts Bonmot ein, orthodoxes Judentum sei das Judentum, das sie nicht praktiziere. Es lohnt sich, ihren Punkt zu vertiefen: Für eine verblüffende Zahl von Vertreter:innen des Kalte-Krieg-Liberalismus war die augustinische Neoorthodoxie das Christentum, das der Westen sich zu eigen machen sollte. Lediglich Judith Shklars Skepsis gegenüber der Kalte-Krieg-Religiosität in *After Utopia* bildete einen scharfen und hilfreichen Kontrapunkt zu dieser Stimmung.

Wie im letzten Kapitel gezeigt, lehnte Shklar ein einfaches Umschwenken von Hegel auf Kierkegaard ab. Sie verwarf den Gedanken, dass die Bankrotterklärung des historistischen Fortschritts einen vollständigen Verzicht auf Geschichtlichkeit, das Akzeptieren der Erbsünde oder Vertrauen in Gottes Gnade verlange. Doch ihre zornige Diagnose in Bezug auf die Rekanonisierung des Christentums zu ihrer Zeit griff sogar noch weiter aus. In einem brillanten Überblick legte sie in *After Utopia* dar, dass das christliche Denken in der Mitte des 20. Jahrhunderts zu weiten Teilen eine andere Version des zu ihrer Zeit herrschenden Fatalismus feilböte.[83] Und an ihrer Verachtung dafür, wie Liberale sich davon gefangen nehmen ließen, konnte kein Zweifel bestehen.

Seit Joseph de Maistre, gab sie zu, habe die christliche Kritik an der Aufklärung zwar einen aufrichtigeren Fatalismus vertreten – doch die augustinische Voraussetzung unbewältigbarer Sündhaftigkeit schien kaum in der Lage zu sein, den von ihr so geschätzten Optimismus der Aufklärung wiederherzustellen.[84] Und im Vergleich zu den hoffnungslosen Romantiker:innen würden die Christ:innen ihrer Zeit zumindest über eine Alternative verfügen. »Für den Romantiker geht kulturelle Entfremdung mit absoluter Fremdheit einher, wohingegen der Gläubige noch sicher in seinem Glauben zu ruhen vermag.«[85] Gleichwohl gelangten Christ:innen, wenn auch auf anderen Wegen, zum selben Schluss wie die Romantiker:innen: Die Moderne war ein Riesenfehler. Aus dem theologischen Grund, dass Gottes Werk nicht in der Entfaltung eines progressiven, wenn auch verdeckten Plans bestehe, hielten sie Geschichte für unverständlich. Und den Totalitarismus betrachteten sie nicht als Frucht der Politik der jüngeren Zeit, sondern als die religiösen Ketzertums. »Christlichen Autor:innen scheint es ziemlich leichtzufallen, das

Ende des Zeitalters zu verkünden«, schrieb Shklar unbekümmert, »denn es war ohnehin nie nach ihrem Geschmack.«[86]

Nach Shklars Meinung war Acton in der Tat heiterer als die meisten Christ:innen des 20. Jahrhunderts. Sie hielt viel von Himmelfarbs Punkt, dass Acton kein Burkianer gewesen sei, und unterstrich seine »sentimentale Sympathie für den Sozialismus« sogar noch – doch seine Erkenntnisse über Machtmissbrauch seien keine Hilfe für die Liberalen in ihrer heutigen Not. »Was Lord Acton zu diesem Thema zu sagen hat«, stellte sie fest, »dürfte kaum zur Wiederholung einladen.«[87]

Am vernichtendsten war allerdings Shklars Entrüstung über Ungläubige, die sich entweder aus aufrichtiger Verzweiflung oder in dem opportunistischen Wunsch, mit ihren »ehemaligen Feinden« im Schlepptau für die Schlacht gegen den Totalitarismus gewappnet zu sein, im Namen des Liberalismus um das Christentum scharten. »Wie zu erwarten war«, schrieb sie, »hat die Abscheu vor dem Rationalismus konservative Liberale dem Christentum nähergebracht.« Dadurch liefen die Liberalen Gefahr, in dieselbe aussichtslose Lage zu geraten wie die christlichen Fatalist:innen. »Denjenigen, denen […] es schwerfällt, die christlichen Formen zu akzeptieren«, fügte sie schneidend hinzu, »bietet der konservative Liberalismus die Gelegenheit, auf säkulare und soziale Weise zu verzweifeln.«[88]

Es waren Hayek und andere Neoliberale, nicht Himmelfarb, denen Shklar ihr neu entdecktes Wohlwollen gegenüber dem Christentum als Eckpfeiler der »westlichen Zivilisation« vorwarf. Doch Shklars Kritik am neoliberalen Christentum könnte sich auch auf Himmelfarbs Kalte-Krieg-Variante davon erstreckt haben – da Himmelfarb, wie Hayek, den im 19. Jahrhundert vereinzelt auftretenden liberalen Drang, wegen ihrer Nützlichkeit in Drucksituationen einen zweiten

Blick auf die Religion zu werfen, auf eine vollkommen neue Ebene hob.[89]

Hatten dieser abgeklärte bzw. strategische Rückgriff auf das Christentum oder der Kalte-Krieg-Liberalismus im Allgemeinen etwas mit Judentum zu tun?[90] Von den Theoretiker:innen des Kalte-Krieg-Liberalismus in diesem Buch wusste Himmelfarb am meisten über das Judentum, auch wenn das nicht viel heißt: Eine Weitergabe innerhalb der Familie blieb in der Regel aus – obwohl sie in ihrem Fall etwas umfassender war als bei den anderen und sie zu Beginn ihres Studiums Seminare am Jewish Theological Seminary belegte. Überzeugender als den Kalte-Krieg-Liberalismus mit der jüdischen Religion in Verbindung zu bringen, ist der Gedanke, dass die Ansichten der Vertreter:innen des Kalte-Krieg-Liberalismus eine Reaktion auf ihre Erfahrungen waren, und sei es nur, weil dies für jeden gilt. Doch wohlfeile Meinungen über die Bedeutung von Exil und Verfolgung dürften kaum Rechenschaft darüber ablegen, welche Deutungsraster die liberalen Jüdinnen und Juden im Kalten Krieg verwendeten.

In den letzten Jahren hat die Versuchung zugenommen, die Menschen auf einen Sockel zu stellen, die Vertreibung gewählt oder erlitten oder die Vernichtung ihres Volkes erlebt haben, als ob allein dieser Umstand ihren Überzeugungen Geltung verleihe, auch wenn solche Erfahrungen im Allgemeinen die politische und gesellschaftliche Meinungsvielfalt festigen, die vorher in den jeweiligen Opfergruppen herrschte. Shklar hat einmal angemerkt: »Der eigene Charakter wird durch das Exil nicht besser.«[91] Vor allen Dingen verhehlt die Judaisierung des Kalte-Krieg-Liberalismus die konstruktiven ideologischen Anstrengungen, die Menschen im Hinblick auf ihre Identität unternehmen und die Liberale während des Kalten Krieges in Bezug auf ihren jüdischen Hintergrund unternommen haben – in der Regel, um diesen so weit wie möglich zu umschiffen. Für Intellektuelle ist jüdische Identität kein Erbe, sondern eine performative Rolle, die auszufüllen die meisten Vertreter:innen des Kalte-Krieg-Liberalismus sich lange Zeit geweigert haben.

Jahre bevor die politische Theoretikerin Shklar als Exilantin identifiziert und gerühmt wurde (und sich diesbezüglich auch ein wenig selbst inszenierte), bekannte sie sich in *After Utopia* zur »europäischen Kultur« als »unserer« Tradition, deren Hauptprobleme eher von ihren Erb:innen als von ihren Opfern behoben werden müssten.[92] Von dieser Prämisse ging auch Himmelfarb aus, als sie Acton ausgrub, um sich gegen den Anti-Kanon des Kalte-Krieg-Liberalismus zu verwahren. Ihre Reaktion auf ihre Erfahrungen war christlich, nicht jüdisch. Deshalb ist sie ein gutes Beispiel für jemanden, der Religion erst im Kalte-Krieg-Christentum als eine Art ideologisches Übungsgelände für den jüdischen Intellektualismus entdeckte, den ihr Mann und sie im Laufe der Jahre konzipiert hatten.

Es besteht kein Zweifel daran, dass die Vertreter:innen des Kalte-Krieg Liberalismus dankbare Migrant:innen oder Kinder von Migrant:innen gewesen sind, die gerne bereit waren, die politische Legitimation ihrer Aufnahmeländer aufzupolieren. Himmelfarbs erstes Acton-Zitat in ihrer Masterarbeit ist seine klassische Bemerkung, dass »der sicherste Prüfstein für die Beurteilung, ob ein Land wirklich frei ist, im Grad der Sicherheit besteht, den Minderheiten genießen«, und es nimmt Shklars Forderung eines »Liberalismus für permanente Minderheiten« um Jahrzehnte vorweg.[93] Doch schon die Tatsache, dass die betreffenden Personen in reiferen Jahren zu Apologet:innen von liberalen Staaten wurden, die sich im Zeitalter des Völkermords vergleichsweise großzügig und offen gegenüber Jüdinnen und Juden gezeigt hatten, macht es erforderlich, ihre ideologischen Anstrengungen mit skeptischeren Augen zu betrachten.

Apologetentum ist eine weder vom Hintergrund noch von der Erfahrung erzwungene Wahl. Es kann gute oder schlechte Folgen haben, je nachdem, was jene Staaten im Namen der Freiheit getan haben – angefangen mit einem in moralischer Hinsicht komplexen Kalten Krieg, der sowohl gute als auch schlechte Seiten hatte. Und Himmelfarb, die rechts von den anderen anfing, stellt unter Beweis, wohin der Kalte-Krieg-Liberalismus schnell führen konnte. Kristols Biograf geht nicht weit genug, wenn er feststellt, dass Himmelfarb eine »Schlüsselfigur für den Entwicklungsverlauf des Neokonservatismus und amerikanischen Nachkriegskonservatismus« gewesen sei.[94] Von frühesten Tagen an war sie wohl die wichtigste Vorkämpferin, was das Bahnen neuer Wege anbelangt – da ihre Sorte Konservatismus auf dem rechten Flügel des Kalte-Krieg-Liberalismus nicht als außenpolitische Doktrin, sondern als Kritik an ökonomischen und sozialen Maximen ihren Anfang nahm.

Himmelfarbs Acton-Deutung, die Hayeks Inanspruchnahme von Acton in Zweifel zog und hervorhob, dass der Baron sich übers Laissez-faire hinaus weiterentwickelt habe, hat dem aufstrebenden Wohlfahrtsstaat tatsächlich mehr direkte Unterstützung zuteilwerden lassen, als die anderen Vertreter:innen des Kalte-Krieg-Liberalismus ihm gewährten – aber ihr Fall zeigt auch, wo ein christianisierter Kalte-Krieg-Liberalismus theoretisch schnell enden und was er praktisch in die Welt setzen konnte. Um die Linie zwischen Kalte-Krieg-Liberalismus und Neokonservatismus zu überschreiten, musste Himmelfarb ihre Burke-Allergie überwinden, verdrängen, dass Acton Wohlfahrt befürwortete und ihre Mobilisierung dieser beiden Punkte gegen Hayeks marktfreundliche Auslegung der liberalen Tradition ausblenden.

Dies waren keineswegs unbedeutende Schritte und sie rufen uns in Erinnerung, dass der Kalte-Krieg-Liberalismus intellektuell eigenständig war, obwohl er leicht in andere Dinge umschlug. Sowohl bei Himmelfarb als auch bei Kristol ging die neoorthodoxe Stimmung der 1940er Jahre vorbei, auch wenn sie eine enge Beziehung zu christlichen Wähler:innen aufrechterhielten. Ihr mit familialistischem Moralismus gepaarter neoviktorianischer Antietatismus ließ sie von ihrer frühen Kritik an Wohlfahrtsprogrammen zur enthusiastischen Unterstützung von Ronald Reagan und Margaret Thatcher überwechseln. Aber für keinen der von Himmelfarb vollzogenen Entwicklungsschritte war besonders viel Originalität erforderlich.

Sowohl die Anhänger:innen als auch die Gegner:innen des Neokonservatismus – und seiner Bündnisse mit dem Neoliberalismus – haben ihn in der Regel auf die Krisen der 1960er Jahre datiert.[95] Doch es war der Ausgangspunkt Acton, der den Kalte-Krieg-Liberalismus sowohl in Neokonservatismus als auch in Neoliberalismus abgleiten ließ. Nachdem säkulare Emanzipation sich für Liberale als gefährlich erwiesen hatte, scheint christliche Moral diesen Nachfahr:innen des Kalte-Krieg-Liberalismus bessere Dienste geleistet zu haben, als das jemals beim Liberalismus selbst der Fall war.

Hannah Arendt, circa 1935

5
Weiße Freiheit: *Hannah Arendt*

Man kann sich gegen den Geist der eigenen Zeit auflehnen, heißt es bei Voltaire, und trotzdem alle ihre Fehler beibehalten. Hannah Arendt hat wiederholt erklärt, sie sei keine Liberale – und deshalb auch keine Vertreterin des Kalte-Krieg-Liberalismus.[1] Wenn überhaupt, hielt sie eher das direkte Gespräch mit konservativen Traditionen aufrecht.[2] Doch obgleich sie aus der Geschichte des politischen Denkens ihren eigenen idiosynkratischen Kanon bastelte, zeigt schon ihr Versuch, ganz allein die Entwicklung einer neuen Vorstellung von Freiheit in Angriff zu nehmen, dass sie sich – weit über ihren unübersehbaren Beitrag zum Begriff des Totalitarismus hinaus – nicht von allen Prämissen des Kalte-Krieg-Liberalismus freizumachen vermochte.

Vor allem rühmte Arendt zwar die Fähigkeit zu freiem Handeln – welche Judith Shklar in jungen Jahren der Tradition der Aufklärung zuordnete, die im 20. Jahrhundert Schiffbruch erlitt –, schloss sich aber Grundannahmen des Kalte-Krieg-Liberalismus an, die deren Wiedergewinnung im Wege standen. Sie sprang ein, als es darum ging, den Anti-Kanon des Kalte-Krieg-Liberalismus zusammenzustellen, der von der Aufklärung, und zwar insbesondere von Jean-Jacques Rousseau bis zur Französischen Revolution und darüber hinaus reichte.[3] Und mit noch mehr Verve beteiligte sie sich an dessen Tilgung von G. W. F. Hegels historistischem Vermächtnis aus dem modernen politischen Denken.

Diese Querverbindungen machen Arendt als Weggefährtin der Vertreter:innen des Kalte-Krieg-Liberalismus kenntlich. Deren Theorie der Freiheit und kanonische Quellen unterschieden sich radikal von ihren, aber das Ergebnis war in beiden Fällen ein Bruch mit früheren Liberalismusformen. Sowohl Arendt als auch die Vertreter:innen des Kalte-Krieg-Liberalismus gaben das vorhergehende liberale Projekt der Sicherstellung der Bedingungen – einschließlich der wirtschaftlichen Bedingungen – für den Genuss kreativer Freiheit auf. Manchmal beschwor sie den Wert einer solchen Emanzipation herauf, aber sie glaubte nicht an die Notwendigkeit oder auch nur die Möglichkeit der Ausarbeitung einer institutionellen Basis für die massenhafte Verwirklichung kreativer Freiheit. Auch wenn Arendt trotz ihrer Selbstdarstellung als Retterin antiker Klugheit eine widerstrebende Denkerin der Moderne gewesen ist, ließ ebendieser Standpunkt sie in die Nähe einer »seltsamen« Art von Kalte-Krieg-Liberalismus geraten.[4]

Es gibt aber noch einen weiteren Grund, Arendt neben die Vertreter:innen des Kalte-Krieg-Liberalismus zu stellen: wenn man ihre zivilisatorischen und durchaus auf die »Rasse« bezogenen Vorbehalte gegenüber Freiheitsmöglichkeiten in einer dekolonisierten Welt untersucht. Trotz der vielen antiken und kontinentalen Bestandteile ihres Denkens schloss Arendt sich dem Atlantizismus des Kalte-Krieg-Liberalismus an – strebte aber in einer Zeit, als formelle Imperien an ihr Ende gelangten, danach, die atlantische republikanische Tradition aus einer aufgeschlosseneren globalen Perspektive heraus wiederaufleben zu lassen. Den für den Kalten Krieg typischen Gegensatz von westlicher Zivilisation und französischem Revolutionswahn übernahm sie. In ihren Augen pervertierte Letzerer die globale Politik, als Dekolonisierung zum Alibi für Tyrannei und Gewalt wurde.

Es besteht kein Grund, den Liberalismus vor den Jahren des Kalten Krieges zu idealisieren, der seinerseits ein ambivalentes Verhältnis zu einem breiter angelegten, weltweiten Freiheitsprojekt hatte. Er war von Anfang an mit globaler Herrschaft verwoben. Nachdem eine ganze Generation über das Thema »Liberalismus und Empire« gearbeitet hat, wissen wir heute besser denn je, dass er aufgrund seines zivilisatorischen Selbstverständnisses und seines rassistischen Provinzialismus bis ins Mark kompromittiert war. Parallel zu Hegels Historizismus hatte der liberale Historizismus den Völkern der Welt auf unbestimmte Zeit einen Platz im »Wartezimmer« zugewiesen.[5] Sie dürften erst dann in die Moderne eintreten, wenn sie durch weiße europäische Liberale für ein Stelldichein mit ihr ausgebildet worden seien.

Doch abgesehen von der ideologischen Begründung, die er einer Seite in einem globalen Konflikt lieferte, der die postkoloniale Menschheit am Schlimmsten traf, bewirkte der Kalte-Krieg-Liberalismus noch etwas viel Schlimmeres: Da sie globale Imperialist:innen gewesen waren, verloren viele Liberale das Interesse am Globalen. In der Annahme, dass globale Freiheit ein hoffnungsloser Fall war, beschlossen sie, die Freiheit des Westens vor dem Terror der übrigen Welt zu schützen. In jedem Porträt des Liberalismus nach dem Ende der Imperien müsste der Kalte-Krieg-Liberalismus während der ersten 20 Jahre der Dekolonisierung im Mittelpunkt stehen, bevor die Modernisierungstheorie schließlich die liberale Unterstützung ausländischer Despoten rechtfertigte und die neoliberale Ökonomie den neuen Staaten auf der Welt die Herrschaft ihres stahlharten Gehäuses aufzwang, die bis heute anhält.

Im späten 19. und frühen 20. Jahrhundert hatte der Liberalismus sich mitunter gegen den Willen seiner europäischen Fürsprecher:innen auf dem ganzen Globus verbreitet. Insbesondere im gesamten asiatischen Raum geschah dies in einem Rahmen, an dem weit eher sein Zug zu Kollektivismus und Vergesellschaftung hervortrat – also genau die Charaktermerkmale, um deren Auslöschung viele Vertreter:innen des Kalte-Krieg-Liberalismus sich bemühten.[6] Die Globalisierung des Liberalismus vor 1945 war ein belastender Prozess gewesen, aber die Angriffe auf den Liberalismus von rechts und links Mitte des 20. Jahrhunderts – und die Antworten des Kalte-Krieg-Liberalismus darauf – warfen ihn unendlich weit zurück.

Es ist frappierend, wie viele Vertreter:innen des Kalte-Krieg-Liberalismus davon ausgingen, dass Freiheit das sei, was der kürzlich verstorbene Tyler Stovall als »weiße Freiheit« bezeichnet hat, die in einer Welt des »colored despotism« nahezu hoffnungslos in Bedrängnis geraten sei.[7] Stovall hat überzeugend dargelegt, dass Adolf Hitlers Niederlage 1945 letztendlich die endgültige, wenn auch höchst unvollständige Derassifizierung der Weltordnung und das Ende menschlicher Hierarchievorstellungen mit sich gebracht hat. Doch die frühen Theoretiker:innen des Kalte-Krieg-Liberalismus haben davon keine Notiz genommen. Diesen allgemeinen Aspekt des Kalte-Krieg-Liberalismus hat Arendt unverblümter verkörpert als seine bekanntesten Vertreter:innen, weil die neoimperialen und rassistischen Verstrickungen der damaligen Verteidigung der westlichen Freiheit an ihr deutlicher zu erkennen sind, die sogar heute noch in den für den Kalte-Krieg-Liberalismus werbenden Darstellungen mit keinem Wort erwähnt werden.

Mit einer Einschränkung: Aus einer anderen, ungewöhnlichen und einzigartigen Perspektive – der Perspektive der Nahostpolitik – hat der Kalte-Krieg-Liberalismus den liberalen Eurozentrismus im Anschluss an Arendt in Frage gestellt, die für kurze Zeit Palästina zu einem Ort ebenjener kollektiven Freiheit und Selbstbehauptung (wenn nötig, mit gewaltsamen Mitteln) idealisierte, welche der Kalte-Krieg-Liberalismus offiziell als riskant untersagte. Bevor sie ihre Loyalität in Bezug auf die Verteidigung der Freiheit gegen Bedrohungen auf ihre Wahlheimat, die Vereinigten Staaten, übertrug, blickte ihr Zionismus über die libertären Zwänge des Kalte-Krieg-Liberalismus hinaus. Das war auch bei den Vertreter:innen des Kalten-Krieg-Liberalismus der Fall, und zwar auf Dauer, in welchem krassen Widerspruch dies auch mit ihren Lehren stehen mochte.

Arendts Leben und Werk sind so bekannt und so gut erforscht, dass es ein Leichtes ist, im Einzelnen zu benennen, welche Übereinstimmungen zwischen ihrer Arbeit und dem bestanden, was die Vertreter:innen des Kalte-Krieg-Liberalismus umtrieb. Es verwundert nicht, dass ihr Leben dasselbe biografische Muster einer Emigrantin mit jüdischem Hintergrund aufweist, die in Königsberg (in das ihre Eltern 1909, drei Jahre nach ihrer Geburt, zogen) keine 400 Kilometer von Isaiah Berlins Riga entfernt aufwuchs. Trotzdem begann ihre Annäherung an den Kalte-Krieg-Liberalismus spät und erfolgte niemals ohne Wenn und Aber.

Durch die Fertigstellung eines Buches, das zunächst als etwas ganz anderes gedacht gewesen war, schwang Arendt sich während des Kalten Krieges von einer unbekannten Journalistin ins Pantheon der Kritiker:innen des »Totalitarismus« auf. In den hitzigen Gefechten des Zweiten Weltkriegs war dieser Begriff zentral für das liberale Denken geworden.[8] Der für den Antifaschismus so beunruhigende Hitler-Stalin-Pakt von 1939 rechtfertigte den ursprünglich von Mitte-rechts stammenden Begriff des Antitotalitarismus auf verstörende Weise – auch wenn eine stärker linksgerichtete Frontlinie gegen den Faschismus ihn kurz darauf unterhöhlte. Nach 1945 führte das Zerbrechen des Bündnisses, das sich zusammengeschlossen hatte, um die Achsenmächte zu schlagen, zu einem massiven Wiederaufleben des Antitotalitarismus.

Wären die ursprünglichen Ausformulierungen des Totalitarismus nicht durch die Erfindung des Kalte-Krieg-Liberalismus alltäglich geworden, ist es fraglich, ob die Vorstellung, dass Nazideutschland und die Sowjetunion sich ähnelten, überlebt hätte. Das verhängnisvollste Ereignis des Entwicklungsverlaufs, den dieser Gedanke genommen hat, war sein Weiterbestehen nach dem Zweiten Weltkrieg, als eine Hälfte der auf diese Weise zwischen Kommunismus und Faschismus aufgestellten Gleichung als lebendige politische Bestrebung wegfiel, wenn man von ein paar alten und neuen Bastionen absieht, und der Antitotalitarismus für die Zwecke der Kalte-Krieg-Politik umfunktioniert wurde. Der Kalte-Krieg-Liberalismus hauchte dem Begriff neues Leben ein und was die Bekanntheit ihrer Interpretation anbelangt, überragte Arendt alle anderen.

Ihr Fall zeugt von der atemberaubenden Ironie, dass eine am nachhaltigsten mit einem Begriff in Verbindung gebrachte Denkerin sich bloß zufällig und als Mittel zum Zweck mit ihm beschäftigte. Als Arendt etwa 1946 die *Elemente und Ursprünge totaler Herrschaft* in Angriff nahm, war das Buch ausschließlich als Autopsie der Naziherrschaft angelegt. »Obwohl Arendt als eine der führenden Vertreter:innen der Totalitarismus-These bekannt ist«, stellt Margaret Canovan fest, »war der Totalitarismus i[m] Sinne [einer gemeinsamen theoretischen Durchdringung beider Herrschaftsformen] ursprünglich nicht eigentlich Gegenstand ihres Buches, und [dessen] letzter und einflussreichster Teil im Wesentlichen ein Nachtrag.«[9] Arendt hatte vor, die Quellen des Nazismus nicht allein im Antisemitismus, sondern auch im Imperialismus auszuloten, den Themen der ersten zwei Drittel des fertigen Buches.

Ihre Pläne änderten sich, als sich 1947/1948 der Kalte Krieg abzuzeichnen begann.[10] Kurz bevor das Buch 1951 erschien, schrieb sie einen neuen dritten Teil über »Totalitarismus«, dessen Verhältnis zu den beiden vorangegangenen Teilen des Buches und auch zu den vorausliegenden Diskussionen über das Thema allerdings unklar blieb. Sie machte sich nicht die Mühe einer Erklärung, und ihre Leser:innen haben lange vermutet, dass ihr Verhältnis zum »Totalitarismus« im Wesentlichen der opportunistische Versuch war, unter dem Deckmantel eines Diskussionsbeitrags das Thema zu wechseln. Für die britische Ausgabe des Buches wurde sein berühmter amerikanischer Titel *The Origins of Totalitarianism* in *The Burden of Our Time* (»Die Last unserer Zeit«) umgewandelt, während die deutsche Fassung von »totaler Herrschaft« statt von »Totalitarismus« spricht.[11] Sei's drum: Arendt schrieb sich selbst in den Kanon ein, als sie während des Kalten Krieges die Freiheit bereitwillig gegen eine neue, über bisherige Typologien hinausgehende Form von Herrschaft verteidigte.

Arendts Umgang mit Empire und »Rasse« in den *Elementen und Ursprüngen* bedarf eines weiteren Buches zu einem späteren Zeitpunkt. Es sei aber darauf hingewiesen, auf welch vernichtende Weise die junge Judith Shklar in *After Utopia* mit dem Buch umging.[12] Es ist ein Stereotyp, dass Arendt und Shklar als exilierte jüdische Frauen zusammengruppiert werden – doch Arendt war in der Regel das Ziel von Shklars – zu

Beginn ihrer Laufbahn ungebremster – Skepsis. Die beiden waren sich in den frühen 1950er Jahren auf Carl Friedrichs Konferenzen über Totalitarismus in Harvard begegnet.[13] Dadurch gewinnt der Umstand noch mehr an Bedeutung, dass Shklar in ihrer allerersten von den vielen kritischen Bezugnahmen auf Arendt im Laufe ihrer Karriere diese (mit zweifelsfrei absichtlicher Respektlosigkeit) als »eine von [Karl] Jaspers' Jüngerinnen« bezeichnete.[14] Die Würdigung, wie viel die heute vielgelesene Arendt ihrem seltener gelesenen deutschen existenzialistischen Mentor verdankte, bot Shklar die Möglichkeit zu scharfer Kritik an den fehlgeleiteten politischen Ansichten, die beide vertraten.

Arendt, erklärte Shklar im Rahmen dieser ersten Abfuhr, »spricht für die [...] ganze Mentalität« einer »romantischen« Allergie gegen »alle großen Utopien«.[15] In Shklars Augen verkörperte Arendt das Kalte-Krieg-Syndrom eines Denkens nach dem Fahrenlassen aller liberalen Hoffnungen. Sie unterzog die *Elemente und Ursprünge* zwei grundsätzlichen Kritikpunkten. Erstens ebne das Buch Unterscheidungen zwischen Herrschaftsformen ein und bleibe eine Erklärung schuldig, warum Totalitarismus, wo und wenn er entstehe, auf moderne Elemente zurückgehe. Das Buch nehme »keine romantische Analyse des Totalitarismus« vor, behauptete Shklar, darin »finden sich lediglich Versuche, die ganze ›Welt‹, die gesamte ›Situation des Menschen‹ in einem totalitären Universum zu enthüllen«.[16] Da es antipolitisch sei, verschlimmere das Buch zweitens das Verlassensein, das es als größten Übeltäter in Sachen Totalitarismus identifiziere. Die *Elemente und Ursprünge* bildeten »alles andere als einen Gegenpol zur Einsamkeit«, unterstellte Shklar, »vielmehr beruhen sie auf einem Verlassensein, das sie bewahren«.[17] Sie milderte ihre Sichtweise in späteren Jahrzehnten etwas ab, aber anfänglich war ihre Kritik an Arendt als Kalte-Krieg-Romantikerin beißend und ungebremst.[18]

Arendt war keine Neoliberale – obwohl Shklar in ihrem ersten Buch Jaspers' skurrile Kreuzung aus Existenzialismus in der Metaphysik und Neoliberalismus in der Wirtschaft zweimal kurz streifte.[19] Und als sie vier Jahre später sein nächstes Buch besprach, warf sie die Frage auf, warum Jaspers »die ökonomischen Ideen von Hayek und Röpke als reine Wahrheit hinnimmt, ohne dass sie gerechtfertigt oder erklärt werden müssten«.[20] Doch selbst wenn sie an keiner Stelle die Schülerin in den Neoliberalismus des Lehrers einbegriff, betrachtete Shklar Arendt und Jaspers beharrlich als verwandte Denker und sah auch Einflussnahmen in die andere Richtung:

In jener Besprechung von Jaspers' *The Future of Mankind,* in der sie ihre Geringschätzung seines existenzialistischen Unbehagens mehrmals wiederholte, klagte Shklar, dass »die Analyse des Totalitarismus ausdrücklich auf Fräulein Arendts Werk beruht. Das heißt, Totalitarismus wird als feststehendes ›Wesen‹ aufgefasst, das keinem Wandel und keinen Schwankungen unterliegt.«[21] Und in einer etwa um dieselbe Zeit geschriebenen Besprechung der englischen Ausgabe von Arendts *Zwischen Vergangenheit und Zukunft, Between Past and Future,* zog Shklar gegen Arendts alleiniges Interesse vom Leder, »die Gegenwart ›bloßzustellen‹. […] Solche Wendungen sagen etwas über den Gemütszustand der Autorin aus, aber nichts über die Welt, die sie beschreibt.«[22] Arendt besaß ein Exemplar von *After Utopia,* hat es aber anscheinend nicht gelesen.[23]

Arendts konstruktivere politiktheoretische Klassiker *Vita activa* (1958) und *Über die Revolution* (1963) bezogen ihre Anregungen bekanntlich aus der Antike – sollten aber die für den Kalten Krieg typische Freiheit der Amerikanischen Revolution gegen die Wirrnisse der Französischen Revolution verteidigen.[24] Natürlich lehnte sie Berlins Vorstellung von »negativer« Freiheit zugunsten einer von ihr so genannten »nicht-souveränen Freiheit« ab. Ihre Ansicht, was in einem totalitären und gedankenlosen Zeitalter von der westlichen Tradition zu retten war, ging über den Kalte-Krieg-Liberalismus hinaus. Doch wer ihre Ahnengalerie der »westlichen Zivilisation« besucht, wird ähnliche Bilder an den Wänden finden, wie die Vertreter:innen des Kalte-Krieg-Liberalismus sie aufgehängt haben: Die Aufklärung und der Liberalismus des 19. Jahrhunderts sind so gut wie gar nicht vertreten und die zur Schau gestellte Verbrecherkartei ist dieselbe.

Die Art und Weise, wie Arendt Rousseau, die Französische Revolution und Hegel abhandelte, liest sich fast wie eine ausgefeiltere Neufassung von Jacob Talmons *Die Ursprünge der totalitären Demokratie* (die ein Jahr nach ihrem eigenen Buch über Totalitarismus erschienen und die sie ebenfalls besaß). In *Über die Revolution* und ihren weiterführenden Überlegungen folgt Arendts Skepsis im Hinblick auf Rousseau als Quelle und Hegel als Nachfahre der Französischen Revolution demselben Drehbuch wie der Kalte-Krieg-Liberalismus. Man kann sie nämlich so verstehen, dass sie die Skepsis gegenüber dem Vermächtnis der Französischen Revolution in einer Zeit der Dekolonisierung explizit auf den ganzen Kosmos ausweitete, in der die Sorge der Vertreter:innen des Kalte-Krieg-Liberalismus eher einer Bedrohung durch die Sowjetunion oder im Inland galt.

An ihrem unerbittlichen Umgang mit den Vorgängen in Frankreich in *Über die Revolution* wird am deutlichsten, dass sie auf der Seite der Vertreter:innen des Kalte-Krieg-Liberalismus stand. Herbert Butterfield hatte 1949 angemerkt, dass

»jeder Mensch eine Stellung gegenüber der Französischen Revolution beziehen müsse und sich im Rahmen seiner Gesamteinstellung zum Leben dafür oder dagegen zu entscheiden habe«.[25] Talmon war unter anderem deshalb gegen sie, weil er die Freiheit von Not für ein Zugeständnis an den Hedonismus hielt, der zu Totalitarismus führe: »erbittert durch Hungersnot und Knappheit«, schrieb er in *Die Ursprünge der totalitären Demokratie,* »forderten sie [die Massen] verwirrt und leidenschaftlich, die Revolution solle ihre Versprechungen erfüllen, das heißt, sie solle sie glücklich machen.«[26]

Auch Arendt war gegen sie – und wie Gertrude Himmelfarb für die Amerikanische Revolution.[27] (Im Zuge ihrer Verurteilung revolutionärer Emanzipation hat Arendt außerdem oft Lord Acton zitiert.)[28] Es lag Arendt fern, die Wirtschaft als das Gebiet zu betrachten, auf dem glaubwürdige Formen von Freiheit möglich werden. Im Geiste des antiken *oikos* privatisierte sie notwendige Bedürfnisse, um allein die Öffentlichkeit zum Reich der Freiheit zu bestimmen. In *Über die Revolution* verurteilte Arendt nicht bloß die egalitären Reformen ihrer Zeit, sondern sogar elementare Abhilfemaßnahmen gegen Armut, die »wie jeder Versuch, die soziale Frage mit politischen Mitteln zu lösen, im Terror ende[n]«. Während Vertreter:innen des Liberalismus sich bemühten, Wohlfahrtsstaaten zu errichten, ließ sie auf das berühmte Kapitel, in dem sie vor der Inthronisierung der sozialen Frage warnte, ein Kapitel über das Streben nach Glück folgen, das vorgab, amerikanische Freiheit vor dem schrecklichen Fehler einer Politik der Not zu bewahren. »›Erst muß es möglich sein auch armen Leuten, / Vom großen Brotlaib sich ihr Teil zu schneiden‹ (Brecht): das bleibt wahr, früher kann von Freiheit nicht die Rede sein«, gestand sie zähneknirschend ein, »aber es ist ebenso wahr, daß von Freiheit nicht mehr die Rede ist, wenn die reich gewordenen ›armen Leute‹ entschlossen für nichts anderes leben als für die Befriedigung ihrer nun ins Gigantische gestiegenen Bedürfnisse, das heißt, wenn sie auch im Reichtum den Idealen der Armut verhaftet bleiben.«[29]

Und ganz wie die Vertreter:innen des Kalte-Krieg-Liberalismus bastelte Arendt, sogar als sie sich in *Vita Activa* mit der Theorie der Arbeit von Karl Marx beschäftigte und ein größeres Forschungsprojekt über seinen Beitrag zur totalitären Ideologie plante, an einem uns schon vertrauten Argument gegen Hegels Historizismus.[30] Durch ihren Eurozentrismus und noch dazu ihre rassistischen Vorurteile rückte sie in die Nähe von Hegels Grundannahme, wer zu einer Rolle in der Weltgeschichte der Freiheit berechtigt sei und wer nicht. Innerlich war Arendt jedoch mit Begeisterung und gerne bereit, sich am Feldzug gegen den Hegelianismus zu beteiligen und ein Verständnis unseres Verhältnisses zur Vergangenheit auszuarbeiten, das nicht den Irrtümern des säkularen Historizismus unterlag.

In einem Aufsatz über jüdische Geschichte hatte Arendt schon im Januar 1946 verständliche Skepsis gegenüber jedweder Vorstellung geäußert, dass Unvernunft und Gewalt zum Fortschritt beitragen könnten. Das Umschlagen von jüdischer Emanzipation in Völkermord beweise das Gegenteil.[31] Jüngst erschienene Manuskripte haben verdeutlicht, inwiefern sie sich im entscheidenden Jahrzehnt ihrer Entwicklung zwischen *Elemente und Ursprünge totaler Herrschaft* und den für sie eher programmatischen Klassikern auf ihre eigene Weise den Vertreter:innen des Kalte-Krieg-Liberalismus anschloss, als sie ihren Zorn auf den Historizismus lenkte.[32] Wie ihre Manuskripte zeigen, separierte Arendt politisches Handeln von dem hegelianischen Bezugsrahmen, den Existenzialisten wie Maurice Merleau-Ponty rekonstruiert hatten. Nach ihren Paris-Reisen 1951 und 1952 kam sie zu dem Schluss, dass dessen Ansatz einen am entgegengesetzten Ende vom marxistischen Determinismus angesiedelten Voluntarismus mit dem unbegründeten Vertrauen verschmelze, dass Handeln der Freiheit dienen würde.

In einem richtungsweisenden Vortrag auf der Versammlung der American Political Science Association im Jahr 1954, der die Position ihrer kurz darauf erschienenen Klassiker erkennen ließ, lobte Arendt den Hegelianismus dafür, dass »das moderne Geschichtsverständnis [...] dem Bereich menschlicher Belange eine Würde verlieh, die er in der Philosophie niemals zuvor genossen hat«. Gleichwohl käme die Suche nach Freiheit und Verständigung in der Geschichte einer Bankrotterklärung gleich. »Heute«, schloss sie, »erscheint nichts fragwürdiger, als dass der Verlauf der Geschichte an und für sich auf die Verwirklichung von immer mehr Freiheit gerichtet sein soll. Wenn wir an neuere Entwicklungstrends und -tendenzen denken, scheint das Gegenteil plausibler zu sein.«[33]

In Reaktion darauf wies Arendt jedwede Vorstellung von geschichtlichem Fortschritt zurück und strebte ihrerseits eine Philosophie des Urteils und der Versöhnung an, die »eine Form von Solidarität hervorbrächte, welche darauf beruht, zu akzeptieren, dass Unrecht ein Wesenszug der Welt ist, ohne dessen historisches Auftreten zu verleugnen«.[34] Im Schlussteil von *Elemente und Ursprünge totaler Herrschaft* hatte sie bereits beschrieben, inwiefern »geschichtliche Gesetze« nicht weniger als »Naturgesetze« eine rationale Erklärung für totalitäre Verfehlungen lieferten.[35] Im Laufe der 1950er Jahre bekräftigte sie dieses Fazit. Isaiah Berlin ließ sie unbeeindruckt (wenn auch nicht im Entferntesten so unbeeindruckt, wie er von ihr war), Karl Popper hat sie nie gelesen. Ungeachtet der Debatte zwischen Berlin und Popper, ob man historische Fragestellungen nach dem Modell des wissenschaftstheoretischen Falsifikationismus gestalten oder historische und naturwissenschaftliche Forschung voneinander trennen sollte, machte Arendt sich vor allen Dingen Gedanken darüber, dass in der Neuzeit historische und naturwissenschaftliche Determiniertheit gegeneinander ausgespielt werden würden, ohne dass auf einer der Seiten Raum für Freiheit bleibe.[36] Doch glich ihre Invektive gegen Hegels vermeintlichen Nezessitarismus, besonders in einem langen Passus in *Über die Revolution*, im Großen und Ganzen der von Berlin und Popper.[37]

Dies bedeutete nicht, dass Arendt darauf verzichtete, zu untersuchen, wie die Vergangenheit die Gegenwart hervorbringt. Ihrer Meinung nach lieferte ihre Totalitarismus-Studie ein Beispiel dafür. (»Die Romantik kann und möchte die Geschichte nicht erklären«, hielt Shklar dagegen.)[38] Arendts Ansatz ermunterte zum Eintauchen in die Geschichte um einer Zukunft willen, die keine Kontinuität mit der Gegenwart aufweist. Arendt verband eine solche Praxis mit ihrem deutsch-jüdischen Freund Walter Benjamin und am unübersehbarsten versuchte sie bei der Wiedererlangung des »verlorenen Schatzes« der von ihr idealisierten amerikanischen Siedler:innen in *Über die Revolution*, sie selbst in Angriff zu nehmen.[39] Doch von welcher Seite man es auch betrachtet, trug Arendt die historische Vernunft genauso zu Grabe wie die Vertreter:innen des Kalte-Krieg-Liberalismus; genauso wie sie gab sie dem Historizismus die Schuld an der Gewalt im 20. Jahrhundert, die keineswegs als Hebamme für Emanzipation dienen, sondern groteske Missgeburten zur Welt bringen würde.

Anders als diejenigen Vertreter:innen des Kalte-Krieg-Liberalismus, die sich aus Kritik an der Emanzipation die zeitlosen Werte der Religion zu eigen machten, überließ Arendt sich nicht einer solchen Tröstung. Dennoch beharrte sie darauf, dass das Christentum jedweder Wiedererlangung antiker Traditionen des politischen Handelns unverhandelbare Bedingungen auferlege.[40] Das hieß nicht, dass sie sich irgendeine einfältige Version von Kalte-Krieg-Rhetorik zu eigen machte, die Christentum und Säkularismus gegeneinander ausspielte. Anders als Waldemar Gurian, Jules Monnerot oder Eric Voegelin entwarf sie auch keine Theorie vom Kommunismus als »säkularer Religion«.[41] »In unserem Kampf gegen den Kommunismus als totalitärem System«, erklärte sie, »verteidigen wir kein spezifisches ›religiöses System‹, sondern eine säkulare Welt, in der freie Religionsausübung ebenso möglich ist wie eine ganze Reihe von anderen freien menschlichen Betätigungen. Kommunismus ist dagegen keine Religion.«[42] Doch führte Arendt ganz klare Gründe dafür an, dass das Dazwischentreten des Christentums zwischen Antike und Moderne ein Bedürfnis nach gesetzgeberischer Autorität und eine Furcht vor der Hölle mit sich gebracht habe, die Grenzen errichteten und für die die Verfechter:innen der säkularen Freiheit der Moderne Ersatz finden mussten.[43]

Und während Arendt die Dämonenlehre der Vertreter:innen des Kalte-Krieg-Liberalismus teilte, zeigt ihre Suche nach kanonischen Engeln in der vormodernen Vergangenheit, dass die Tradition des perfektionistischen und progressistischen Liberalismus von vor dem Zweiten Weltkrieg, von der sich auch die Vertreter:innen des Kalte-Krieg-Liberalismus abgrenzten, ihrem Denken sogar noch fremder geworden war als dem des Kalte-Krieg-Liberalismus. Der eigentliche Ursprung ihrer Sichtweise lag in der Spätromantik, insbesondere in Friedrich Nietzsches Ästhetizismus sowie dessen Erb:innen in der Weimarer Zeit – Strömungen, die Arendt in eine Darstellung von politischem Handeln überführte, in deren Mittelpunkt jetzt weniger perfektionistische Kreativität und universelle Emanzipation standen als vielmehr kurzlebige Vereinigungspraktiken, die Vergessenheit und Vergänglichkeit überdauern.[44]

Einen Anflug solcher Praktiken hatte sie während des Krieges in der französischen Résistance und der zionistischen Politik erlebt, und später waren sie der Anlass für ihre Würdigung des Experimentierens mit einer Räteregierung in Ungarn 1956 (bevor die Sowjets sie niederschlugen). Den Kalten Krieg verbrachte sie allerdings mit ihrem Zurückprojizieren, insofern sie politisches Handeln mit Rom und mit Amerikas neorömischem Ursprung assoziierte. In dieselbe Richtung ging auch Arendts ans Fantastische grenzende Deutung der amerikanischen Siedler:innen und Revolutionär:innen als Musterbeispielen der von ihr so hochgeschätzten postmetaphysischen Politik.

In ihren Augen setzte 1776 kollektives Handeln, aber keine emanzipatorischen Institutionen oder ethischen Ziele voraus. Es kam jedoch der Anforderung nach, vor welche die christliche Vergangenheit die Moderne ihrer Ansicht nach gestellt hatte, nämlich eine Autoritätsgrundlage für den sozialen Zusammenhalt zu schaffen. In Anknüpfung an die Praxis der Siedler:innen, gegenseitige Verpflichtungen im Sinne von »Bünden« einzugehen, gaben die amerikanischen Revolutionär:innen (im Unterschied zu ihren europäischen Nachfahren, die sowohl kurz darauf – 1789 – als auch später – 1917 – den Weg für Gräueltaten bereiteten) ein Beispiel für versprochene Gleichheit ab, das eine Wiederbelebung der antiken »Rekonstituierung« in moderner, postchristlicher Form erlaubte. In Arendts wie in Himmelfarbs Augen müssen Demokratien sich auf die Amerikanische Revolution zurückbesinnen, wenn sie den Einflüsterungen der totalitären Moderne entgehen wollen. Aber anders als Himmelfarb, nach deren Meinung 1776 durch die Berufung auf immerwährende liberale Normen der Liberalismus erfunden wurde, stellte Arendt die Relevanz von Naturgesetzen und -rechten für die revolutionäre Begründung einer »neue[n] Ordnung der Zeiten« (*novus ordo saeclorum*) in Abrede.[45]

Arendts Perspektive auf die amerikanischen Siedler:innen war neo-römisch – allerdings in einem sehr viel bizarreren Sinne als bei denjenigen, deren Rühmen der »atlantisch-republikanischen Tradition« ihrer Wahlheimat sie beeinflusste.[46] Wie *Über die Revolution* zeigt, verdankte sie ihren Begriff von politischer Natalität eindeutig der einstmals berühmten Interpretation des Weimarer Altphilologen Eduard Norden, nach dessen Lesart Vergils vierte Ekloge sich aus demselben »orientalischen« Messianismus speiste, der auch das Christentum vorstellbar gemacht hat.[47] In Vergils Gedicht verkündete die Geburt des Kindes eine Ordnung der Zeiten (*ordo saeclorum*), die sich die amerikanischen Gründerväter und -mütter zu eigen machten, aber nicht mehr »groß« (*magna*), sondern »neu« (*novus*) nannten, um den Gegebenheiten der Moderne Rechnung zu tragen, die eine Autoritätsgrundlage für Politik verlangten.

Obgleich Arendt im Unterschied zu Norden keinen religiösen Gehalt in Vergils Dichtung entdeckte, sah sie in ihr den geistigen Kern der von ihr hochgeschätzten neorömischen politischen Freiheit versinnbildlicht, ein Streben nach einem »Sinn für das Große und Überragende«, das mit »dem Willen, es durch Rühmen unsterblich zu machen«, gepaart sei.[48] Demzufolge stand Arendts Vorstellung von Handlungsfreiheit im krassen Gegensatz zum stärker individualisierten, libertären, privatisierten Verständnis von Berlin und anderen Vertreter:innen des Kalte-Krieg-Liberalismus.[49] Arendts Kanon, dessen Rom-Kult aufrichtiger war als deren Versuche, in einer Notsituation die »westliche Zivilisation« als solche zu retten, unterschied sich aufs Äußerste vom Kanon der anderen Vertreter:innen des Kalte-Krieg-Liberalismus – und doch teilte sie deren antikanonische Feindbilder.

Im Rückblick besteht der erstaunlichste und am wenigsten beachtete Umstand am politischen Denken des Kalte-Krieg-Liberalismus möglicherweise darin, dass es Freiheit zwar in den Mittelpunkt stellte, deren Globalisierung aber stillschweigend überging, wenn man einmal von der Sorge absieht, dass Dekolonisierung zu Knechtschaft und Terror führen würde. Berlin-, Popper- oder Talmon-Liebhaber:innen verstärken in der Regel das allgemeine Schweigen noch, mit dem diese Personen auf die Dekolonisierung reagiert haben, und verpassen so eine höchst ernsthafte Gelegenheit, die Zeitgebundenheit und die Grenzen von deren Denken deutlich zu machen.[50] Der beste Grund, Arendt unter die Vertreter:innen des Kalte-Krieg-Liberalismus einzuordnen, besteht darin, dass sie für die Deutung dieses Schweigens hilfreich ist, weil sie mitteilsamer war als sie.

Zunächst zu den anderen. Man kann sich Tausende von Seiten durch Berlins Briefwechsel wühlen – was nur recht und billig ist, da er abgesehen von der Nahostpolitik nur selten öffentlich zu politischen Ereignissen Stellung nahm –, ohne irgendeinen Verweis auf Aden, Indien, Britisch-Malaya, Kenia oder Südafrika, also auf die Orte zu finden, die im Hinblick auf die brutale Dekolonisierung, in die sein Heimatland, das britische Empire, direkt verwickelt war, am ehesten auf der Hand liegen. Dasselbe Schweigen herrschte bei Popper und Talmon. (Als der Kalte Krieg schon weit fortgeschritten war, sahen diese Liberalen sich irgendwann gezwungen, öffentlich Überlegungen über Amerikas Fiasko in Vietnam anzustellen.)[51] Alle Vertreter:innen des Kalte-Krieg-Liberalismus teilten die leichtfertigen Auffassungen ihrer Zeit über Nichteuropäer:innen – die jeder leicht zusammentragen kann, der das möchte.

Sogar ihre Versuche, ihnen Respekt zu zollen, liefen auf Bevormundung hinaus. In der Überzeugung, dass Großbritanniens globale Expansion ein Segen für die Kolonisierten gewesen sei, bekannte Berlin, weniger als 15 Jahre nachdem seine Wahlheimat auf ihr südasiatisches Kaiserreich verzichtet hatte, auf einer Reise nach Indien: »Ich muß zu meiner Schande gestehen, daß ich nichts von der indischen Zivilisation weiß, ja noch nicht einmal ihre wertvollsten und wichtigsten Errungenschaften benennen könnte. Ich hoffe, man wird mir das verzeihen. Als Entschuldigung kann ich lediglich anführen, daß es sehr schwer ist, zu einer Kultur, die in geographischer Hinsicht von der eigenen Kultur weit entfernt ist und sich in historischer Hinsicht von dieser abgesondert hat, eine Brücke zu schlagen und zu überqueren.«[52]

Selbst Shklar könnte letztendlich dieser Geisteshaltung zum Opfer gefallen sein. Am Anfang ihrer Karriere hatte sie sich über diejenigen lustig gemacht, die sich der Täuschung hingaben, Freiheit gehöre zur Identität »des Westens«, als sie in *After Utopia* schrieb, dass solch eine Behauptung eine Verallgemeinerung und Aufrechterhaltung des Nationalismus darstelle. Der Kalte Krieg verzichte in keiner Weise auf die spaltende Kraft, die Europa zu einem Vernichtungskrieg verleitet habe, sondern erlaube den Sachwalter:innen der Freiheit, den Festungswall des christlichen Westens zu erklimmen, um gegen den Osten jenseits des Eisernen Vorhangs oder auf der Weltbühne in die Schlacht zu ziehen.[53] »Die Rhetorik des Kalten Krieges«, schrieb sie in einer Besprechung, »sollte nicht die [Wahrheit] unterschlagen, [dass die] recht weit verbreitete Gleichsetzung des Westens – der gesamten europäischen Kulturgeschichte seit der klassischen Antike[–] mit Freiheit [verschleiert, wie] selten, prekär und unbeständig [diese] real und als Ideal auch im Westen [ist]. Freiheit ist ein Ziel, keine Tradition.«[54]

In ihrem nächsten Buch wurde Shklar sogar noch deutlicher. »Die *eine* westliche Tradition gibt es nicht«, schrieb sie. »Es handelt sich um tradierte Traditionen. [Und] politische Freiheit ist in Europas ferner und jüngerer Vergangenheit die Ausnahme gewesen, eine Seltenheit.« Anderweitige Behauptungen betrieben »ideologischen Missbrauch«. Dass dies geschehe, erklärte sie, sei eine Reaktion »auf die politische Organisierung ehemals kolonialer, nichteuropäischer Gesellschaften, die mittlerweile die europäische Welt in Frage stellen. […] Daraus resultiert die Identitätssuche, die Suche nach einer definierten und eindeutig westlichen Tradition.«[55]

Doch als Shklar der Überlebenskunst des Kalten Krieges näherkam, wirkte die postkoloniale Welt eher wie ein Tal der Tränen als wie eine orientalistische Projektionsfläche. Grausamkeit sei »das Schlimmste […], das wir einander antun«,[56] lautet ihre berühmte Formulierung, und Liberale hätten Recht, gegen sie mobil zu machen – doch sei Grausamkeit zumeist das Schlimmste, was *sie* in der postkolonialen Welt täten. In »Der Liberalismus der Furcht« merkte Shklar an, dass eine tägliche Dosis »Auslandsnachrichten« angesichts der Beständigkeit von Folter und Krieg im globalen Süden der Hauptgrund dafür sei, beim Errichten eines Liberalismus, in dessen Mittelpunkt eher die Eindämmung von Schäden als das Wecken von großen Hoffnungen stehe, Grausamkeit an die erste Stelle zu setzen.[57]

Arendt zeigte sich unbeirrbar, wo es um imperialistische und rassistische Hinterlassenschaften ging. Es ist nicht nötig, sich länger mit den imperialistischen und rassistischen Klischees ihres Umgangs mit Empire und »Rassedenken« in *Elemente und Ursprünge totaler Herrschaft* aufzuhalten; eine ganze Generation von Kritiker:innen hat mittlerweile deutlich gemacht, dass Arendt eher zur Wiederholung von gängigen Annahmen über Nichteuropäer:innen (und sogar über Jüdinnen und Juden) neigte, als dazu, den postkolonialen Vorwurf vorauszuahnen, dass der sogenannte Totalitarismus nur für diejenigen neu sei, die die erbärmliche Realität der Kolonialherrschaft ausblendeten oder bagatellisierten.[58]

Ganz wie Himmelfarb – mit ihrer umstrittenen Bemerkung, dass Menschen »normalerweise Antisemiten« seien, dies aber keine große Rolle spiele, bis es »aufhöre, ein Vorrecht englischer Gentlemen zu sein und ein Anliegen von Demagogen werde« – unterschied Arendt zwischen »Rassedenken« und dem »Rassismus«, den der Imperialismus des späten 19. Jahrhunderts mit sich brachte.[59] Enttäuschte Kritiker:innen haben auf Arendts Umgang mit Afrikaner:innen herumgeritten. Da sie die Denkweise der burischen Siedler:innen übernahm, machte sie sich die verbreitete Wahrnehmung von indigenen Schwarzen als Wilden zu eigen, die in Übereinstimmung mit der Natur lebten, anstatt »eine für den Menschen brauchbare und von ihm beherrschte Welt«, eine »menschliche Welt« und eine »dem Menschen eigene [...] Realität« zu erschaffen.[60]

Und im Lichte von Arendts neorömischen politischen Ansichten betrachtet, war das Empire eine exemplarische Form der ihrem Ruf nach kollektivem Handeln innewohnenden Größe. Sie lobte die Imperien, die Vergils Aufforderung gefolgt waren, Frieden mit Gerechtigkeit zu krönen, die Besiegten zu schonen, doch die Hochmütigen zu vernichten. Nach Arendts Meinung ging es nicht in erster Linie um den Aufstieg des Empires, sondern darum, ob es unwiderruflich dem

Niedergang geweiht sei, weshalb sie sich am Ende in der Zeit der amerikanischen »Krisen der Republik« und des Vietnamkriegs Sorgen um Amerika machte.[61] Und ihre rassistischen Vorurteile setzten sich in ihrem berühmt-berüchtigten Umgang mit der Bürgerrechtspolitik ihrer neuen Heimat fort.[62]

Deutlicher als in jedem anderen Buch von Vertreter:innen des Kalte-Krieg-Liberalismus sind solche Annahmen verschlüsselt in *Über die Revolution* enthalten, bevor *Macht und Gewalt* und Arendts Kritik am westlichen Dritte-Welt-Denken sie völlig explizit zum Ausdruck brachten. Wenn man sich auf Arendts Stellungnahmen zu historischen Imperien als Mitwirkenden am Totalitarismus und später zur »Rassenpolitik« in ihrem Heimatland konzentriert, kommt der Kontext zu kurz, der für das Denken ihrer reifen Jahre am ehesten auf der Hand liegt: dass das Leuchtfeuer amerikanischer Freiheit im Zuge weltweiter Dekolonisierung und Entrassifizierung weiter scheinen möge. Für die Rekonstruktion dieses Kontexts empfiehlt sich das Gesamtprojekt einer Relektüre von Kalte-Krieg-Denker:innen, aus der sich Schlüsse ziehen lassen, inwiefern deren Schweigen Bände über den tiefstreichenden Sinn dieser Form von Liberalismus spricht.

Der Kalte-Krieg-Liberalismus ist nicht nur nicht für die Entstehung von Wohlfahrtsstaaten eingetreten, als er die libertäre Freiheit in den Vordergrund stellte, oder ist phasenweise in Neoliberalismus oder Neokonservatismus übergegangen. Er hat diese Freiheit auch wirksam auf metropolitane Zentren beschränkt, als die grauenvolle Peripherie in der nationalistischen und gewalttätigen Tradition der Französischen Revolution ihr Schicksal selbst in die Hand nahm.

Arendt ist vorgeworfen worden, dass sie die Amerikanische und die Französische Revolution miteinander verglich, die Haitianische Revolution aber von ihrer Darstellung moderner Freiheitsbestrebungen ausgenommen hat. C. L. R. James hatte *Die schwarzen Jakobiner,* also den Text, der die heutige Zeit dazu veranlasst hat, diesen Fehler zu korrigieren, schon geschrieben und er überarbeitete ihn im selben Jahr für die Neuveröffentlichung, als Arendts *Über die Revolution* erschien.[63] Doch hätte sie Haiti in das Buch einbezogen, hätte sie es für pathologisch gehalten, für eine bloße Verschlimmerung – wenn das möglich wäre – des französischen Syndroms, weil es politische Freiheit nicht nur mit Klassen-, sondern auch mit Gleichheit in Bezug auf Race verschweißte. Dies liegt an Arendts zeitlebens sarkastischem Blick auf die Emanzipation von Nichteuropäer:innen und Nichtweißen.

Man muss nicht zwischen den Zeilen lesen, um zu erkennen, dass es in *Über die Revolution* im Grunde genommen um postkoloniale Wirrnisse geht. Wie Arendt unmissverständlich festgestellt hat, bildete eine Zeit den Rahmen des Buches, in der »Revolutionen zu den häufigsten, fast möchte man sagen, alltäglichsten Vorkommnissen im politischen Leben [fast aller Länder und Kontinente] gehören«.[64] Zweifellos war 1917 vom 1789er-Vermächtnis durchdrungen. Doch zu Arendts Lebzeiten war das revolutionäre Erbe längst an den globalen Süden gefallen. In den ehemaligen Kolonien konnte man die Wahl zwischen dem amerikanischen und dem französisch-sowjetischen Revolutionsmodell live erleben. Fasste Arendt dies überhaupt als Wahl auf? Die Französische Revolution, die vermittelt durch Hegel den Begriff der Weltpolitik als solchen begründet hatte, war bereits global geworden. Die »traurige [...] Wahrheit«, schrieb Arendt, sei, »daß die Französische Revolution, die in der Katastrophe endete, Weltgeschichte gemacht hat, während die Amerikanische Revolution, trotz ihrer wahrhaft triumphalen Erfolge über eine gleichsam lokale Bedeutung kaum hinausgekommen ist«.[65]

Und war es nicht eine ausgemachte Sache, dass die peripheren Standorte, in denen Armut herrschte, nicht mehr zu retten waren, was die Beweihräucherung amerikanischer Freiheit eher zu einem Anliegen machte, sie gegen globale Belagerung zu verteidigen, als auf ihre Nachbildung an anderen Orten zu hoffen? »Soweit die Erinnerung der Menschheit reicht, hat das menschliche Leben unter dem Fluch der Armut gestanden«, hielt Arendt fest, »und wenn dieser Fluch heute aus den Ländern des Westens zu verschwinden scheint, so kann niemand behaupten, daß dies einer der westlichen Revolutionen zu verdanken sei.«[66] Außerhalb der westlichen Hemisphäre bestand dieser Fluch fort. Die wirtschaftliche Lage der ehemaligen Kolonien stellte quasi eine Garantie für blutrünstiges Streben nach Gleichheit auf Kosten klassenloser Freiheit dar.

Von dort aus war es kein allzu großer Schritt mehr zu Arendts Kritik an der Verherrlichung von Blutvergießen durch den postkolonialen Denker Frantz Fanon und mehr noch durch Jean-Paul Sartre.[67] In diesem Buch gab sie ihre direkteste Stellungnahme zur weltweiten Dekolonisierung ab. Und anders als ihre zweigeteilte Darstellung historischer Revolutionen war Arendts Ablehnung der damaligen Dekolonisierung in *Macht und Gewalt* aus einem Guss und ungebremst. Dabei schloss Arendt die Anwendung von politischer Gewalt im Laufe ihrer Karriere nicht völlig aus.[68] Entscheidend ist, dass Arendt den bewaffneten Kampf von Nichtweißen im In- und Ausland zwar in der Regel pathologisierte – und herunterspielte, dass die Vereinigten Staaten ihre Gründung einem gewaltsamen Aufstand verdankten –, aber nachsichtig verzeichnete, dass die Bereitschaft, für politische Ziele zu töten, »die endliche Folge des neuzeitlichen Praxisentzugs« sei.[69] Während sie früher in Versuchung gewesen war, Hegel als Apologeten von Blutbädern zu lesen, sprach sie zudem jetzt sowohl Hegel als auch Marx von jeder Schuld an der von ihr so empfundenen postkolonialen Blutdürstigkeit frei, die in keinem Zusammenhang mit der Etablierung legitimer Macht um der Freiheit willen stehe. (Diese Art von Gewalt, deutete sie an, habe der protofaschistische französische Denker Georges Sorel an der Wende zum 20. Jahrhundert verschuldet.)[70]

Trotz dieser Einzelheiten untermauerten Arendts Äußerungen in ihrer Streitschrift über Gewalt zusammen mit ihrem verächtlichen Ton ihre Position in *Über die Revolution*, dass die Globalisierung postkolonialer Freiheit potenziell oder tatsächlich despotische Ziele verfolge. Dass das, was die Amerikaner:innen beinahe zwei Jahrhunderte zuvor vollbracht hatten, so schwierig gewesen war, bedeutete möglicherweise, dass es sich jetzt nicht lohnte, es wieder zu versuchen – erst recht nicht, wenn man die Gefahr eines Debakels wie in Frankreich bedenke. Im welthistorischen Zeitalter größter Freiheiten war Freiheit mitnichten lange überfällig, sondern so schwer erreichbar, dass sie ganz ausgeschlossen zu sein schien.

In Bezug auf die trübseligen Aussichten für globale Emanzipation hat der Kalte-Krieg-Liberalismus nur eine Ausnahme gemacht: beim Zionismus.[71] Wie die anderen Vertreter:innen des Kalte-Krieg-Liberalismus wusste Arendt über Rassismus Bescheid, weil sie selbst eines seiner Opfer war. Dass sie auf dem Weg Israels zur Errichtung einer Art von postkolonialem Staat (sosehr er auch gleichzeitig eine Siedlerkolonie war) die gewaltsame Emanzipation eines Volkes billigte, erlaubt uns, die im letzten Kapitel begonnene Erörterung fortzusetzen, auf welche Art und Weise die Vertreter:innen des Kalte-Krieg-Liberalismus ihre jüdischen Identitäten ausgelebt haben. Die Vertreter:innen des Kalte-Krieg-Liberalismus waren in höherem Maße als frühere Verfechter:innen weißer Freiheit aus der

Tradition des liberalen Imperialismus in der Lage, den Tribut nachzuvollziehen, den die rassifizierte Opferrolle forderte – mehr Empathie für deren Tribut auf globaler Ebene scheinen sie deshalb aber nicht aufgebracht zu haben.

Dass sie als einzige etatistische Befreiungsbewegung den Zionismus unterstützten, rührt mithin an den Kern der Widersprüche, in die sie sich verstrickten. Im Nahen Osten wurde Jüdinnen und Juden eine Form von Politik zugestanden, die das libertäre Brevier, das für den dem sowjetischen Feind ins Auge blickenden Westen entwickelt worden war, für unzulässig erklärt hatte: eine kollektive Emanzipation durch den Staat, die von den Vertreter:innen des Kalte-Krieg-Liberalismus an anderen Orten geringgeschätzt oder gebrandmarkt wurde, obwohl Liberale sich dereinst vehement dafür eingesetzt hatten, sie in Gang zu bringen. Im Zuge der Neugestaltung ihrer Tradition in den 1940er Jahren haben die Vertreter:innen des Kalte-Krieg-Liberalismus den kollektivistischen und den historistischen Liberalismus, ja sogar den liberalen Sozialismus ausdrücklich ausgemustert, der genau in diesem Augenblick und nicht bloß durch die Gründung Israels in der postkolonialen Welt Einzug hielt. Unter anderem aus diesem Grund weiteten neoliberale »Globalisten« ihre kritische Haltung gegenüber dem Nationalismus auf die Weltbühne aus.[72] Die Vertreter:innen des Kalte-Krieg-Liberalismus unterstützen dagegen den Nationalismus in einer spezifischen Region, auch wenn sie sich – aus ganz anderen Gründen als die Neoliberalen – auf globaler Ebene gegen ihn aussprachen.

Arendts politisches Erwachen hatte dazu geführt, dass sie in den zehn Jahren nach 1933 den Zionismus guthieß. Sie schätzte die aktivistische politische Alternative, die er verfolgten Jüdinnen und Juden bot. Der politische Gehalt von Arendts Zionismus blieb stets vage. Allerdings ging sie durch ihn eine Reihe von Verpflichtungen ein, die in ihrem späteren politischen Denken keine große Rolle mehr spielten und die sie während des Kalten Krieges namentlich kritisieren sollte, als andere postkoloniale Emanzipation einforderten. Als sie 1942 über Alfred Dreyfus' missliche Lage schrieb, merkte sie an, die einzige Antwort auf die jahrhundertelange rassistische Unterwerfung sei das strikte »jakobinische Prinzip der Nation«.[73] Für andere Völker war aber keine Form von Jakobinismus praktikabel. Sie schrieb wohlwollend über bewaffnete jüdische Selbstverteidigung, obwohl diese an Vladimir Jabotinskys paramilitärische Irgun gebunden war, die sie als faschistisch anprangerte.[74]

Doch als die Zionist:innen sich 1942 und 1943 gegen die von ihr unterstützte föderalistische Version der Bewegung aussprachen, sprang Arendt ab. (Aufgrund der Tatsache, dass Araber:innen dasselbe Land bewohnten, verlangte Föderalismus jüdische Ermächtigung innerhalb eines dezentralisierten Staatsgefüges entweder in oder auf den Überresten des britischen Imperiums.)[75] Nach der Biltmore-Konferenz, an der sie teilnahm, bezog sie auf höchst brisante und provokative Weise gegen den Zionismus Position. In ihrem 1945 erschienenen Aufsatz »Der Zionismus aus heutiger Sicht« unterstellte Arendt, dass die Bewegung sich im Grunde auf die Seite von Jabotinskys Revisionismus gestellt habe, als sie sich – folgenschwer nicht zuletzt für Araber:innen – durch das Anstreben eines »jüdischen Staat[es]« eine jüdische Version des deutschen Nationalismus zu eigen machte. Dieser Standpunkt hat Arendt mit Verspätung mehr Bewunderung eingetragen, als das viele Jahre der Fall war.[76] Und fairerweise muss man zugeben, dass ihre schlussendliche Zurückweisung des Zionismus genau die Form von Nationalstaat anpeilte, auf die der Zionismus schließlich hinauslief: die politische

Form, die sich auf globaler Ebene durch die Dekolonisierung verbreitete, von der die *Elemente und Ursprünge* aber behauptet hatten, sie sei bereits in die Brüche gegangen.

Arendts Zionismus wies einige Kontinuitäten mit ihrem späteren politischen Denken auf, als habe ihre Hochachtung für kollektive Selbstbehauptung den Keim für eine politische Handlungsweise enthalten, die sie nach Anbruch des Kalten Krieges bereinigte und nach hinten projizierte.[77] Doch in anderen Hinsichten bestanden ungeheure Spannungen zwischen ihrer einstigen Begeisterung für jüdische Selbstbefreiung und ihrer späteren Skepsis im Hinblick auf Dekolonisierung.

Aus diesem Grund besteht der größte Wert von Arendts kurzzeitigem Zionismus in dem grellen Licht, das er auf die Vertreter:innen des Kalte-Krieg-Liberalismus wirft, weil deren Zionismus-Versionen in einem noch schrofferen Gegensatz zu den politischen Ansichten standen, für die sie am bekanntesten sind – und für diesen Konflikt fanden sie nie eine Lösung. Es war so, als würden Jüdinnen und Juden von ihren Lehren ausgenommen, was ihre Vernachlässigung postkolonialer Freiheit noch verblüffender macht als deren wütende Zurückweisung durch Arendt.

Jacob Talmon war der eklatanteste Fall. Man versteht, dass er ein treuer Anhänger des Zionismus war, den er einmal »das erhabenste aller nationalen Ideale in der Geschichte« nannte. Lange Zeit schottete er den Zionismus einfach von der Verunglimpfung des Messianismus und des Voluntarismus in den europäischen Traditionen ab, die er vornahm. Es war, als ob der von Talmon vertretene Zionismus seine Quellen in nur geringem Maße dem revolutionären Nationalismus verdankte, dessen Anprangerung er seine Karriere widmete.[78] Wie es in einem Kommentar zu Recht heißt, »lebte er in zwei Welten«.[79]

Talmons Position entwickelte sich langsam, insbesondere nachdem ihm und anderen Intellektuellen an der Hebrew University etwa 1960 klar wurde, dass der israelische Ministerpräsident David Ben-Gurion (dessen Biografie Talmon schreiben sollte) zu weit ging, als er die Quellen des Zionismus in den Messianismus verlegte, den Talmon für den Totalitarismus allerorten verantwortlich machte.[80] Talmon hielt es für gut, dass Israel sich die zum Teil kommunistischen sozialistischen Ideale ersparte, die den Zionismus früher korrumpiert hätten. Doch es bereitete ihm Sorge, dass es dies um den Preis einer Verschärfung des Messianismus tun könnte, der den liberalen Nationalismus unter sich zu begraben drohte. Nach 1967 wurde es extrem schwierig, der Spannung zwischen Talmons Zionismus und dem Zuschnitt seines Kalte-Krieg-Liberalismus standzuhalten.

Berlin wartete mit einer ungewöhnlicheren Sorte von Zionismus auf. Wie Arendt hatte er abgesehen von dem Ausmaß, in dem sein Volk zur Zielscheibe von Hass wurde, keinen Grund, sich einer jüdischen Identität zugehörig zu fühlen. Sie hatte einen tiefen Schluck aus dem Brunnen des französisch-jüdischen Fin-de-Siècle-Antisemitismusanalytikers Bernard Lazare genommen, der in Vorwegnahme von Jean-Paul Sartres Theorie vom »authentischen Juden«, der sich die ihm aufgezwungene Identität zu eigen macht, sie aber von einer Quelle der Erniedrigung in eine des Stolzes umwandelt, den sozialen Aufstieg von Juden diffamierte und ihnen gleichzeitig riet, sich zu der von ihnen erfahrenen Ablehnung zu bekennen.[81] Arendt könnte nicht nur von sich selbst, sondern auch von Berlin gesprochen haben, als sie über Lazare und andere anmerkte, sie seien »durch den Antisemitismus zu Juden geworden«.[82]

In einem wichtigen Aufsatz baute Berlin diese Fragen 1951

zu einer unglücklichen Analogie aus, in deren Rahmen er Juden mit Buckligen verglich, die auf ihre missliche Lage entweder reagieren könnten, indem sie so täten, als hätten sie keine Deformation, sie wie einen Vorzug behandelten oder es als schlechtes Benehmen auffassten, wenn andere von ihr Notiz nähmen, selbst wenn sie »oft weite Mäntel [trugen], die ihre genauen Umrisse verdeckten«.[83] Berlins Analogien für die Lage der Juden waren unentwegt vornehmlich biologisch und in der Regel naturalistisch. In einem Beitrag für den *Jewish Chronicle* wiederholte er 1973 die Metapher von der »Körperbehinderung«.[84] Wie viele politische Zionist:innen stellte Berlin Zionismus als Normalisierung dar – weil er ein Land zur Verfügung stelle, in dem die Deformation zur Norm werde –, die Juden in der Diaspora nicht zu erlangen vermöchten, jedenfalls nicht so bald.

Dieser Punkt von Berlin wurde von dem französischen Hegelianer Alexandre Kojève in Frage gestellt, der in einem Gespräch die folgende Bemerkung machte: »Von allen Völkern haben die Juden die interessanteste Geschichte. Und was wollen sie jetzt werden? Albanien?« Berlin dagegen rühmte die Normalität.[85] Und als Außenstehender äußerte er sich bewusst nicht zu Kritik an der israelischen Politik, auch nicht als Talmon aus der Innenperspektive lautstärkere Vorbehalte von seinem alten Freund verlangte.[86] Berlin frohlockte, »wie wunderbar es ist, endlich frei zu sein und selbst darüber entscheiden zu dürfen, ob wir so wie andere Nationen leben wollen oder anders«, sodass der schmerzhafte Prozess, dem Juden sich unterzogen hätten, um »sich durch plastische Chirurgie oder weniger einschneidende Methoden in etwas völlig anderes umwandeln zu lassen, als sie eigentlich waren oder sein wollten«, ein Ende hätte.[87]

Sehr viel weniger wichtig war die exakte Form von Normalisierung, die Israel bereitstellte. Wie Talmon verehrte Berlin Chaim Weizmann, weil er für eine Art anglophilen Zionismus stand, und war beunruhigt über die zionistische Arbeiterpartei, die bei Israels Gründung und in den ersten Jahren danach so einflussreich war – ganz zu schweigen von der noch linkeren Partei Mapam, die sowohl er als auch Talmon verachteten.[88] Doch wie Berlin 1973 bekräftigte, »spielt der Grad, in dem [Israel] die Erwartungen seiner diversen Gründer:innen und Unterstützer:innen erfüllt oder enttäuscht haben mag, eine relativ geringe Rolle«. Es habe sein »wesentliches Ziel erreicht«: Juden müssten ihre Zeit nicht mehr damit verschwenden, »sich ängstlich zu fragen, wie sie in den Augen ›der anderen‹ aussehen«.[89]

Für Sartres Theorie des »unauthentischen« Juden, der allein durch den Blick derjenigen erschaffen wird, die ihn hassen, hatte der französische Kalte-Krieg-Liberale Raymond Aron Modell gestanden. Die Art und Weise, wie Berlin diese Theorie – *les autres,* die anderen, rufen das Jüdischsein hervor – aufgriff, ist sehr interessant. Anders als Aron, der sich seines Judentums erst 1967 in Reaktion auf den Sechstagekrieg bewusst wurde, begriff Berlin früh, dass die Alternative zu Unauthentizität nicht Authentizität war, wie Sartre vorschlug, sondern das Flüchten vor Antisemitismus an einen Ort, an dem Juden dem Stigma zu entkommen vermöchten, wenn es an ihren Kräften zehre.[90] Zionismus, schrieb Berlin, erlaube, »die Gesundheit eines sozialen Organismus wiederherzustellen, der aus bekannten historischen Gründen eine abnorme Entwicklung genommen und Verletzungen davongetragen hat«.[91]

Doch selbst in solch einer Rolle als Normalisierungsprojekt verlangte Zionismus kollektive und möglicherweise gewaltsame Selbstbehauptung. In Anerkennung dieser Tatsache definierte Berlin Zionismus als »letzte[s] Kind [...] des europäischen Risorgimento«. Damit meinte er, er sei ein nationalistisches und etatistisches Unterfangen zugunsten der unterworfenen Völker im imperialen Europa, das vorherige Liberale im 19. Jahrhundert mitangestoßen hätten.[92] Es war ein eigenwilliger Moment, als er bekräftigte, es sei ein »brillanter Vergleich«, den Zionismus als »Dekolonisierung der Juden allerorten« zu bezeichnen.[93] Die übrigen Dekolonisierungsbewegungen des 20. Jahrhunderts verteidigte oder entschuldigte er allerdings nicht.

Unter anderem, weil er erkannt hatte, dass die Wurzeln des Zionismus – quer zur Romantik, zum Hegelianismus und zum Historismus – im Denken des 19. Jahrhunderts lagen, konnte Berlin mitunter und teilweise Verständnis für die »Nationen« aufbringen, wie er es einmal formuliert hat, »die das Gefühl haben, sie hätten ihre Rolle im großen Drama der Geschichte *noch* nicht gespielt«.[94] Doch zwischen seinem Zionismus und seiner weit weniger nachsichtigen Haltung gegenüber anderen neuen Staaten nach dem Zweiten Weltkrieg bestand unleugbar ein Missverhältnis. Er nahm sich die Freiheit zur Kritik an »der trotzigen Einstellung jener neuen Nationen [...], die das Joch der Fremdherrschaft gegen den Despotismus eines Individuums, einer Gruppierung oder einer Klasse ihrer eigenen Gesellschaft eingetauscht haben und die selbst dort die triumphale Entfaltung einer unverhohlenen Autokratie bewundern, wie sie willkürlicher und repressiver nicht sein könnte, wo die gesellschaftlichen und wirtschaftlichen Bedürfnisse keineswegs nach einer totalitären Kontrolle verlangen«.[95] Die Spannung, in der dies zu Berlins Zionismus stand, der nicht zu solch einer Kritik einlud, war unübersehbar. Postkoloniale Emanzipation war nicht bloß notwendig, sondern versetzte Berge – wenn auch nur bei einem Volk.

Deshalb dürfen wir die Augen nicht vor der Tatsache

verschließen, dass die Moral der Vertreter:innen des Kalte-Krieg-Liberalismus geografischen Einflüssen unterlag.[96] Auf der Grundlage eines implizit hierarchischen Systems von Grundannahmen über die Völker dieser Welt offerierten sie Kalte-Krieg-Libertarismus für den transatlantischen »Westen«, hegelianischen Etatismus (notfalls mit Gewalt) im Rahmen ihrer zionistischen Politik und scharfe Skepsis im Hinblick auf das Schicksal irgendeiner Form von Freiheit an anderen Orten. Wenn das stimmt, ist ihre Schaffung einer eigenen Kategorie für Juden spannend und bemerkenswert, denn schon deren Existenz – als der einzigen Stelle in ihrem Denken, an welcher der Aktivismus und Etatismus früherer Liberalismusformen zu überleben vermochten – stellt eine fundamentale Herausforderung für ihren Ruf nach Grenzen in den entwickelten Ländern und für ihre Ängste vor sinnloser Gewalt in den Entwicklungsländern dar. In einer Zeit, in der eine Verurteilung des Zionismus üblich ist, besteht das schwerwiegendste Problem des Kalte-Krieg-Liberalismus möglicherweise darin, dass er nicht zionistisch genug war.

Obwohl sie Arendt die Leerstelle Haiti vorwirft, heißt es in David Scotts brillanter Neuinterpretation von C. L. R. James, dass »Arendt zwar in allen auf konventionellem Wege erkennbaren Hinsichten eurozentrisch war, sich aber nicht darauf reduzieren lässt«.[97] Weil sie noch andere Dinge tat, als am Code des Kalte-Krieg-Liberalismus mitzuschreiben, hat Arendt nämlich eine Fülle von Nachfolgeprojekten angeregt – angefangen mit Darstellungen kollektiver Freiheit außerhalb des liberalen Rahmens oder einer Akzentuierung mit diesem vereinbarer demokratischer Teilhabe.

Ihr Eurozentrismus und Rassismus sind aber auch deshalb hilfreich, weil sie viel über die Vertreter:innen des

Kalte-Krieg-Liberalismus zu erkennen geben, die weder so originell in ihren Tugenden noch so offen in ihren Lastern waren wie Arendt. Die Vertreter:innen des Kalte-Krieg-Liberalismus bereinigten ihre Tradition zwar um die emanzipatorischen Bestandteile, behielten diese jedoch ausschließlich für den Zionismus bei. Darüber hinaus bestimmten sie den metropolitanen Liberalismus neu als libertär, während sie die Postkolonie als totalitär einstuften. Hegelianischer Etatismus wurde entweder nach lokalen oder nach globalen Maßstäben verworfen – außer an einem Ort. Der Fall Arendt lässt unter anderem den außergewöhnlichsten Widerspruch des Kalte-Krieg-Liberalismus hervortreten, dessen Auflösung entweder ein Jenseits des oder eine Form von Liberalismus jenseits der Hinterlassenschaften verlangt, die seine Fürsprecher:innen und Nutznießer:innen nach wie vor umtreiben.

Lionel Trilling, 1950er Jahre

6
Dem Ich eine Festung bauen: *Lionel Trilling*

Um 1930 herum verfasste Lionel Trilling eine vernichtende Besprechung von Sigmund Freuds Schrift *Das Unbehagen in der Kultur*, die im selben Jahr erschienen war. Seine Tirade, die er mit Mitte 20, zwei Jahre vor seiner Rückkehr an die Columbia University, schrieb, wo er in englischer Literatur promovierte (und anschließend jahrzehntelang unterrichtete), ist nie erschienen und in der Folgezeit verloren gegangen. 40 Jahre später vertraute er seinem Tagebuch an, dass er fürchte, jemand könne sie wiederfinden.[1] In einem Brief erinnerte er sich jedoch daran, was er gesagt hatte: Er habe Freuds pessimistische Abhandlung als »lächerlich, ja sogar anstößig« angeprangert.[2]

Zu jener Zeit, entsann Trilling sich, »wirkte jede Erklärung der *Conditio humana*, die sich auf etwas anderes als auf ökonomische und politische Ungerechtigkeit berief, moralisch anrüchig auf mich. Und das ›Unbehagen‹, auf das Freud sich bezog, *erschien* mir absurd, ja sogar geradezu unvorstellbar.«[3] Der Riegel, den angebliche psychische Kräfte der Emanzipation vorschoben, leuchtete ihm ebenso wenig ein wie die Verwendbarkeit von Freuds Ansatz für die Gewinnung eines Verständnisses der Psyche der Macht, das diese in Frage zu stellen vermöchte. Stattdessen war der junge Trilling besorgt, dass Freuds Betonung der Aggression kontingente und soziohistorische in notwendige und natürliche Faktoren umwandeln könnte. Und so war es dann auch: Angeführt von Trilling, kanonisierten die Vertreter:innen des Kalte-Krieg-Liberalismus Freud und Freuds Essay als Beharren auf einer ursprünglichen Form von Liberalismus, die für Reformbemühungen dauerhafte Grenzen vorsah.

Aus den Aufsätzen, die Trilling in den späten 1930er und in den 1940er Jahren schrieb, ging die Position seines bahnbrechenden Buches *The Liberal Imagination* hervor, in dem 1950 der Kalte-Krieg-Liberalismus triumphierte und das sich beinahe 200 000 Mal verkaufte. Zusammen mit Trillings Roman *The Middle of the Journey* von 1947 ist dieses Buch möglicherweise unverzichtbar, wenn man neu über die gesamte Ära liberaler politischer Theorie nachdenken will. Durch Freuds Aufnahme in den Kanon des Kalte-Krieg-Liberalismus besiegelte Trilling in reifen Jahren die Preisgabe der Aufklärung, die Verunglimpfung des Fortschritts aus Furcht, er diene stets als Vorwand für Terror, und vor allem die psychische Selbstbeschränkung, die den Kern des liberalen Denkens bildet.

Der Kalte-Krieg-Liberalismus gilt gemeinhin als politischer, bekannte innenpolitische und außenpolitische Rezepte vertretender Standpunkt – und seine ewige Wiederkehr in dieser Form ist tatsächlich auffällig. Aber wie bei so vielen dieser Lehren ging es bei ihm im gleichen Maße um das Ich wie um den Staat oder die Gesellschaft. In einigen seiner Gestalten passte sein Ruf nach der Eindämmung ungebändigter Leidenschaften zugunsten nüchterner Freiheit zu einer Ideologie der Selbstkontrolle, die in einem tiefen Spannungsverhältnis zum Einsatz des Kalte-Krieg-Liberalismus für Freiheit im Sinne von Nichteinmischung, ja sogar zu seiner Forderung stand, Grausamkeit zu vermeiden – denn um persönlicher und kollektiver Ordnung willen verlangte er auch schonungslose Selbstknechtung und Selbstüberwachung.

Für den Kalte-Krieg-Liberalismus ist also eine Analysemethode erforderlich, die Politisches und Persönliches verknüpft. Das Aufkommen des Staates in der Frühen Neuzeit hat zu einer solchen Auffassung geführt, weil der Absolutismus mit dem deutlichen Ruf nach einer Kontrolle der Leidenschaften einherging. Eine neue Art von politischem System war auf Individuen angewiesen, die sich selbst überwachten.[4] Und dank des großen französischen liberalen Denkers Alexis de Tocqueville nahm die im Entstehen begriffene moderne Regierungsführung (*governance*) eine vergleichbare Perspektive ein – wofür es unerheblich ist, dass die Vertreter:innen des Kalte-Krieg-Liberalismus Tocqueville im Zuge seiner Kanonisierung verkürzten. Wie sein späterer und ihm möglicherweise getreuerer Erbe Michel Foucault befürchtete Tocqueville neue Formen politischer Kontrolle, die nicht auf die plumpe alte Weise der Zufügung körperlicher Schmerzen wirkten, sondern über Selbstbezähmung und Selbstregulierung.

Ungeachtet all ihrer Schutzmaßnahmen für die freie Welt kanonisierten die Vertreter:innen des Kalte-Krieg-Liberalismus Freud aufgrund der Selbstunterdrückung, die er empfahl: strikte Selbstkontrolle, um fehlgeleitete Begeisterung zu vermeiden und ungebändigte Leidenschaften im Auge zu behalten. »Die Kultur«, schrieb Freud in dem Buch, über das der junge Trilling herzog, bevor er es zeitlebens zu seinem Prüfstein machte, »bewältigt also die gefährliche Aggressionslust des Individuums, indem sie [die Leidenschaften] schwächt, entwaffnet und durch eine Instanz in seinem Inneren« – das Über-Ich – »wie durch eine Besatzung in der eroberten Stadt, überwachen läßt.«[5] Der Kalte-Krieg-Liberalismus musste dem besetzten Ich eine Festung bauen.

Die Neuerung, die Trilling – der gewitzteste Kalte-Krieg-Liberale – dadurch erzielte, dass er Freud in seinen Götterhimmel aufnahm, wich von anderen solchen Kanonisierungsakten ab. Ihr zeitlicher Ablauf unterschied sich von der antikanonischen Dämonisierung der modernen Emanzipationspropheten durch Isaiah Berlin, Karl Popper und Jacob Talmon sowie von Gertrude Himmelfarbs Rehabilitierung Lord Actons, weil dessen Hindurchsteuern durch die historischen Gezeiten, die Augen fest auf den Stern immerwährender Moral gerichtet, nützlich war. Freud war ein weiterer Säulenheiliger vom Kontinent – aber ein älterer Zeitgenosse der Vertreter:innen des Kalte-Krieg-Liberalismus und noch dazu Jude, der vor dem Totalitarismus floh, nachdem er ihn hautnah erlebt hatte.

Das soll nicht heißen, dass Freud für alle Vertreter:innen des Kalte-Krieg-Liberalismus unverzichtbar war. Er wurde weit häufiger von Amerikaner:innen umschwärmt.[6] Vor dem Krieg hatte Berlin ihn verachtet.[7] Obwohl sie zur selben Zeit in Wien lebten, war Popper zu keinen Zugeständnissen bereit und verwarf die Psychoanalyse als nichtfalsifizierbare Pseudowissenschaft (Freud antwortete auf diese Kritik).[8] Doch die Wertschätzung, mit der Trilling und andere amerikanische Liberale den Begründer der Psychoanalyse überschütteten, gibt den resignierten und tragischen Zuschnitt des politischen Denkens des Kalte-Krieg-Liberalismus besser als alles andere zu erkennen. Trilling wiederum zeichnet sich dadurch aus, dass seine Verehrung mit Subtilität einherging.

Über die Jahre ist die Verehrung von Trilling durch eine Reihe von selbst ernannten Erb:innen dagegen alles andere als subtil gewesen. Sein wahrer Wert besteht darin, dass er dabei hilft, die am Kalte-Krieg-Liberalismus Interessierten von ihren eingefahrenen Gleisen in Gestalt der Debatte abzubringen, ob ihre Vorstellung von »negativer« Freiheit als Nichteinmischung vertretbar sei. Die Kanonisierung von Freud zwingt uns, nicht ein Ethos der Skepsis, sondern akribische Selbststeuerung als wesentliches liberales Bekenntnis dieser Zeit zu betrachten. Trillings Ruf nach einem sich selbst regulierenden Subjekt im Kalte-Krieg-Liberalismus war stets ambivalent: Eine sorgfältige Lektüre zeigt, dass er seinen jugendlichen Protest gegen unnötige Grenzen nie ganz aufgegeben hat.

Als Sohn polnisch-jüdischer Einwanderer (sein Vater verkaufte pelzgefütterte Mäntel) sympathisierte Trilling kurze Zeit – von 1931 bis 1933 – mit dem Kommunismus, war aber nie Parteimitglied. In manchen Hinsichten hat er die 1930er Jahre allerdings nie hinter sich gelassen und sein Kalte-Krieg-Liberalismus war so etwas wie eine auf jenes Jahrzehnt reagierende Freud'sche Therapie. In Trillings Augen war Stalinismus keineswegs ein ausschließlich oder auch nur größtenteils ausländischer Feind, sondern wurzelte in der Form von Liberalismus, die das 19. Jahrhundert Trillings Generation hinterlassen hatte und gegen die jetzt angegangen werden musste. Nach Ansicht dieses Kalte-Krieg-Liberalen fand der tiefreichendste Kampf im Inneren statt.

Für Trilling war das Jahrzehnt nach 1933 eine ideologische Übergangszeit. Seine Lebensgefährtin Diana und er legten ihr Sympathisantentum ab und gaben ihre abweichende Meinung erstmals 1934 öffentlich zu erkennen, als sie ein Protestschreiben unterzeichneten, das von ihrem politischen Mentor Sydney Hook, James Rorty (dem Vater des Philosophen Richard Rorty) und anderen nach einem Tumult im Madison Square Garden im Februar 1934 organisiert worden war, bei dem Stalinist:innen mit Stühlen nach Nichtstalinist:innen warfen, die dorthin gekommen waren, um gegen den Zusammenbruch der österreichischen Demokratie zu protestieren.[9] Diese lokale Erfahrung stalinistischer Verlogenheit und

Gewalt war mit Sicherheit genauso wichtig wie Ereignisse in weiter Ferne, wenn nicht wichtiger.

Als sie zu unterschiedlichen Zeitpunkten den Kommunismus aufgaben, waren die Trillings und andere New Yorker Intellektuelle in Downtown Manhattan im Umfeld der linksgerichteten Zeitschrift *Partisan Review* noch keine Liberalen, auch wenn sie schon dabei waren, das auszubrüten, was im Kalten Krieg zum Antikommunismus werden sollte. Bedingt durch den eher progressistischen Optimismus von Franklin Roosevelts Präsidentschaft, waren sie verständlicherweise mit den Grenzen einer Marktgesellschaft beschäftigt, die durch die Weltwirtschaftskrise (die Trillings Vater in den Ruin trieb) sichtliche Schäden davongetragen hatte. Es war keine ausgemachte Sache, dass die liberale Demokratie dem Ansturm der Wirtschaftskrise oder dem sich daran anschließenden Aufstieg des Faschismus standhalten würde.

Gleichzeitig hatte Trilling schon früh Bedenken gegen den übermäßig optimistischen Liberalismus, dessen Inbegriff der englische Friedensapostel Lowes Dickinson war. Dieser missverstehe nicht nur die Hindernisse, die einem Wandel entgegenständen, sondern auch, wie leicht der unschuldige Glaube an das Gute im Menschen der kommunistischen Verirrung Vorschub leiste. In einer Besprechung von E. M. Forsters Biografie seines Freundes Dickinson, die bezeichnenderweise den Titel »Politics and the Liberal« trug und 1934 in *The Nation* erschien, wies Trilling darauf hin, dass historische Liberale zwar über »Ideale« verfügt, sich aber keine Rechenschaft über deren Platz in einer Welt der »Leidenschaften« und »Interessen« abgelegt hätten, weshalb sie immer wieder über Schlechtigkeit, Scheitern und Tragik erschrocken gewesen seien.[10]

Der Fall Dickinson zeige beispielhaft, dass der Ruf, sich im Namen der Menschheit über die Politik zu erheben, diejenigen, die diesen Rat zu befolgen versuchten, in »Werkzeuge der Interessen, die sie aufrichtig hassten«, verwandelte. Deshalb, schrieb Trilling, »war die Kultur, für die Matthew Arnold ein gutes Beispiel ist, letztendlich Dickinsons intellektueller Untergang«. Natürlich sei Dickinson kein Kommunist gewesen, aber der Verrat an den Idealen und die Instrumentalisierung derjenigen, die ihnen anhingen, deute auf nichts weniger als auf die Notwendigkeit einer Erneuerung des Liberalismus hin.[11] Was Trilling endgültig zur trotzigen Einnahme eines antikommunistischen Standpunktes trieb, waren Ästhetik und Didaktik der Volksfront, die er als kulturelle Infantilisierung und geistige Einfältigkeit erlebte, auch wenn er Verständnis für ihre Politik aufbrachte.

Obwohl Trilling schon 1934 die Grenzen des Liberalismus des 19. Jahrhunderts spürte, für den Arnold ein Sinnbild war, schloss er seine Dissertation über ihn ab. Anders als die anderen Vertreter:innen des Kalte-Krieg-Liberalismus, die häufig von der atlantischen Freiheit insbesondere englischer Prägung schwärmten, aber das kontinentale Geistesleben in den Mittelpunkt ihrer beruflichen Belange rückten, widmete Trilling seine Zeit von Anfang an der englischsprachigen Literatur.

Wie Himmelfarb zehn Jahre später begann Trilling mit einem viktorianischen Konter gegen Radikalismus. Seine Anglophilie hatte allerdings natürlichere Ursachen: Obwohl seine Abstammungslinie sich auf beiden Seiten bis ins polnische Białystok zurückverfolgen ließ, waren sowohl seine Großmutter als auch seine Mutter in England geboren und aufgewachsen und liebten es abgöttisch. Es war kein Zufall, dass die Themenwahl seiner Dissertation mitten in seinem Flirt mit dem Kommunismus und deren Abschluss, als er sich bereits von diesem löste, als eine erste Form von Therapie in viktorianischem Mandarinismus und Moralismus bestand.

Auch wenn Trilling nicht klar war, wie der Liberalismus gerettet werden konnte, war Arnolds Plädoyer für Hochkultur in *Culture and Anarchy* und anderen Schriften zumindest ein Ansatzpunkt.

Als die Dissertation fertig und die Buchfassung 1939 erschienen war, wusste Trilling bereits, dass er sich im Hinblick auf Arnolds kulturellen Mandarinismus in Nostalgie erging, da dieser zwar das Beste, was je gedacht und gesagt wurde, weidlich rühmte, selbst aber kaum ein glaubwürdiges politisches Eintreten für kulturellen Elitismus an den Tag legte. Immerhin konnte Trilling der Rechten – also Gestalten wie Harvards »Neuhumanisten« Irving Babbitt – den Arnoldismus streitig machen und sich an Arnolds Zurückweisung der Französischen Revolution halten, die nicht ganz so unversöhnlich war wie die von Acton. Und als Projekt eines kulturellen Elitismus, welcher der Mittelklasse zugutekommen und für die unteren Schichten relevant sein sollte, leistete Arnolds Liberalismus einen unverzichtbaren Beitrag zur Bewahrung der Tradition vor ihrer eigenen Naivität.

Arnolds Dichtung sei eine Synthese aus Rationalismus und Romantik, insofern sie es im Schatten des Verlusts des christlichen Glaubens im 19. Jahrhundert auf einen kulturellen Ersatz für die Religion anlege.[12] Seine Prosa forme einen Liberalismus, in dem sich der Optimismus seines bedeutenden viktorianischen Vaters fortsetze, der für die Bewahrung des Liberalismus vor seiner Korrumpierung durch den Kapitalismus gekämpft und staatliche Erziehung geschätzt habe, weil die Menschen durch sie ihre engstirnigen Eigeninteressen überwanden. Nach Ansicht von Trilling verdiente solch ein Anreiz es zumindest bis zu einem gewissen Punkt, wieder aufgegriffen zu werden.[13] Die Mittelklasse habe gewonnen und jetzt würde alles auf den Erhalt ihrer »Einsichten« ankommen.[14]

Die staatliche Kultur und ihre Lehrer:innen stellten allen Klassen eine erhebende Zukunft in Aussicht, weil sie eher große als philisterhafte Werke und Werte vermittelten. Für Trilling, der 1939 bereits sein langes Dienstverhältnis als Lehrkraft für das Core Curriculum an der Columbia University begonnen hatte, war es wesentlich, die von den oberen Schichten erschaffene Hochkultur in die Mittelklasse und darüber hinaus zu tragen. Er war erstaunlich offen, was die Notwendigkeit anbelangte, dass kulturelle Eliten die Demokratisierung möglicherweise dauerhaft vorwegnehmen und lenken. Die Französische Revolution gebe eine ständige Mahnung vor der Alternative von Demagogie und Populismus ab und in Reaktion darauf würde es auf dem Gebiet des Geistes stets Eliten geben, deren Verteidigung sich lohne. »Demokratie«, erklärte Trilling, »setzt die Befähigung aller Menschen zu einem verstandesgeleiteten Leben voraus.« Doch »mit Arnold müssen wir zweifellos die Anzahl derjenigen hinterfragen, die das Geistesleben zu fördern vermögen, und sei es nur in nachgeordneter Funktion als Schüler:innen der Geistesgrößen«.[15]

Im Vorwort räumte Trilling ein, dass der »Glaube« aus einer »bestimmten Art von Liberalismus« »verschwunden« sei. Damit war Arnolds Liberalismus gemeint, in Bezug auf den Dickinson »Arnolds Nachfahr im Geiste« gewesen sei. Außerdem habe Arnold übersehen, dass der moderne Avantgardismus pervertiert werden und nicht nur die Gerechtigkeit oder Ordnung, sondern die Kultur selbst schädigen könne. Möglicherweise stelle aber auch Arnold selbst weitere Mittel zur Selbstkorrektur bereit, da »der Liberalismus nicht scheitert, weil er Arnolds Idealismus beherzigt; vielmehr scheitert er, weil er Arnolds Realismus *nicht* beherzigt«.[16] Arnold habe keineswegs eine Wehklage über die im Gedächtnis bewahrte Güte und Helligkeit angestimmt, er sei ein »Meister des Realismus« gewesen. Er habe der Perfektion abgeschworen, die Notwendigkeit kulturellen und politischen Wandels anerkannt und Vergangenheit und Zukunft vereinigt, ohne die eine um ihrer selbst willen zu bewahren oder die andere durch Angst und Schrecken zu beschleunigen. Doch gehöre Arnold trotzdem »nicht zu den größten« Meistern des Realismus.[17]

Nach der Erfahrung des New Deal bestand Trilling in seinem Buch zudem darauf, dass Arnold zeige, wie man auf John Stuart Mills Ziele hinwirken könne, ohne den Preis für Mills exzessiven Libertarismus zu zahlen. Er habe dem Staat gestattet, viel für die Förderung liberaler Ergebnisse zu tun, und sei sogar der Ansicht gewesen, dass die Art von Freiheit, deren Besitz sich lohnen würde, nur durch staatliches Eingreifen möglich wäre.[18] Die Frage, welche Auswirkungen Arnolds Apologie aktivistischer Kulturpolitik auf ökonomische Gerechtigkeit habe, verbrämte Trilling. »Soweit ich mich erinnere, hat er die Einmischung des Staats in den Gewerbetrieb nicht erwähnt«, bekannte er 1937 in einem Brief an Edmund Wilson (sein einstiger Nachbar in Greenwich Village, Wilson, schrieb eine begeisterte Besprechung von Trillings Buch in *The New Republic*), »doch ich denke, dass er auf diesen Gedanken hinarbeitete«.[19]

Merkwürdigerweise hat Judith Shklar Trilling während ihrer gesamten Laufbahn nicht einmal zitiert. Doch als sie 20 Jahre später *After Utopia* schrieb, war sie von Arnold sehr viel weniger beeindruckt, den sie aufgrund seiner Hoffnung als »abgeschmackt« abtat, dass Personen, denen die überwiegend philisterhafte Mittelschicht »fremd« geworden sei, zu Lasten von Anarchie und Hedonismus die Kultur voranbringen würden. Aus dieser Perspektive war Arnold lediglich eine »dümmliche« Version von Jacob Burckhardt und Friedrich Nietzsche, die den zunehmenden und unabänderlichen

Rückzug der Intellektuellen aus der Gesellschaft noch verschlimmere.[20] Von seiner viel warmherzigeren Einschätzung des kulturellen Elitismus rückte Trilling zwar nicht ab, aber er gab von Anfang an zu, dass der Arnoldismus einen neuen Rahmen benötigte.

In einem wichtigen Brief, den er im Sommer 1936 nur Wochen nach dem Beginn der Prozesse im Zuge der Großen Säuberung an einen Freund schrieb, um zu erklären, warum er seinen politischen Glauben verloren hatte, bezog Trilling dazu Stellung, dass es nötig sei, nicht nur seine Gedankenwelt, sondern seinen »ganzen Charakter« einer »vollständigen Überprüfung« zu unterziehen. Wenn »jede Revolution sich unweigerlich selbst betrüge«, läge das daran, »dass jede gute Sache und jeder gute Mensch den Keim zum Verfall bereits in sich trägt«.[21] Freud sollte von ihm für den größten »Meister des Realismus« gehalten werden, nicht zuletzt, weil er auf angeborene Aggressionen und einen Todestrieb achtete, der das Leben fortwährend heimsuchte und für Trillings Selbstüberprüfung hilfreich war.

In dem Buch, das auf seine Dissertation folgte und das er während des Zweiten Weltkriegs schrieb, kam Trilling auf E. M. Forster zurück. Forster sei nicht so naiv wie Arnold und Dickinson gewesen, schrieb Trilling, das Grundproblem, dass Liberale ständig über ihre Grenzen und Gegner erschräken, weil sie nicht mit ihnen rechneten und sie so manchmal noch stärker machten, löse er allerdings nicht. Was wäre für die Schaffung eines reformierten Liberalismus erforderlich, fragte Trilling sich, der sich nicht länger von Schlechtigkeit überraschen ließe, sich bewusst sei, dass Menschen nicht perfekt sind und Utopismus die Dinge verschlimmere, nicht zuletzt, weil er gute Absichten und hehre Ideale für schlechte Zwecke und gewaltsame Lösungen einsetze. »Trotz seines langjährigen Bekenntnisses zu den Lehren des Liberalismus«, schrieb Trilling, »steht Forster mit der liberalen Einbildungskraft auf dem Kriegsfuß. Wenn der Liberalismus eine hoffnungslose Schwäche hat, dann handelt es sich mit Sicherheit um unzulängliche Einbildungskraft: Der Liberalismus lässt sich immer wieder überraschen. Die liberale Arbeit muss stets von neuem in Angriff genommen werden, weil unmittelbar auf Überraschung Desillusionierung folgt und bei liberaler Ermattung immer reaktionäre Kräfte bereitstehen – die niemals hoffen, verzweifeln oder mit offenem Mund dastehen.«[22]

Ohne eine neue Waffe, die Trilling als »eine Art von Mithridat gegen Überraschung« titulierte, würde Forsters Feldzug für eine neue liberale Einbildungskraft scheitern.[23] Trillings Prägung des Wortes »Mithridat« für eine Art von homöopathischem Heilmittel bezog sich auf einen antiken König, der kleine Dosen Gift zu sich nahm, um dagegen immun zu werden. Er verwendete dasselbe Wort für den Gesamtzweck der Psychoanalyse, wie Trilling sie im Zuge seines damaligen Bemühens um Vergangenheitsbewältigung und Immunisierung gegenüber der Zukunft neu deutete und überdachte. »Freud hat sich nie direkt mit Politik befasst«, sollte Trilling es ausdrücken, aber die »Psychologie, die er erfand, hatte soziale und letzten Endes politische Implikationen von großer Tragweite«.[24] Und genau dies sei es, was der Liberalismus benötige.

Freuds Popularität war nicht durch Trilling bedingt; er konnte sie voraussetzen. In seiner Empörung über Reuben Osborns vulgärmarxistische Abhandlung *Freud and Marx. A Dialectical Study* (1937), in der die Psychoanalyse als Anhängsel des Stalinismus hingestellt wurde, reihte Trilling sich unter die Vielen ein, die in den folgenden Jahrzehnten den Freudianismus als etwas auffassten, das dem Sozialismus den

Todesstoß versetzte.[25] Hilfreich dabei war, dass Freud selbst »seit Kindertagen«, wie Trilling höchstpersönlich vermerkte, anglophil gewesen sei.[26] Trillings erste öffentliche Stellungnahme zur Wichtigkeit von Freuds Werk – da sein Verriss von *Das Unbehagen in der Kultur* nie erschienen war – erfolgte im Rahmen der Gedenkfeierlichkeiten anlässlich von Freuds Tod 1939. Als er von der *Kenyon Review* um Überlegungen zur Bedeutung der Psychoanalyse für die Literatur gebeten wurde, machte Trilling geltend, dass Freud einen parallelen Weg zu liberaler Komplexität eröffnet habe, der es mit dem kreativen Künstlertum aufnehmen könne, das lange Zeit die beste Leitlinie für diejenigen gewesen sei, die sich vor Idealismus und Simplifizierungen in Acht nahmen.

Obwohl er »mit Bewunderung und sogar mit einer Art Ehrfurcht« von Kunst rede, schrieb Trilling, sei Freud nicht wegen seiner literarischen Deutungen von Belang. Dafür neige Freud zu sehr dazu, sie auf eine »›Illusion, die im Widerspruch zur Realität‹« stehe, zu reduzieren.[27] Vielmehr befände der Realismus der Psychoanalyse sich im Einklang mit den Wahrheiten der Literatur, welche eine Neubegründung des Liberalismus jenseits von Optimismus und Überraschung erlauben würden. Außerdem gehe Freuds späte, unter Psychoanalytiker:innen so umstrittene Theoriebildung über die einfältige Vorstellung hinaus, dass Realismus eine Steuerung von Lust verlange, damit das Streben danach weder die Kultur untergrabe noch so aufmerksam überwacht werde müsse, dass es zu Neurosen führe. Die Anerkennung menschlicher Aggressionen, die Trilling als »Schlußstein von Freuds umfassender Spekulation über das menschliche Leben« bezeichnete, bilde aufgrund ihrer »mithridatische[n] Funktion, in deren Sinne die Tragödie als homöopathische Verabreichung von Schmerz benutzt wird, um uns an den größeren Schmerz zu gewöhnen, den das Leben uns auferlegen wird«, den Rahmen von Kultur (und Kunst als Teil davon).[28]

Freud sei also bei weitem kein Befreier in Sachen Liebe und Sex, sondern ein strenger Moralist, für den Aggression und Tod unweigerlich einen Schatten auf die Liebe und das Leben warfen und der Reformen strikte Grenzen auferlegte. Über Freuds Grundannahmen, beschloss Trilling seinen Aufsatz, »läßt sich sagen, daß [sie] dem Künstler mehr verheißen als andere. Wenn wir beispielsweise an den schlichten menschenfreundlichen Optimismus denken, der zwei Jahrzehnte so vorherrschend war, müssen wir gewahr werden, daß er nicht nur politisch und philosophisch unzulänglich gewesen ist, sondern auch, in der Beschränktheit seiner Auffassung von der Vielgestaltigkeit menschlicher Möglichkeiten, eine Art Stillstand der kreativen Fähigkeiten implizierte. In Freuds Sicht des Lebens ist eine solche Begrenzung nicht vorausgesetzt. [...] Und weil er [der Mensch] nicht einfach ist, ist er auch nicht einfach gut; er hat, wie Freud an einer Stelle sagt, eine Art Hölle in sich, aus der fortwährend die impulsartigen Antriebe hervorbrechen, die seine Zivilisation bedrohen.«[29]

Wenn Liebe und Hass sich in einer ständigen Pattsituation befänden, würde ein liberaler Idealismus, der kein Gespür für seine eigenen Grenzen entwickele, die von der Literatur verzeichnete Komplexität und Vielfalt ausblenden und darüber hinaus auch die Zivilisation selbst gefährden, weil er ihren Feinden in die Hände spiele. Freud habe sich lediglich im Hinblick auf seine Falschbehandlung der Literatur geirrt, was – wie Trilling bekräftigte – dazu beitragen könne, dass die Psychoanalyse einem neuen Liberalismus dienlich sei: »die Illusionen der Kunst sind dazu ausersehen, dem Ziel einer engeren und wahreren Beziehung zur Realität zu dienen«.[30]

Für die Reformierung des Liberalismus brachte Trilling Freud nicht erst vor dem Kalten Krieg, sondern bereits vor dem Zweiten Weltkrieg in Stellung. In den folgenden zehn Jahren und in dem Buch *The Liberal Imagination* (in dem auch der Freud-Aufsatz wieder abgedruckt wurde) kam er immer wieder auf Freud zurück. Deshalb war es für ihn besonders haarsträubend, wenn irgendjemand versuchte, unter psychoanalytischen Rahmenbedingungen neue politische Hoffnung zu säen, als habe Freuds Blickwinkel diese nicht endgültig zerstört. 1942 tat Trilling Karen Horneys Verbesserungsvorschläge für die Psychoanalyse als »symptomatisch« für »eine der größten Unzulänglichkeiten des liberalen Denkens« ab: für »das Bedürfnis nach Optimismus«. Das Schönreden des menschlichen Sündenpfuhls und der Anspruch, dass Einzelpersonen sich vor Pathologien schützen könnten, untergrüben den springenden Punkt der Psychoanalyse weit über das Behandlungszimmer hinaus. »Ihre Verleugnung oder Abmilderung der meisten Freud'schen Begriffe«, klagte Trilling, »reagiert auf die Wünsche einer intellektuellen Klasse, die Freuds Ideen stets triftig, aber zu streng und zu düster gefunden hat.« Dem Begründer der Psychoanalyse schrieb er das Verdienst zu, »es gewagt zu haben, dem Menschen die fürchterliche Wahrheit seiner eigenen Natur vor Augen zu führen«, und seine Anhängerin tadelte er wegen ihrer Zweifel.

Der Freudianismus habe Auswirkungen auf die Theorie der Freiheit. Wie sich herausstelle, sei die Kontrolle beschränkt, die Menschen über ihre Leidenschaften gewinnen könnten, und deshalb habe auch die Freiheit Grenzen, die ihnen bei ihrer Selbsterschaffung zukomme. Sie müssten den Grad von Autonomie nutzen, den sie durch die erbarmungslose Bekämpfung ihrer eigenen Vorlieben im Dienste der Selbstkontrolle zu erlangen vermöchten. »Der freudianische Mensch mag nicht so frei sein, wie wir es gerne hätten«, mutmaßte Trilling, »aber zumindest hat er ein Innenleben.«[31] Etwas mehr ins Positive gewendet, hielt Trilling Freud die Umreißung einer verantwortungsvollen Freiheit zugute, die erlangt, wer sich der Notwendigkeit beugt und sich selbst steuert. Eine schöne Formulierung dafür hat Trilling in seiner Besprechung von Freuds letztem Buch auf der Titelseite der *New York Times Book Review* 1949 gefunden: »Wie jeder Tragödiendichter und jeder wahre Moralist hielt Freud es für eine seiner Aufgaben, die Grenzen der Notwendigkeit zu bestimmen, um das Reich der Freiheit zu errichten.«[32] Der Kalte-Krieg-Liberalismus mag zwar Nichteinmischung von außen fordern, setzt aber voraus, dass man sich ins eigene Ich einmischt.

Natürlich war Trillings Inanspruchnahme Freuds für seine eigene, enorm einflussreiche Perspektive nicht völlig ungerechtfertigt. In *Das Unbehagen in der Kultur* hatte Freud sich über den Kommunismus mokiert, weil er auf einer »haltlose[n] Illusion« beruhe. »Aggressionslust […] ist nicht durch das Eigentum geschaffen worden«, stellte er spöttisch fest. Selbst jenseits des Kommunismus seien »Höhen ungeahnter Vollkommenheit« in der Politik eine Verlockung, im Gegensatz zu der die Psychoanalyse – wie bei religiösen Fantasiegebilden – »keinen Trost zu bringen weiß«.[33] Zweifellos ließ Freuds Text Trillings Forderung zu, unausgegorene Wunscherfüllung durch reifen Realismus zu ersetzen.[34]

Doch wie Freud selbst eingesehen hat, ist selbst das Herrschen von Aggressionen keine Entschuldigung für das Absehen von der Möglichkeit, durch bessere soziale Regelungen mehr Freiheit und Gerechtigkeit zu erreichen, und auch nicht für die Weigerung, in hochgesinnten Fantasien zu schwelgen, als ob hinter diesen stets niedrig gesinnter Hass lauere und als ob es eine so ernsthafte Gefahr sei, sie sich zu eigen zu machen, dass das maßgebliche liberale Prinzip darin bestehen müsse, sich vor ihnen in Acht zu nehmen. »Moralische Leidenschaften«, belehrte uns Trilling, sind sogar noch eigenwilliger, unduldsamer und herrischer als eigennützige Leidenschaften. [...] Wir müssen uns der Gefahren bewusst sein, die in unseren edelmütigsten Wünschen lauern.«[35] Und da niemand Komplexität aus dem Weg gehen sollte, bemühten andere Anhänger:innen Freuds sich darum, die Psychoanalyse von dieser Entschuldigung freizuhalten, während Trilling sie sich zu eigen machte. Er forderte solch eine außerordentliche Selbstimmunisierung gegen Hoffnung, dass Anti-Utopismus zu einer eigenen Form von Tragödie werden konnte. Das Akzeptieren der »Realität« wurde selbst zu einer Wahnvorstellung.

Im Geiste der Psychoanalyse ließe sich sogar darüber spekulieren, ob Trillings eigener Weg zu einem abgeklärten Kalte-Krieg-Liberalismus, der auf Einschränkungen und Grenzen pochte und wie besessen von der Pervertierung guter Ideale in schlechte Ergebnisse war, nicht eher die Narben von Trillings eigenem ideologischen Trauma widerspiegelte als Erkenntnisse über die unvergängliche menschliche Natur. Er war ein Idealist, der so entsetzt über seine Erfahrungen in den 1930er Jahren gewesen ist, dass er aus ihnen – wie so viele andere, die im Kalten Krieg zu »Überlebenskünstler:innen« wurden – eine rationale Erklärung für eine neue Form von Liberalismus machte. Trillings »Mithridat« war ein Liberalismus, der nur wenig Hoffnung machte, den ideologische Leidenschaft verstörte, Risiken ängstigten, der in einem Arnold'schen Rahmen auf Stabilität eingeschworen war und den Eliten riet, Idealist:innen darüber zu belehren, dass die westliche Zivilisation in erster Linie durch ihren eigenen falschen Optimismus bedroht werde. Doch noch in seiner Kritik an seinem vormaligen Idealismus trauerte Trilling um dessen

Verlust. Er mochte nicht ganz von dem Liberalismus lassen, den »reifer« und »realistischer« zu machen (um zwei seiner Lieblingswörter zu verwenden) er sich bemühte.

Gute Belege dafür finden sich in Trillings während des Krieges erschienenem Essay über die Tacitus-Ausgabe seines Kollegen, des Altphilologen Moses Hadas, für die Modern Library.[36] Dieser Essay ist für Historiker:innen des politischen Denkens interessant, die wissen, wie prägend in der frühen Neuzeit die Tacitus-Lektüre für die neostoische Theoriebildung im Hinblick auf den absolutistischen Staat und dessen sich selbst kontrollierende Untertanen gewesen ist, in deren Rahmen die Steuerung der Leidenschaften als neue politische Technologie fungierte, die Stabilität prinzipiell höher einstufte als Gerechtigkeit.[37]

Tacitus, stellt Trilling in dem Essay fest, war vor allem Psychologe. Ohne von den Leser:innen seiner Chronik der politischen Machenschaften im postaugustinischen Rom gleich jämmerliche Mutlosigkeit verlangen zu müssen, weigerte der Historiker sich, über Tod und Schmerz hinwegzusehen. Er riet zu einer Emotionskontrolle, die über die Torheit des Römischen Reichs, die er untersuchte, hinauswuchs. In einem Text für die *Hudson Review* kam der Literaturwissenschaftler R. W. B. Lewis bezeichnenderweise zu dem Schluss, Trillings Buch *The Liberal Imagination* empfehle »einen neuen Stoizismus«.[38] Zu dieser Suche nach psychischer Immunität gegen Gräuel und Ungewissheit passte Freud perfekt. »Der mitunter als Pflicht bezeichnete Mut, nicht enden wollende und unlösbare Gegensätze zu ertragen, wird tendenziell zur Haupttugend«, schrieb Lewis über diesen abgeklärten Standpunkt. »Doch gleichzeitig muss man meines Erachtens fairerweise sagen, dass der zeitgenössische Stoizismus in seinen unterschiedlichen Formen kein Programm für kreatives Handeln, sondern ein Verfahren zur besseren Abwehr ist. Es handelt sich um ein Selbsterhaltungskonzept.«[39]

Doch der Reformliberale Trilling beharrte in seinem Essay außerdem darauf, dass Tacitus sich bewusst als jemand verstanden habe, der *danach* komme, nach einem Idealismus, den er nur aufrechterhalten könne, wenn er dessen Unerreichbarkeit für besonnene und »reife« Beobachter:innen zum Ausdruck bringe. »Die Republik war vor der Geburt seines Großvaters untergegangen«, schrieb Trilling, und »in einem Danach, das kein Ende hatte«, »blickte [er] wie durch einen idealisierenden Nebel auf sie zurück«.[40] Das Nachdenken ging weiter, weil der Augenblick, in dem Ideale sich im Handeln und in der Geschichte verwirklichen ließen, verpasst worden war.

Arnold hatte sich am Anfang von *Culture and Anarchy* als »einen durch Erfahrung, Überlegung und Verzicht geläuterten Liberalen« bezeichnet.[41] Trilling stellte den Kalte-Krieg-Liberalismus als auf ähnliche Weise geläutert dar, er sei sich aber über den Preis dieses Verzichts im Klaren. Aus derselben Perspektive bekundete Trilling in seiner berühmten Deutung von William Wordsworths »Unsterblichkeitsode« die Ambivalenz seiner eigenen politischen Entscheidungen auf dem Weg zum Kalte-Krieg-Liberalismus, insofern er den Idealismus nur dadurch aufrechterhalte, dass er sich in dem »unausweichliche[n] Gram angesichts der Aufgabe einer alten Sehgewohnheit zugunsten einer neuen« davon abgrenze.[42] Doch sein Roman *The Middle of the Journey* von 1947 wirft das deutlichste Licht auf Trillings ambivalente Lossagung von den Hoffnungen seiner Jugend.

Nach konventioneller Lesart ist der Roman eine *Apologia pro vita sua*. Tatsächlich legt er aber nahe, dass Trilling nicht an eine einfache Überwindung liberaler Radikalität glaubte. Der Kalte-Krieg-Liberalismus, zu dem er gelangte, blieb komplex, hatte sogar etwas von Selbsthass.

Der in den 1930er Jahren spielende Roman verfolgt drei nach Fortschritt strebende Lebenswege. Trillings reformistischem Pfad setzt er eine idealistische Zähigkeit entgegen, die sich den Lehren verweigert, welche das Liebäugeln mit dem Kommunismus über falsche liberale Erwartungen erteilt. Außerdem dramatisiert er eine konservative Wende, mit der Trilling respektvoller umgeht, insofern er die reizvollen Kontinuitäten festhält, die Konversionen von links nach rechts eher erlauben als emotionale Selbstkontrolle durch Rückzug. Der sich von einem Extrem zum anderen bewegende Konvertit war bekanntlich dem wahren Leben des Kalten Kriegers Whittaker Chambers nachgebildet, den Trilling aus dem College kannte. Fast genauso bekannt ist, dass die Vorbilder des Romans für verstockte Linksliberale nicht auf Alger und Priscilla Hiss beruhten, von denen Trilling nichts wusste, bis Chambers sie 1948 der Spionage bezichtigte, was eine der polarisierendsten und spektakulärsten Kontroversen des Kalten Krieges nach sich zog.

Der Roman ist ein durch und durch Freudianisches Unterfangen.[43] Er wurde zwischen 1946 und 1947 verfasst und, wie Trilling sich später erinnerte, war er anfänglich eine Novelle »über den Tod – darüber, was aus der Art und Weise, wie das aufgeklärte Bewusstsein der Neuzeit sich den Tod vorstellt, geworden ist«.[44] Er beginnt damit, dass der in politischer Hinsicht moderate Protagonist John Laskell zur Erholung zu progressiven Freunden nach Connecticut reist, nachdem er gegen Scharlach gekämpft hat und beinahe gestorben wäre, was seine Freunde einfach nicht akzeptieren können. Ganz eindeutig erkundet Trilling hier einen Todestrieb, der die

Menschheit dazu bringt, sich den Tod zu wünschen und auf ihn hinzuarbeiten. Laskell fasziniert und beunruhigt seine Erinnerung, dass er nie in seinem Leben glücklicher gewesen ist als an der Schwelle zum Tode, kurz vor dem Zerfall des Ichs, der sich paradoxerweise mit der archaischen Freude »ungeborener Kinder« vergleichen ließe.[45] Es fällt schwer, dies nicht als Romanfassung von Trillings zweitliebstem Buch von Freud, *Jenseits des Lustprinzips,* zu lesen, in dem Freud die Theorie aufstellt, beim Todestrieb handele es sich um eine *Rückkehr* durch einen Zerfall des Lebens. Aufgrund dieses Triebes sah Freud sich gezwungen, »auf den Glauben zu verzichten, daß im Menschen selbst ein Trieb zur Vervollkommnung wohnt«, weil der »Weg nach rückwärts, zur vollen Befriedigung« nicht bloß in den Mutterleib, sondern zu dem, was Laskell »Nicht Geboren-Sein« nennt, so verlockend ist.[46]

Naive Progressivisten stehen dagegen für das Leben im unverfälschten, reinen Sinne – nicht in einem Danach, das kein Ende hat, sondern als Auftakt einer unbegrenzten Zukunft blicken sie stets nach vorn. Als Laskell eintrifft, können seine progressiven Betreuer es nicht einmal über sich bringen, das unvorstellbar grauenvolle Wort »Tod« in den Mund zu nehmen. »Es konnte keine besseren Repräsentant:innen des Lebens geben« als diese Liberalen, sagt der Erzähler, und so werden sie dann auch als nicht ganz zurechnungsfähig dargestellt – weil sie die Grenzen verleugnen, zu denen Antagonismen und Sterblichkeit nötigen. Ihre »leidenschaftliche Erwartung der Zukunft« im Namen aller, »die auf der ganzen Welt leiden oder bald leiden werden«, zeuge von moralischem Unverstand.[47] Die Reformierung des Liberalismus wird wiederholt mit dem Akzeptieren der Realität des Todes verglichen, zum Beispiel wenn Laskell sich bemüht, seinen Betreuern zu erklären, was es für ihren konservativen Freund heiße, den Utopismus aufzugeben: »Denn Menschen sterben tatsächlich.«[48] Natürlich geht es in dem Roman auch darum, wie man es vermeidet, zum »schwärzesten Reaktionär« zu werden, wie Chambers – aber selbst dies wird so dargestellt, dass es Tod und Erfahrung offener gegenüberstehe als ein nichtreformierter Liberalismus.[49] »Ein verheißungsvolles Leben kann nur führen«, lernt Laskell, »wer selbst ein Kind bleibt.«[50]

Für die konventionelle Lesart spricht viel. Doch in dem Roman geht es auch um andere Dinge. Sosehr er darauf pocht, dass Liberale sich Reife und Klugheit zu eigen machen, legt *The Middle of the Journey* an keiner Stelle die Möglichkeit ad acta, dass das Kind Vater der Menschheit sein könnte. Das liegt nicht bloß daran, dass Laskells Selbstreformierung alles andere als erfolgreich ist, obwohl er seinen Optimismus, anderen als Experte für öffentlichen Wohnungsbau helfen zu können, an die Lehren anpasst, die er aus seinem Nachdenken über den Tod zieht. Sie ist lediglich besser als die Alternativen eines Fortschrittsoptimismus und eines christlichen Pessimismus, da weder kindliche Arglosigkeit im Hinblick auf die Lage des Menschen noch das erwachsene Akzeptieren des Todes plausibel erscheinen.[51] Es liegt auch nicht nur daran, dass der Roman Trillings Ablehnung seiner eigenen Entscheidung, Literaturwissenschaftler und -kritiker zu werden, so schonungslos festhält, wenn er das Bild eines Protagonisten zeichnet, der den Wunsch seiner Jugend nach literarischen Erfolgen für die Rolle eines Technokraten aufgegeben hat, der keinerlei »Größe« besitzen, sondern nur »von Nutzen« sein kann. »Wenn ich schreibe, kritisiere ich lediglich anderer Leute Arbeit«, sagt Laskell an einer Stelle. »Kritiker machen den Menschen das Leben zur Hölle«, antwortet ein Kind.[52]

Vielmehr geht der Roman noch sehr viel weiter, insofern er Laskells moderate politische Haltung in Frage stellt, weil sie in der *Trauer* um den Tod des Idealismus kulminiert, was etwas ganz anderes ist, als ihn als einen bloßen Fehler aufzugeben. Wie sich herausstellt, hat das Kind ein Herzleiden, von dem es nichts weiß. Auf dem Höhepunkt von *The Middle of the Journey* hilft Laskell, der unabsichtlich dafür gesorgt hat, dass das Kind William Blakes Erlösung versprechende Hymne »Jerusalem« nur in verstümmelter Form öffentlich rezitieren kann, diesem dabei, das Gedicht vollständig vorzutragen. Kurz darauf stirbt es. Laskells progressive Betreuer können nicht erkennen, dass der Tod des Kindes tragisch ist, weil sie den Tod – oder die Schuld derjenigen, die eine Mitschuld an ihm tragen – nicht zu akzeptieren vermögen, obwohl sie seine Zeugen sind. Der ehemalige, mittlerweile zum Christentum konvertierte Kommunist betrachtet die Hoffnung des Kindes als falsche Verlockung, weil alle Menschen vom Moment ihrer Geburt an Sünder:innen seien. Laskells Wahrhaftigkeit besteht dagegen darin, leidenschaftslos und unbeteiligt zu bleiben. Sie besteht aber auch darin, den Tod des Idealismus zu durchleben und unter Beachtung von dessen Grenzen seinen Verlust bis in alle Ewigkeit zu betrauern.

In ihren Erinnerungen an ihr gemeinsames Leben hat Diana Trilling berichtet, dass »die Freunde und Kollegen« ihres Mannes »keine Ahnung hatten, wie tief er genau die Charaktereigenschaften – seine Ruhe, seine moderate politische Haltung, seine Sanftmut und seine Vernünftigkeit – verachtete, für die er zeit seines Lebens am meisten bewundert worden war und für die er seit seinem Tod am meisten gelobt wurde«.[53] Man kann sich außerdem fragen, ob sie seinen Roman gelesen haben. Doch Trillings offizielles emotionales Selbststeuerungsprogramm für Liberale setzte sich ebenso durch wie sein politischer Kalte-Krieg-Standpunkt; beides passte in die Zeit.

Dass Trilling Freud in den Kanon aufnahm, bestätigte, ja festigte sogar das Bekenntnis zu einer politischen Theorie, das er mit anderen Wortführer:innen des Kalte-Krieg-Liberalismus teilte. Er nahm ihre Zweifel am aufklärerischen Rationalismus vorweg, der Trilling als Quelle einer »Ideologie« erschien, deren Eindämmung für den Kalte-Krieg-Liberalismus angezeigt sei. Anders als mehrere andere Vertreter:innen des Kalte-Krieg-Liberalismus weigerte Trilling sich aber, die Romantik für »unsere modernen Nöte verantwortlich« zu machen oder sie als bloßen Ausfluss von Religion zu betrachten.[54] Als Inbegriff dessen, was ein Mensch erreichen könne, bewahrte sein Ruf nach Selbstkontrolle paradoxerweise sogar ein winziges Fünkchen romantischer Selbstverwirklichung. Die liberale Verknüpfung von Selbstverwirklichung und persönlicher sowie gesellschaftlicher Emanzipation aus dem 19. Jahrhundert, welche die Vertreter:innen des Kalte-Krieg-Liberalismus aus ihrer Tradition tilgten, fiel dieser Selbstkontrolle dagegen zum Opfer. Und mit anderen Verfechter:innen dieser Denkrichtung stimmte Trilling darin überein, dass die stalinistische Apologetik historischer Gewalt den Historizismus vollständig wertlos gemacht habe.

Noch vor Berlin oder Popper bestand Trilling denn auch darauf, moralische Handlungsmacht vor historischen Ansprüchen zu bewahren. (Als jemand, der stets geneigt war, hinter ihrem Rücken schlecht über andere zu sprechen, putzte Berlin Trilling nach dessen Tod als »nicht besonders gescheit« herunter; er sei »weder ein großer Wissenschaftler noch ein großer Kritiker« gewesen.)[55] 1940 wies Trilling auf die »tragische Ironie« hin, dass »freier Wille« und »individuelle Werte« durch die aufklärerische Vorstellung von der allmählichen »Vervollkommnung des Menschen« erlöschen würden, welche aus der Vergangenheit und sogar aus der Gegenwart

»nichts weiter als bereitwillige Zuträgerinnen« einer strahlenden Zukunft mache.[56] Tacitus, meinte er, verfügte »nicht über eine tröstende Vorstellung von historischer Entwicklung«.[57] »Nach unserem heutigen Verständnis«, stellte Trilling in *The Liberal Imagination* fest, »sieht die Geschichte ihrem eigenen Erlöschen ins Auge – denn das ist eigentlich heutzutage mit ›Fortschritt‹ gemeint. [...] Wir sehnen uns danach, eine Lebensweise zu wählen, die uns ein für alle Mal, für alle Zeiten zufriedenstellt, und wir möchten nicht von der Vergangenheit an die nicht zu vernachlässigende Möglichkeit erinnert werden, dass unsere Gegenwart Irrtümer und Versäumnisse beibehalten hat und neue Probleme eröffnet.«[58] Parallel zur religiösen Neoorthodoxie eines Zeitalters, das angeborene Sündhaftigkeit wiederentdeckte, gab Freuds Todestrieb immerwährende Grenzen vor, die keine Reform überwinden konnte, was den gefährlichen Mythos vom säkularen Fortschritt zum Verschwinden brachte.[59]

Trillings eigene Einstellung zu Religion – sowohl gegenüber seinem jüdischen Hintergrund als auch gegenüber dem neoorthodoxen Christentum des Kalte-Krieg-Liberalismus – war freilich hochkomplex. Mit jüdischer Religion war er nur wenig vertraut. Nachdem er in jungen Jahren ins organisierte jüdische Geistesleben hineingezogen worden war – in den 1920er Jahren verfasste er Beiträge für ebendas *Menorah Journal,* für das später die frisch eingewanderte Hannah Arendt schreiben sollte –, rückte Trilling schnell wieder davon ab.[60] Dieser Lebensabschnitt sei eine Reaktion auf die »Scham« gewesen, die junge Juden damals empfanden, entsann er sich später, habe aber nichts gebracht.[61] Er nahm seine jüdische Herkunft nur als bedauerliche soziale Tatsache wahr, die andere ihm aufgebürdet hatten.

Obwohl die Columbia University ihn 1938 beinahe hinauswarf, weil er Jude (und Freudianer sowie Marxist) war, kappte er die Bande zu seiner jüdischen Identität, sobald er der erste festangestellte jüdische Professor am Institut für englische Literatur geworden war.[62] Während des Krieges fragte er sich, ob solch ein Standpunkt nicht »etwas Unanständiges« an sich habe – »und sei es nur, weil Millionen von Juden bloß aufgrund eines Erbes leiden, dem ich in meinem Geistesleben nur minimale Bedeutung zugestehe«.[63] Den Zionismus verwarf er als »irrwitzige Parodie des europäischen Nationalismus« und er kam erst später im Leben wieder auf das Thema zurück, als er nach den Kriegen 1967 und 1973 seine Unterschrift unter öffentliche Unterstützungsbriefe für Israel setzte.[64] Er war tief verletzt, als Robert Warshow ihn im *Commentary* – dem Trilling jede Unterstützung verweigert hatte, als seine früheren Kollegen vom *Menorah Journal* ihn 1945 gründeten – wegen des Versäumnisses zur Rede stellte, keine jüdische Figuren für seinen Roman verwendet zu haben.[65]

Gegenüber dem Christentum und dem im weiteren Sinne religiösen Geistesleben in den ersten Jahren des Kalten Krieges nahm Trilling eine sehr viel freundlichere Haltung ein. In seiner frühen Wertschätzung von T. S. Eliot wegen dessen neoorthodoxer Betonung der Sündhaftigkeit als dauerhafter Einschränkungsquelle spiegelte sich eine gemeinsame Frontlinie wider, die gegen Perfektionismus und Progressivismus kämpfende Liberale möglicherweise gemeinsam mit ihren historischen Feinden errichten müssten, um den Säkularismus vor dem Kommunismus in Sicherheit zu bringen.[66] Den konservativen christlichen Ex-Kommunisten in *The Middle of the Journey* stellte er als intellektuell unglaubwürdig, spirituell aber als anziehend und politisch als nützlich dar.[67] Trilling hatte sogar für diejenigen ein sehnsüchtiges Kopfnicken übrig, die es schafften, sich dem Kalte-Krieg-Liberalismus als

Gläubige anzuschließen, auch wenn ihm selbst das nicht gelang. »[Freuds] bewusste Feindseligkeit gegenüber Religion habe ich nicht in mir«, versicherte er Reinhold Niebuhrs Frau Ursula 1961 in einem Brief. Es sei schlicht und einfach so, dass er nicht genügend Glauben aufzubringen vermöchte. »Wenn immer ich es versuche«, teilte er ihr mit, »erreiche ich einen Punkt, an dem ich zurückschrecke.«[68]

Wie Michael Kimmage es taktvoll ausdrückt, »war Trillings Westen säkular, aber nicht unbedingt atheistisch«.[69] Diesbezüglich trat Trillings Humanismus auf mustergültige Weise für eine Überlegenheit der »westlichen Zivilisation« ein, die weit über die bloße Nichterwähnung der Dekolonisierung hinausging, welche man gerade erlebte. Wenn es eine Kultur gab, in der ein Unbehagen zu bewältigen war, dann war das die westliche Kultur. In allererster Linie stand Trilling für deren unbeirrbare Verteidigung, lange bevor sein Student und späterer Kollege Edward Said die Geisteswissenschaften zwang, endlich den Anschluss an eine postimperiale Welt zu finden.[70] Obwohl er als Pädagoge an der Columbia University untrennbar mit der Vermittlung bedeutender Bücher verbunden war, ging Trillings Engagement für die westliche Zivilisation darüber hinaus, da er deren universelle Bedeutung voraussetzte. »Ich mag den Westen *wirklich*«, gestand er 1960 einem Kollegen in Cambridge, »und wünschte, sein Niedergang möge aufhören.«[71]

Konservative Kalte Krieger bewunderten Trilling unter anderem, weil er diese Agenda mit ihnen teilte.[72] Seine Betrachtungen über Forsters *Auf der Suche nach Indien* klammerten das Empire aus und sein Essay über Rudyard Kipling in *The Liberal Imagination* legte nahe, dass Kiplings »gedankenloser Imperialismus« durch seine »Bewunderung für die ungebildeten und hilflosen Teile der Menschheit« aufgewogen oder sogar überwunden werden würde. Trilling erinnerte die Leser:innen daran, dass *Kim* bei allem gebotenen Respekt für jedwede subkontinentale Entrüstung über den Roman »Liebe und Respekt für die Aspekte des indischen Lebens [heraufbeschwor], die das Ethos des Westens normalerweise noch nicht einmal mit Nachsicht betrachtet«.[73]

Trilling kam während des gesamten Kalten Krieges fortwährend wieder auf Freud zurück und entwickelte die »Nützlichkeit«, die er der Psychoanalyse bescheinigte, weiter, während herausfordernde Ereignisse und der Generationswechsel an seinem eigenen Standpunkt rüttelten.[74] 1953 beschwerte er sich: »Freuds Lehre ist uns jetzt seit mehr als fünfzig Jahren zugänglich und enthält Elemente eines sehr komplexen Sittenkodex, dennoch aber weiß ich von keinem Versuch einer ernsthaften Auseinandersetzung mit ihren Implikationen oder gar nur von einem wirklichen Bewußtsein ihrer Existenz.«[75] Am direktesten wurde diese Forderung, Freud als Moralisten zu lesen, von Philip Rieff aufgegriffen (der zu diesem Zeitpunkt mit Susan Sontag verheiratet war), dessen Buch *Freud. The Mind of the Moralist* (1959) das Zeitalter prägte – mit Schützenhilfe von Trilling, da der Verleger die begeisterten Zeilen aus dessen Lesebericht als Leseempfehlung auf dem Buchdeckel abdruckte.[76] In den Augen von Rieff, der Trilling als gemeinsamen »Lehrer« bezeichnete, war Freud ein moralischer Erzieher, der das Zeitalter des »psychologischen Menschen« und einer tieftraurigen Glückseligkeit unter den Bedingungen von Hoffnungslosigkeit einläute.[77]

Es war frustrierend für Trilling, dass der Versuch, Marx mit Freud zu verbinden, sich zunehmender Beliebtheit erfreute. Der 1969 im Überblick des Ideenhistorikers Paul Robinson über solche Vorstöße als »Leichtgewicht« abgefertigte Trilling machte sich ausgiebige Notizen zu dessen Buch, wobei er sein Hauptaugenmerk auf die Kritik an *Das Unbehagen in der Kultur* richtete, die Herbert Marcuse und Wilhelm Reich vorgelegt hatten.[78] In schönster Symbolträchtigkeit bereitete Trilling sich so auf die Verteidigung seiner dem Kalte-Krieg-Liberalismus verpflichteten Deutung des Textes in seinem letzten und vielleicht bedeutendsten Buch, *Das Ende der Aufrichtigkeit,* vor, das 1972, drei Jahre vor seinem Tod, erschien. Im Zuge seiner Rückverfolgung der Ideale der Selbsterkenntnis und Selbstverwirklichung bis zu Hegel warnte Trilling vor dem seit neuestem beliebten Widerstand gegen seinen eigenen Versuch, Freud gegen progressive Politik in Stellung zu bringen.[79]

Im Laufe der Jahrzehnte haben Trillings Leser:innen sich gefragt, ob seine Durchsetzung eines Kalte-Krieg-Liberalismus, der sich nur um Haaresbreite von Konservatismus, ja sogar Neokonservatismus unterschied, nicht deren Aufstieg den Boden bereitete. Der Literaturwissenschaftler Joseph Frank hat dargelegt, dass Trilling in *The Liberal Imagination* ein perfektes Gleichgewicht zwischen links und rechts erreicht hatte, dann aber rasch von einer Betrachtungsweise der Literatur als Erzieherin der Politik zu einer Sichtweise überwechselte, der zufolge Kultur Politik verdrängt.[80] Auch wenn Trilling einstmals im Namen einer glaubwürdigen Freiheit Platz für Einschränkungen geschaffen habe, sollte »Herr Trilling [bald darauf] den Menschen zu dessen eigenem Schutz ständig an seine Erdgebundenheit erinnern«. Freuds Aura befähige ihn dazu, »ohne dass er es als Selbstbetrug empfindet«.[81]

Es bestanden auch direkte Verbindungen zwischen Trilling und den Ursprüngen des Neokonservatismus, was abermals dessen Wurzeln in den 1940er Jahren anmahnt – selbst wenn Trilling, obwohl seine frühe Miniaturversion des Kalte-Krieg-

Liberalismus nach rechts gerückt war, selbst nie so weit gegangen ist. Irving Kristol hat 1944 einen seiner ersten Aufsätze über Trilling geschrieben, und er rühmte darin dessen kritische Anprangerung eines selbstgerechten Liberalismus, der im Namen »eines untadeligen Glaubens an die Menschheit, wie sie sein sollte«, zu »einer Art Abscheu über die Menschheit, wie sie ist«, gelange.[82] Gertrude Himmelfarb, die viel Energie auf den Versuch verwandt hat, Trilling nachträglich in die neokonservative Bewegung einzugliedern und sich dann selbst als seine treue Anhängerin auszugeben, hat bekannt, wie tief der eigenwillige Text, an den Kristol dachte, sie geprägt hat. Trilling hatte 1940 eine Lobrede auf den christlichen Reaktionär T. S. Eliot in der ehemals kommunistischen, aber immer noch radikalen *Partisan Review* untergebracht – auch wenn er, wie sie richtig beobachtete, Eliot durch die Brille von Freuds säkularem Pessimismus las. Darin habe Trilling den Marxismus verurteilt, aber »den Liberalismus ebenfalls hinterfragt«. Der Aufsatz, berichtete sie, sei eine »Offenbarung, der Anfang einer Entfremdung [...] vom Liberalismus selbst« gewesen.[83] Sechs Jahrzehnte später erinnerte Himmelfarb sich noch immer daran, wie Trilling sich über Karen Horneys Beschreibung der Psyche als »progressiv«, als eine »Art von New-Deal-Behörde« lustig gemacht habe, die schlimmstenfalls eher durch Misswirtschaft als durch Böswilligkeit auf Abwege gerate.[84] Himmelfarb widmete ihr schwer verdauliches Buch *On Looking into the Abyss* Trilling, »in Bewunderung und Freundschaft« – nicht ahnend, dass Trilling sowohl sie als auch ihren Mann als »armselig und unsicher« abqualifiziert hatte.[85]

Doch wie nah Trilling dem Konservatismus oder Neokonservatismus stand, hängt weitgehend davon ab – und verblasst in seiner Wichtigkeit im Vergleich dazu –, wie grundlegend er den Liberalismus umgestaltete – dieses politische und psychologische Ziel lag ihm am meisten am Herzen. Als Beleg für ihre These, dass der Kalte-Krieg-Liberalismus den vorherigen Liberalismus lediglich fortsetzte, vergleicht Amanda Anderson am Ende ihrer großartigen Studie *Bleak Liberalism* Trilling mit dem Kalten Krieger und marxistischen Dissidenten Theodor W. Adorno.[86] Eindeutig widerlegt wird Andersons Kontinuitätsbehauptung allerdings dadurch, dass die Vertreter:innen des von Trilling verkörperten Kalte-Krieg-Liberalismus *selbst* auf die drastische Erneuerungsbedürftigkeit des Liberalismus pochten, dessen Erbe sie angetreten hatten: Für das Überleben des Liberalismus sei ein Bruch mit der liberalen Vergangenheit erforderlich. Und dieser Punkt wird durch Andersons Vergleich mit Adorno – der, wie sie festhält, den Marxismus in einem entsprechenden und ähnlichen Geiste überprüfte – untermauert.

Adorno teilte zwar die Kritik am modernen europäischen Emanzipationskanon und dessen progressistischer Grundannahme, dass die Geschichte ein Forum der Möglichkeiten für kollektive und individuelle Handlungsmacht sei. »Keine Universalgeschichte führt vom Wilden zur Humanität«, lautete seine denkwürdige Bemerkung, aber »sehr wohl eine von der Steinschleuder zur Megabombe.«[87] Und seine Überzeugung von der Verspätetheit der Kontemplation in Bezug auf eine frühere verpasste Chance, Freiheit zu verwirklichen, klingt auf ihre eigene Weise nach Tacitus.[88] Seine *Negative Dialektik* beginnt mit folgendem Satz: »Philosophie, die einmal überholt schien, erhält sich am Leben, weil der Augenblick ihrer Verwirklichung versäumt ward.«[89]

Natürlich, und Anderson kommentiert das auch, unterschieden Adorno und Trilling sich vehement hinsichtlich ihrer ästhetischen Vorlieben. Adorno trat für höchst unzugängliche moderne Kunstwerke ein, die sich am wenigsten offen für kapitalistische Vereinnahmung zeigten und dem Utopismus bis zu besseren Zeiten Zuflucht böten, während Trilling der modische Modernismus nervös machte und er in der Regel den moralischen Realismus des bürgerlichen Romans sowohl als Schreib- als auch als Deutungsprojekt schätzte. Trotz dieses Unterschieds, hält Anderson fest, »wissen beide die Art und Weise zu schätzen, wie Freuds Theorien für Stabilität sorgende Begriffe von Menschheit in Frage stellen«.[90] Man kann noch weiter gehen: Die Einbeziehung der Psychoanalyse legte den Grundstein sowohl für Adornos als auch für Trillings düstere Ausdeutung ihrer jeweiligen Traditionen.

Doch während Adorno noch andere Verwendungsmöglichkeiten für die Psychoanalyse fand, die Trilling verwünschte – für die Diagnose sozialer Irrationalität und das zumindest hypothetische Festhalten an Transformationspolitik als Heilmittel –, fällt mehr ins Gewicht, dass die von Anderson festgestellte verblüffende Korrespondenz gegen ihre allgemeine These spricht. Wenn Adorno mit seinem früheren Radikalismus brach und das hegelianische Vermächtnis des westlichen Marxismus vom Kopf auf die Füße stellte, geschah das parallel zu Trillings absichtlichem Verzicht auf das, was den Liberalismus einstmals zu einer Emanzipationslehre gemacht hatte. Wenn düsterer Liberalismus und Radikalismus bestimmte Ähnlichkeiten aufweisen, liegt das daran, dass sie sich beide von ihren vorherigen Traditionen aus Entsetzen darüber abgekehrt haben, wohin sie vermeintlich führten. Beide grenzten sich in geistiger Resignation und aus Selbstschutz von den liberalen und radikalen Hoffnungen ab, denen sie abschworen, auch wenn sie sie in Erinnerung behielten.

Ist das alles, was uns bleibt?

*

Besonders viel hat sie nicht über ihn geschrieben, aber Judith Shklar hielt Freud eher für einen Genealogen der Moral als für einen Kalte-Krieg-Moralisten. Von Hesiod bis Freud, erklärte sie 1972, habe die Genealogie die Glaubwürdigkeit und das Ansehen der tonangebenden ethischen Rezepte zerstört, insofern sie nahelegte, dass deren Ursprünge nicht makellos waren. Freud zum Beispiel habe die moderne Kultur alles andere als idealisiert, sondern der Menschheit die unabgegoltene Schuld an »blutbefleckten Söhnen, die das Unvermögen ihrer mörderischen Vorfahren erben«, mit auf den Weg gegeben, wobei er die »untilgbare« Schuld für das Urverbrechen betonte, aus der sich Jahrtausende später Religion und Unglück entwickelt hätten. Trotz ihrer vielen rühmlichen Aufbrüche aus einer dunklen Vergangenheit habe die Moderne daran nichts Wesentliches geändert.

Doch sogar Freud müsse vor dem Vorwurf in Schutz genommen werden, dass Genealogie, wie erfolgreich ihr Zerstörungswerk auch sei, auf nichts weiter als auf Streit und Krieg hinauslaufe. Genealogie, schrieb Shklar, ergibt sich aus »einem anhaltenden Gemütszustand«, »der wiederum auf das Gefühl einer entsetzlichen Entfernung zwischen dem zurückgeht, worauf wir historisch hinarbeiten, und dem, was immer wieder dabei herauskommt«. Sie könne »das Individuum von der Beschränktheit des persönlichen und gegenwärtigen Wissens befreien, indem sie den Blick auf intellektuelle Möglichkeiten eröffnet, die, wenn man allein auf sich gestellt ist, unvorstellbar gewesen wären und auch nicht unter den heute Lebenden zu finden sind«.[91] Genealogie sei mit einem konstruktiven Programm verbunden und bereite ihm den Weg, Möglichkeiten wiederherzustellen, anstatt sie zu versperren.

In diesem Sinne verweist in diesem Buch die Genealogie der Beschaffenheit des politischen Denkens im Kalten Krieg darauf, dass der Liberalismus nicht das sein muss, was aus ihm wurde: Er muss nicht ambivalent in Bezug auf die Aufklärung sein, den Perfektionismus mit einem Bannfluch belegen, Fortschrittsbestrebungen zum Sündenbock für Terror machen und den Westen über zivilisatorische Grenzlinien im Hinblick auf »Rasse« und Wohlstand hinweg und unter strikter Selbstdisziplinierung wie eine Fluchtburg für Freiheit behandeln.

Doch wie sich herausstellte, befand Shklars Liberalismus sich im Einklang mit dem von Trilling. Aus der Perspektive seiner Karriere liest *After Utopia* sich wie eine Diagnose des Zustands, in den er den Liberalismus versetzt hat: von allen Hoffnungen verlassen und in Sorge, dass deren Bewahrung nur üblen Zielen dienen würde. Shklar hatte kein Heilmittel parat, im Gegenteil: Auf dem Höhepunkt von Trillings Ruhm war sie kurz davor, das zu akzeptieren, was sie »Überlebenskunst« nannte. Das ist eine gute Beschreibung für Trillings Version des Liberalismus, für dessen vorsichtige und selbstkritische Haltung, seine melancholische und entsagungsvolle Selbstkontrolle. Und zu weiten Teilen folgte sie ihm, als sie ihren ursprünglichen Wunsch nach einem Ausweg aus der Sackgasse, in der er steckte, mit sogar noch geringeren Anzeichen von Ambivalenz in Bezug auf die Wahl unterdrückte, die sie getroffen hatte.[92]

Erst in den 1980er Jahren, dem letzten Jahrzehnt des Kalten Krieges, gelangte Shklar für ihre Ausbuchstabierung der Implikationen von Positionen zu akademischem Ansehen, die sie nach ihrem ersten Buch zu entwickeln begonnen hatte und die sie in Studien und Aufsätzen ausarbeitete. Wie Katrina Forrester beobachtet hat, bewegte »Shklars Kritik an der Transformationspolitik« sich in reiferen Jahren »häufig in psychologischen Bahnen« – wenn auch nicht im Freud'schen Rahmen.[93] Noch als Shklar anfing, die Prämissen des Kalte-

Krieg-Liberalismus zu überprüfen und zu überwinden, fiel ihre Definition dieser Prämissen äußerst konzise aus. Insbesondere in ihren Texten über amerikanische Staatsbürgerschaft sprach sie das Thema Gerechtigkeit im Hinblick auf Race an und widmete sie dem wirtschaftlichen Wohlstand mehr Aufmerksamkeit, als jemals zuvor oder als andere Vertreter:innen des Kalte-Krieg-Liberalismus es für geboten gehalten hatten.[94] Letzten Endes kam sie aber nicht weiter als sie.

Shklars schönstes Buch, *Ganz normale Laster* – mit seinem ungewöhnlichen Eröffnungskapitel »Die Grausamkeit an erste Stelle setzen«, das sie ursprünglich in dem zu dessen Ehren begründeten Lionel-Trilling-Seminar an der Columbia University vorgetragen hatte –, erschien 1984.[95] Und 1988 nahm sie an einer Konferenz über Liberalismus teil, was sie in »Der Liberalismus der Furcht« dazu bewog, das Credo des Kalte-Krieg-Liberalismus genau in dem Augenblick zu rekapitulieren, als das Ende des Kalten Krieges nahte. Sie lebte nicht sehr viel länger als der Kalte Krieg. Während des rasenden Verfassens von Vorlesungen starb sie im September 1992, nachdem sie frühe Warnzeichen eines drohenden Herzinfarkts nicht beachtet hatte.[96] Sie war erst 63 Jahre alt. Wie Trilling in *The Middle of the Journey* geschrieben hat, sterben Menschen tatsächlich.

Genauso wie niemand weiß, ob Trilling neokonservativ geworden wäre, weiß niemand, ob Shklar, wenn sie länger gelebt hätte, die im Sinne der besagten Überlebenskunst survivalistischen Grundannahmen des Kalten Krieges erfolgreicher hätte überwinden können. Nach dem Ende des Kalten Krieges gedieh seine Liberalismusversion weiter, weshalb es vielleicht zu viel erwartet ist, dass Shklar ihre Skepsis auf sie hätte richten und auf die Agenda ihres ersten Buches hätte zurückkommen können. Aber andere wären dazu durchaus in der Lage.

Epilog
Warum der Kalte-Krieg-Liberalismus immer wieder scheitert

Im Rückblick sind die 1960er Jahre der einzige Zeitraum gewesen, in dem der Kalte-Krieg-Liberalismus im Inneren der liberalen Demokratien in Frage gestellt wurde. Zunächst brachen einige Vertreter:innen des Kalte-Krieg-Liberalismus aus dem depressiven Syndrom der 1940er und 1950er Jahre aus, um ehrgeizige Sozialprogramme zu rechtfertigen, weil sie erkannt hatten, dass ein ungerechter Staat und Erdball sich auf Dauer nicht durch die Betonung notwendiger Grenzen und perverser Risiken legitimieren ließen. Danach stellten der Aufstieg und der Niedergang der Neuen Linken den Kalte-Krieg-Liberalismus vor noch umfassendere Herausforderungen.

Die risikofreudigeren Liberalen begriffen in den 1960er Jahren, dass der Konkurrenzkampf des Kalten Krieges nicht bloß die Stigmatisierung des Despotismus im Ausland, sondern auch die Gewährleistung von Fairness im Inland erforderlich machte. Die 1971 erschienene *Theorie der Gerechtigkeit* von John Rawls ist Ergebnis dieses Impulses in der nächsten Generation. Trotz seiner wirkmächtigen und vielsagenden Einbeziehung des Kalte-Krieg-Liberalismus (insbesondere im Hinblick auf den von Rawls so genannten Vorrang der Freiheit vor anderen Zielen) war sein Eintreten für ein Mindestmaß an Verteilungsegalitarismus das Bemerkenswerteste an dem Buch. Doch die größte historische Ironie von Rawls' neuartigem Liberalismus bestand darin, dass er den Kalte-Krieg-Liberalismus noch verschlimmerte. Die Beseitigung des früheren Ungleichgewichts zwischen dem libertären Denken während des Kalten Krieges und dem entstehenden Wohlfahrtsstaat in *Eine Theorie der Gerechtigkeit* war nur der Auftakt zu einem neuen Ungleichgewicht, insofern egalitäre Gerechtigkeit zwar im Prinzip verteidigt wurde, die neoliberale Ungleichheit aber in der Praxis zunahm.[1]

Das lag nicht nur daran, dass der liberale Ehrgeiz in den 1960er Jahren nicht weit genug reichte und im Inland Rückschläge hinnehmen musste. Vielmehr verkam er im Ausland zu immer autoritäreren und gewaltsameren Formen von Materialismus – der größte Klassiker in dieser Hinsicht ist Walt W. Rostows Modernisierungstheorie.[2] Rostows »Alternative zur marxistischen Entwicklungstheorie«, in der die Stadien wirtschaftlichen Wachstums detailliert beschrieben werden, reklamierte keineswegs hegelianischen Fortschritt für sich, sondern versuchte sich an einer neiderfüllten Mimikry der sowjetischen Theorie vom wissenschaftlichen Fortschritt – und war, wenn überhaupt, Poppers vernichtender Kritik am »Historizismus« stärker ausgesetzt, als der der Zukunft zugewandte Liberalismus und Sozialismus von vor dem 20. Jahrhundert es jemals gewesen ist. Im Vergleich zu den Zukunftsprognosen in den ersten Jahren des Kalten Krieges sind die Liberalen in den 1960er Jahren durchaus vorangekommen, aber die Bürgerrechtsrevolution und das »Great-Society«-Programm fielen mit dem Vietnamkrieg zusammen, der die Voraussetzungen für das Einläuten einer neuen, die Grenzen des Kalte-Krieg-Liberalismus überwindenden liberalen Ära zunichtemachte.

Auch wenn die in diesem Buch behandelten frühen Vertreter:innen des Kalte-Krieg-Liberalismus über die Appeasement-

Politik und den Pazifismus der 1930er Jahre entsetzt gewesen waren und sie in den 1940er Jahren einen Konfrontationskurs gegenüber der Sowjetunion befürworteten, haben sie weder an Doktrinen zum weltweiten Eingreifen des Westens gefeilt noch autoritären Despotismus als progressiv gepriesen.[3] Vielmehr gingen sie stillschweigend über eine Welt dekolonialer Freiheitsbestrebungen und brutaler Reaktionen der Großmächte hinweg, weshalb es ihnen so erschien, als werde die Freiheit belagert. Einige von ihnen, wie Arthur Schlesinger Jr., waren beweglich genug, um sich vom Milieu des Kalte-Krieg-Liberalismus in den späten 1940er und frühen 1950er Jahren weg- und auf die ambitioniertere und aggressivere Liberalismusversion der 1960er Jahre zuzubewegen.

Auf Zukunftszugewandtheit haben die Modernisierungstheoretiker:innen, die für das Denken der 1960er Jahre am charakteristischsten waren, nur in Form eines Gegenmodells zum marxistischen Materialismus Anspruch erhoben; sie unterstützten zudem Theorien der despotischen Kontrolle von Politik im Ausland.[4] In einem wenig beachteten Passus hat John Rawls, der im Inland der Freiheit Priorität einräumte, wenn gleichzeitig soziale Maßnahmen ergriffen werden würden, zugegeben, dass für die wirtschaftliche Entwicklung im Ausland Zwangsmittel erforderlich sein könnten. So »kann es notwendig sein, auf einen Teil dieser Freiheiten zu verzichten, wenn es zur Umwandlung einer weniger begünstigten Gesellschaft in eine solche erforderlich ist, in der alle Grundfreiheiten in vollem Umfang verwirklicht werden können«.[5]

Der Neuen Linken gelang die Überwindung des Kalte-Krieg-Liberalismus nicht viel besser und sie scheiterte schnell. Durch Marktlibertarismus und die neue politische Rechte zerschlugen sich in den 1970er Jahren liberale Hoffnungen im gleichen Maße wie linke. Abgesehen davon, dass sie sich für die Aufgabe der Rettung des Liberalismus vor sich selbst als ungeeignet erwies, lieferte die Neue Linke den Konservativen eine willkommene Begründung für Angriffe auf den Liberalismus und die Propagierung von neoliberaler Ökonomie und neokonservativem Moralismus. Der Kalte-Krieg-Liberalismus, der bei weitem keine tragfähige Rechtfertigung einer neuen Art von Staat darstellte, wie mancherorts behauptet worden ist, kippte in Neoliberalismus und Neokonservatismus um.

Seitdem haben Liberale so etwas wie dem Emanzipationsprojekt, das sie vor dem Kalten Krieg vorgelegt hatten, zu keinem Zeitpunkt neue Geltung verschafft. Unter dem Druck der neuen sozialen Bewegungen und der Neuen Linken und aus Angst vor sozialistischem Feminismus und der Anprangerung der Apartheid durch die Sowjets haben Liberale sich in den 1960er Jahren und danach durchaus um Einsichten in die Grenzen des historischen Liberalismus in Bezug auf die Verträge über Geschlecht und Rasse verdient gemacht.[6] Trotzdem wandten sie seit den 1970er Jahren bemerkenswert viel Mühe auf, um den Kalte-Krieg-Liberalismus zu rehabilitieren, anstatt den Lektionen aus ihren eigenen Fehlern ins Auge zu sehen – weshalb sie ihre neuentdeckte Besorgnis um Geschlechter- und rassistische Unterdrückung der Geiselhaft übermäßig libertärer Rahmenbedingungen überließen und die Klassenungleichheit stark anstieg, obwohl anderen Formen von Unterwerfung entgegengetreten wurde.

In den 1990er Jahren hatte sich eine Nachfolgegeneration – neben vielen anderen Anne Applebaum, Timothy Garton Ash, Paul Berman, Michael Ignatieff, Tony Judt und Leon Wieseltier – von selbsternannten Erb:innen der Vertreter:innen des Kalte-Krieg-Liberalismus herauskristallisiert. Auf unüberhörbare Weise riefen sie die Überlegenheit des Kalte-

Krieg-Liberalismus über die illiberale Rechte und Linke aus, während sie jegliche Einsicht darin unterbanden, wie umstritten die Liberalismusversion, die in den 1990er Jahren triumphiert hatte, tatsächlich in den eigenen Reihen war.

Diese Personen, die in der angloamerikanischen intellektuellen Öffentlichkeit seit Jahrzehnten den Ton angeben, konnten sich nicht damit brüsten, die Bewegung ins Leben gerufen zu haben und traten deshalb als ergebene Schüler:innen der sterbenden oder toten Vertreter:innen des Kalte-Krieg-Liberalismus auf, um die sie sich scharten. Doch haben diese Nachfahren die Leitlinien ihrer Tradition auf kreative Weise für ein Heer von Nachfolgebedrohungen verwendet: vom islamistischen Terrorismus bis zur »Woke«-Tyrannei im Inland und von Wladimir Putins Wahrheitsverweigerung bis zum postmodernen Relativismus. Mit Ausnahme von Judt, der nie vorhersehbar gewesen ist, noch nicht einmal, als er todkrank war, haben sie dabei stets vernachlässigt, was man benötigen würde, um den Liberalismus vor seinen eigenen Verstrickungen und Irrtümern zu bewahren, sodass sich seine begeisterte Unterstützung lohnen würde. Es ist kein Wunder, dass die Vertreter:innen des Kalte-Krieg-Liberalismus sich heute erneut den kritischen Fragen einer Millenniums- und Postmillenniums-Generation stellen müssen, die weit weniger über ausländische Feinde beunruhigt ist als über wirtschaftliche Ungleichheit, endlose Kriege und Umweltkatastrophen.

Fairerweise muss man sagen, dass die Rehabilitierungen des Kalte-Krieg-Liberalismus sich im Laufe der Jahre nicht immer glichen wie ein Ei dem anderen. Die düsteren Bedrohungsquellen wiesen niemals genau dasselbe Erscheinungsbild auf wie zu der Zeit, als die Vertreter:innen des Kalte-Krieg-Liberalismus den ihnen vorangehenden Konservativen oder Reaktionären darin folgten, der Aufklärung, der Romantik oder dem Historizismus die Schuld am sowjetischen Übel zu geben. Genauso interessant für zukünftige Historiker:innen der 1990er Jahre dürfte es sein, auf welche Weise der Kalte-Krieg-Liberalismus im Zuge dieser Rekapitulationen im großen Stil oder geringfügig abgeändert wurde. Doch viele Aspekte waren ähnlich. Die Anschuldigungen gegen islamistischen Messianismus und Utopismus in den Jahren nach dem 11. September klangen vertraut und das Brexit-Votum sowie Donald Trumps Wahl riefen Schutzmaßnahmen für die Freiheit auf den Plan, die sich mit denen des Kalte-Krieg-Liberalismus vergleichen ließen, und zogen ähnliche Warnungen vor dem Umkippen von Freiheit in Tyrannei und von Demokratie in »Populismus« nach sich.

Im Herbst 2016, nicht lange bevor Trump Präsident der Vereinigten Staaten wurde, schloss der konservative christliche Politikwissenschaftler Patrick Deneen das Manuskript seiner Abhandlung über jene Zeiten, *Warum der Liberalismus gescheitert ist,* ab.[7] Weniger aufgrund seines Inhalts als wegen seines Timings (und Titels) wies Deneens Essay den Weg in eine neue Ära leidenschaftlicher Auseinandersetzungen über das Schicksal des Liberalismus in unserer Zeit. Der Liberalismus stehe am Abgrund, wurde unisono versichert; obwohl es ihm nie an vermeintlich im Ausland lauernden Feinden gefehlt habe, sei er seit vielen Jahrzehnten von innen nicht mehr so grundlegend bedroht gewesen.

Allerdings stellte sich heraus, dass das laufende Referendum über – gegen und für – den Liberalismus in der heutigen Zeit die wichtigste Option ausklammerte. Bei sorgfältiger Lektüre war Deneens Argumentation am überzeugendsten in ihren Angriffen nicht auf den Liberalismus (dessen Anfänge er auf die frühe Neuzeit datierte), sondern auf den Kalte-Krieg-Liberalismus und seine Nachfolger, Neokonservatismus und Neoliberalismus.[8] Und doch neigten Deenens Gegenspieler:innen dazu, den Kalte-Krieg-Liberalismus zu verteidigen, ohne einen Gedanken darauf zu verschwenden, warum er nicht nur an sich, sondern auch aufgrund seiner entsetzlichen Abkömmlinge solch ein Unbehagen hervorgerufen hat und ohne Unterlass angegriffen wurde. Beide Seiten schienen es für selbstverständlich zu halten, dass die Verurteilung und Rettung des Liberalismus niemals mit seiner Neuerfindung über die Form hinaus verbunden sein könne, die er im Kalten Krieg angenommen hatte.[9]

An dieser Gleichsetzung haben die Krisen seit 2016 kaum etwas geändert. Joseph Biden hat es (mit Ach und Krach) geschafft, eine zweite Amtszeit von Trump zu verhindern. Der Brexit – als britisches Äquivalent zu Trumps Wahlsieg 2016 mitten im Epizentrum der freien Welt, das die Bewunderung der Vertreter:innen des Kalte-Krieg-Liberalismus genoss – erwies sich als nicht ganz so katastrophal, wie seine Gegner:innen befürchtet hatten. Doch andere Ereignisse haben die Befürworter:innen des Liberalismus dazu bewogen, noch stärker auf seine Kalte-Krieg-Version zu setzen, anstatt nach Alternativen zu suchen. Während der vier Jahre unter Trump haben Beobachter:innen eine politische Apokalypse vorhergesagt. Eine Lawine von Artikeln und Büchern verkündete eine »Krise der Demokratie«, womit die meisten eine Krise des nichtreformierten Liberalismus meinten.[10] Ihre Verfasser:innen vergaßen Franklin Roosevelts sarkastische Bemerkung, dass »[a]llzu vielen, die von der Rettung der Demokratie schwatzen, […] eigentlich nur daran [liegt], die Dinge in dem Zustand zu erhalten, wie sie waren«.[11] Allzu viele, die heute von der Rettung des Liberalismus schwatzen, liegt eigentlich nur daran, ihn in dem Zustand zu erhalten, in dem er war.

Wie kein zweites Ereignis in den turbulenten Jahren von Trumps Präsidentschaft hat der Aufruhr am 6. Januar 2021, der die Bestätigung des Wahlsiegs seines Nachfolgers durch den Kongress verhindern sollte, unter den erschrockenen Beobachter:innen den Eindruck erweckt, das Ende sei nahe. Unabhängig davon, ob das zutraf oder nicht, erlangte das Gefühl von Zerbrechlichkeit, das die Vertreter:innen des Kalte-Krieg-Liberalismus nie losgelassen und sie zu ihrem Eintreten für unverzichtbare liberale Grundbausteine veranlasst hatte – anstatt für eine ambitionierte liberale Neuerfindung von Politik und Gesellschaft zu plädieren –, für Millionen von Menschen existenzielle Dringlichkeit. Rufe nach Erneuerung fanden allenfalls für kurze Zeit und in der Defensive Unterstützung, um ein Desaster zu verhindern. Und diese alarmierte Haltung verschärfte sich durch illiberale Regime wie China, von dessen ungeheurer Bedrohlichkeit Trump das Establishment überzeugte, oder Russland, das Anfang 2022 in den liberalen demokratischen Staat Ukraine einmarschierte. Die Belagerung des Liberalismus nahm kein Ende und seine Verfechter:innen beschränkten sich darauf, ihre Forderung nach einer Erhöhung der Mauern zu wiederholen, um die liberale Festung abzusichern – obwohl die schreckenerregendste Möglichkeit in einer fünften Kolonne von innen bestand. Die liberale Tradition hatte sich zu einem Sturzbach aus verängstigten Tweets und Doomscrolling von Schreckensnachrichten zurückentwickelt. Schließlich hatte der Kalte-Krieg-Liberalismus von Anfang an Schwarzmalerei betrieben, als er betonte, dass Freiheit und Ordnung auf der Kippe ständen.

Es besteht kein Anlass, die genuinen Bedrohungen zu bagatellisieren, die bei Liberalen Ängste auslösen. Was Alexis de Tocqueville »heilsame Furcht« genannt hat, ist unentbehrlich, wenn man Gefahren bewerten und ihnen entgegenwirken will, zu denen nicht bloß ein über Jahrzehnte schlecht gehandhabter Despotismus im Ausland, sondern auch eine in vollem Umfang selbstverschuldete ökologische Krise gehören. Doch anscheinend haben die Liberalen die eigentliche Lektion nicht gelernt, die der Kalte-Krieg-Liberalismus – oder der gegen nebulöse und »totalitäre« Feinde erklärte globale »Krieg gegen den Terror« – uns lehrt. Die Übertreibung der Gefahren führt selbst dann zu Überreaktionen, wenn andere Bedrohungen sich verringern oder fehlen, und gärende langjährige Probleme vergrößern die Herausforderungen, die überhaupt erst die Überreaktion veranlasst haben. Die dauernde Warnung, dass die Alternativen zum Liberalismus schlimmer seien, hat sich als bloße Rationalisierung entpuppt, durch die sich vermeiden lässt, über die Rettung des Liberalismus nachzudenken – was heißen soll: darüber nachzudenken, wie man ihn glaubwürdig genug für seine Rettung machen kann.

Im Sinne dieser Vermeidung ist der Kalte-Krieg-Liberalismus in unseren Tagen immer wieder in Anspruch genommen worden. Es war schwer, an irgendeinem Punkt zu entgegnen, dass die von den Liberalen heraufbeschworene oder erblickte Abfolge furchtbarer Gefahren die Bedeutung ihres eigenen Scheiterns in den Schatten stellte, in ihrem Heimatland eine liberale Gesellschaft zu errichten, ganz zu schweigen davon, in welchem Maße ihre Taten und Zukunftsperspektiven die Globalisierung des Liberalismus im Ausland zurückwarfen, je größer der Tribut an die neokonservative und neoliberale Politik wurde. Wie bei seiner Gründung fuhr der Kalte-Krieg-Liberalismus fort, der Emanzipation, die mit der Aufklärung begann, ebenso eine Absage zu erteilen wie jedwedem Perfektionismus, dem kreative Selbsterschaffung als gutes Leben galt und der die Bedingungen für deren Ausübung schuf, und einer Fortschrittsgeschichte, dass beides in historischer Zeit erreicht werden könne. Zurück blieben verpfuschte Leben, während es durch die rassistische Unterdrückung, die Klassen-, und die Geschlechterunterdrückung immer unklarer wurde, warum *dieser* Liberalismus verteidigenswert sein sollte.

In der noch nicht abgeschlossenen Trump-Ära hat sich zur Krisenbewältigung in Amerika eine buchlange Kampfschrift nach der anderen aus den Druckerpressen ergossen.[12] Dabei handelte es sich ausschließlich um liberale Apologetiken im technischen Sinne: Sie verteidigten den Liberalismus gegen seine Feinde, indem sie seine Tugenden in den Vordergrund stellten und seine Laster herunterspielten, sie verurteilten die Alternativen (sowohl auf der Linken als auch auf Seiten der Rechten) als voreilig und unausgereift, wenn nicht als prototyrannisch, und sparten sich die Mühe einer Erklärung, wie der Liberalismus überhaupt so unbeliebt werden konnte. Da sie aus der qualvollen Erfahrung einer Überrumpelung durch Trumps Hebung ins Präsidentenamt heraus geschrieben wurden, wirkten sie eher benommen und verwirrt als handlungsleitend oder erhellend in Bezug auf die Frage, warum die Krise eingetreten ist und welche Gestalt der Liberalismus annehmen muss, um sie zu überwinden.

Diese intellektuelle und politische Stimmung hat mich dazu motiviert, den Kalte-Krieg-Liberalismus, seine geistige Struktur und seinen psychologischen Hintergrund als zu meinen Lebzeiten dominante Form von Liberalismus erneut zu untersuchen, für die Liberale auf der Ebene der Theorie eintraten, obwohl Neokonservatismus und Neoliberalismus in der Praxis so großen Schaden anrichteten, dass ihre Tradition durch den Versuch, sie zu retten, an Glaubwürdigkeit verlor. Die endlose Wiederbelebung seiner Kalte-Krieg-Version ist ein Mittel zur Vereitelung der einzigen Hoffnung gewesen, die der Liberalismus hat und die darin besteht, ihn jenseits der uns vertrauten Rahmenbedingungen neu zu erfinden. Man müsste ihn von den Verstrickungen befreien, die sich in den ersten Jahren des Kalten Krieges entwickelt oder vertieft haben. Und er müsste einige der Impulse aus dem 19. Jahrhundert wieder einbeziehen, um die er in der Zeit des Kalten Krieges bereinigt worden ist und die deshalb auf der Strecke geblieben sind, insbesondere sein Bekenntnis zur Emanzipation unserer Vermögen, zur Erschaffung von neuem als gutem Leben und zum Erwerb von beidem im Rahmen einer Geschichte, die unsere Vergangenheit und unsere Zukunft verknüpft.

Die Aufgabe von Liberalen besteht heute darin, eine durch und durch originelle Form von Liberalismus zu ersinnen. Wenn sie das nicht tun, dürfte es nicht sehr wahrscheinlich sein, dass ihr Credo überlebt – wobei bloßes Überleben ohnehin nicht ausreicht.

Dank

Die Kapitel dieses Buches sind zuerst als Carlyle Lectures in the History of Political Thought konzipiert und abgefasst worden, die ich zwischen Januar und März 2022 unter dem Titel »The Cold War und der Canon of Liberalism« an der Universität Oxford gehalten habe. Ich habe sie in der Regel nahe an dem Vorlesungsformat belassen, für das sie ursprünglich vorgesehen waren. In erster Linie gebührt der Dank für das Zustandekommen dieses Buches daher dem Auswahlkomitee für die Vorlesungsreihe: Teresa Bejan, George Garnett (dem langjährigen Hüter dieser traditionsreichen Reihe), Peter Ghosh und David Leopold. Am All Souls College, an dem ich während meines Aufenthalts in Oxford zu Gast war, haben der Vorsteher, John Vickers, und die Fellows, besonders Noel Malcolm und Amia Srinivasan, mich freundlich willkommen geheißen.

Während der Vorlesungen in Oxford ebenfalls fürsorglich um mich gekümmert (obwohl sie nicht unbedingt mit allem einverstanden waren, was ich darin sagte) haben sich Timothy Garton Ash, Eli Bernstein, Joshua Bennett, Paul Betts, Faisal Devji, Michael Drolet, Abigail Green, Ben Jackson, Patrick Mackie, Dan McAteer, Theodor Meron, David Miller, Jeanne Morefield, Benjamin Morgan, Sarah Mortimer, David Priestland, John Robertson, Andrew Seaton, Sophie Smith und N. K. Sugimura. Besonderer Dank gilt Amia, Sophie und Goose für ihre Gastfreundschaft. Zwei andere Oxforder, Chris Brooke(der in Cambridge lehrt, aber das spielt keine Rolle) und Martin Conway, haben frühe Fassungen der Vorlesungen für den Verlag gelesen, Hinweise gegeben und den Überblick bewahrt.

Als ich mich auf die Vorlesungen vorbereitete bzw. dem Buch den letzten Schliff gab, haben Hannes Bajohr, Michael Bentley, James Chappel, Eileen Eilmini, Stefanos Geroulanos, Nicolas Guilhot, Thomas Hainscho, Henry Hardy, die verstorbene Gertrude Himmelfarb, Jerome Kahn, William Kristol, Alexandre Lefebvre, Mark Lilla, Jerry Z. Muller, Ruth Nisse,

Charles Petersen, Corey Robin, Michael Sonenscher, Alex Star und Charlie Troup mir Rat oder Hilfe angeboten. Und im Frühjahr 2021 gemeinsam mit Ross Douthat und Bryan Garsten einen Kurs über »The Crisis of Liberalismus« zu unterrichten, hat mein Denken geschärft. Aber ich muss noch spezielle Worte im Gedenken an Christopher Shea anfügen, der mich um frühe Überlegungen (und im Laufe der Jahre um weitere Texte) für die *Washington Post* bat; es schmerzt mich, dass Chris sich im Sommer 2022 das Leben genommen hat und ich ihm die Frucht einer der vielen Samen, die er im Laufe seiner Karriere im Interesse des amerikanischen Geisteslebens gepflanzt hat, nicht mehr zeigen kann.

Während ich dieses Buch fertigstellte, habe ich mich am stärksten auf sechs Freund:innen gestützt, deren kritische Anregungen (und Toleranz bei extrem rohen Entwürfen) ich zu schätzen weiß: Martin Jay, Thomas Meaney, Jan-Werner Müller, Isaac Nakhimovsky, Mira Siegelberg und Daniel Steinmetz-Jenkins. Gemeinsam mit dem Mentor der ersten Jahre meines Studiums, Gerald N. Izenburg, hat Marty mich zum Ideenhistoriker ausgebildet, obwohl diese beiden lebenslangen Lehrer nicht mehr als andere für mein Unvermögen verantwortlich sind, die richtigen Lektionen gelernt zu haben.

Amelia Atlas hat für die Veröffentlichung des Buches gesorgt, und im Verlag ist William Frucht ein gewissenhafter und hilfsbereiter Lektor gewesen. Ich bin ebenfalls den Mitarbeiter:innen der Yale University Press dankbar, darunter Amanda Gerstenfeld und Philip King, die sich um die Drucklegung des Manuskripts gekümmert haben. David Gordon hat die Fahnen gelesen und Lily Moyn das Register erstellt. Wie immer hat mir meine Familie die meiste Unterstützung gewährt, und ihr gehört meine ganze Liebe.

Christine Pries, die Übersetzerin dieses Buches ins Deutsche, hat Fehler entdeckt, die ich für die amerikanische Taschenbuchausgabe berücksichtigen werde.

Anmerkungen

I
Gegen die Aufklärung: Judith Shklar

1 Judith N. Shklar, *After Utopia. The Decline of Political Faith,* Princeton: Princeton University Press, 1957. A. d. Ü.: Aus diesem Buch von Shklar sind bisher nur Auszüge aus Kapitel IV (S. 108-163) unter dem Titel »Die Romantik der Niederlage« von Hannes Bajohr aus dem Amerikanischen übersetzt worden, in: dies., *Über Hannah Arendt,* Berlin: Matthes & Seitz, 2020, S. 7-29. Wo Moyn auf die entsprechenden Passagen Bezug nimmt, wird im Folgenden aus dieser Übersetzung zitiert.

2 Peter Laslett, »Introduction«, in: ders. (Hg.), *Philosophy, Politics and Society,* Oxford: Blackwell, 1956, S. vii.

3 Judith N. Shklar, »Der Liberalismus der Furcht« (1989). Aus dem Amerikanischen von Hannes Bajohr, in: dies., *Der Liberalismus der Furcht,* Berlin: Matthes & Seitz, 2013, S. 26-66. Vgl. Jan-Werner Müller, »Fear and Freedom. On ›Cold War Liberalism‹«, in: *European Journal of Political Theory* 7 (2008), S. 45-64; ders., *Furcht und Freiheit. Für einen anderen Liberalismus,* Berlin: Suhrkamp Verlag, 2019; Louis Menand, *The Free World. Art and Culture in the Cold War,* New York City: Farrar, Straus und Giroux, 2019. Den besten Überblick über das sozialliberale und rechtswissenschaftliche Denken in diesen wegweisenden Jahren gibt weiterhin David Ciepley, *Liberalism in the Shadow of Totalitarianism,* Cambridge, Mass.: Harvard University Press, 2006.

4 Judith N. Shklar, »Fate and Futility. Two Themes in Contemporary Political Thought« (Ph.D. diss., Radcliffe College, 1955).

5 Judith Walzer, Gespräch mit Judith Shklar, Teil der »Oral History of Tenured Women in the Faculty of Arts and Sciences at Harvard

University«, Schlesinger Library, Harvard University, 1981, Sektion II, Teil 2, S. 13.

6 Shklar, *After Utopia,* S. 5.

7 Ebd., S. 11.

8 Ebd., S. 4.

9 Sheldon S. Wolin, Besprechung von *After Utopia*, in: *Natural Law Forum* 5 (1960), S. 165.

10 Ebd., S. 169.

11 Judith N. Shklar, »Bergson and the Politics of Intuition«, in: *Review of Politics* 20 (1958), S. 634-656, hier 656, wieder abgedruckt in: dies., *Political Thought and Political Thinkers,* Chicago: The University of Chicago Press, 1998, S. 335.

12 In chronologischer Reihenfolge: Guido de Ruggiero, *Geschichte des Liberalismus in Europa* (1925). Aus dem Italienischen von Kurz Walder und Konrad Wandel, München: Drei Masken Verlag, 1930; Domenico Losurdo, *Freiheit als Privileg. Eine Gegengeschichte des Liberalismus* (2005). Aus dem Italienischen von Hermann Kopp, Köln: PapyRossa-Verlag, 2010; Duncan Bell, »What Is Liberalism?«, in: *Political Theory* 42 (2014), S. 682-715; Edmund Fawcett, *Liberalism. The Life of an Idea,* Princeton: Princeton University Press, 2014; Helena Rosenblatt, *The Lost History of Liberalism. From Ancient Rome to the Twenty-First Century,* Princeton: Princeton University Press, 2018; Gregory Conti, William Selinger, »The Lost History of *Political* Liberalism«, in: *History of European Ideas* 46 (2020), S. 341-354; Annelien de Dijn, *Freedom. An Unruly History,* Cambridge, Mass.: Harvard University Press, 2020.

13 Judith N. Shklar, »Ideology Hunting. The Case of James Harrington«, in: *American Political Science Review* 53 (1959), S. 662, wieder abgedruckt in dies., *Political Thought and Political Thinkers,* S. 206.

14 Adolf Harnack, *Lehrbuch der Dogmengeschichte*, Bd. 1: *Die Entstehung des kirchlichen Dogmas* (1886), Freiburg i. B., Leipzig: Akademische Verlagsbuchhandlung von J. C. B. Mohr (Paul Siebeck), [3]1894, S. 359, Anm. 1.

15 C. B. Macpherson, *Die politische Theorie des Besitzindividualismus. Von Hobbes bis Locke* (1962). Aus dem Englischen von Arno Wittekind, Frankfurt/M.: Suhrkamp Verlag, [3]1990; Leo Strauss, *Naturrecht und Geschichte* (1953). Aus dem Englischen von Horst

Boog, Frankfurt/M.: Suhrkamp Verlag, [2]1989. Shklar bemerkte dazu, dass »die Intensität, mit der die Schriften von Hobbes und Locke in England und Amerika wieder in Augenschein genommen werden« (obwohl sie nichts erlebt hat, was sich mit der explosionsartigen Zunahme des Schrifttums seither vergleichen ließe), vom Bedürfnis nach einem »Neuanfang« nach der »Zurückweis[ung] des Optimismus des 18. Jahrhunderts« zeuge. Shklar, »Ideology Hunting«, S. 662, bzw. *Political Thought,* S. 206.

16 Der Ausdruck stammt von Jamal Greene, »The Anticanon«, in: *Harvard Law Review* 125 (2011), S. 380-475.

17 Ebd., S. 386.

18 Shklar, *After Utopia,* S. 3.

19 Shklar, »Fate and Futility«, Kap. 1. Shklar (die auch die Einleitung und den Schluss vollständig neu schrieb) begann ihre Doktorarbeit mit Kapiteln über »die Ursprünge des konservativen Liberalismus« und »konservativen liberalen Fatalismus«, die später zum letzten Kapitel zusammengefasst und um neue Forschungen zum Sozialismus ergänzt wurden.

20 Shklar, *After Utopia,* S. 219.

21 Ebd., S. 221.

22 Ebd., S. 179 und 239.

23 Ebd., S. 226.

24 Ebd.

25 Zitiert ebd., S. 227.

26 Ebd., S. 230.

27 Ebd., S. 235.

28 Amanda Anderson, *Bleak Liberalism,* Chicago: The University of Chicago Press, 2016.

29 Ebd., S. 20; vgl. auch S. 34 und 38-45, was Andersons eigene Darstellung der Quellen des Neoliberalismus im Kalten Krieg anbelangt, allerdings ohne Bezugnahme auf Shklars frühe Version.

30 Carl J. Friedrich, »Das politische Denken des Neoliberalismus« (1955). Aus dem Englischen von Alice Schmitt-Psotta, in: ders. (Hg.), *Zur Theorie und Politik der Verfassungsordnung. Ausgewählte Aufsätze,* Heidelberg: Quelle & Meyer, 1963, S. 205-218. Friedrichs Literaturbericht konzentrierte sich ausschließlich auf Westdeutschland und die Gruppe um die Zeitschrift *ORDO* und nicht auf die transkontinentale neoliberale »Überzeugungsgemeinschaft« (wie Shklar

sie in *After Utopia*, S. 236, nannte). Er erkannte die Bezeichnung der Ordoliberalen für Friedrich Hayek als »paläoliberal« an, wohingegen es Shklars Zwecken zupasskam, sie homogener zu vereinheitlichen.

31 Shklar, *After Utopia*, S. 236.

32 Ebd., S. 244.

33 Ebd., S. 248.

34 Mit * gekennzeichnete Wörter im Original deutsch.

35 Walzer, Gespräch mit Judith Shklar, Sektion II, Teil 2, S. 3.

36 Briefe von Isaiah Berlin an Judith Shklar, 22. April 1970 und 31. Dezember 1980, Nachlass von Judith N. Shklar, Archiv der Harvard University, Briefwechsel, 1959-1992.

37 Isaiah Berlin, Karl Marx, *Sein Leben und Werk* (1939). Aus dem Englischen von Curt-Meyer-Clason, München: Piper Verlag, 1959; »Politische Ideen im 20. Jahrhundert« (1950), in: ders., *Freiheit. Vier Versuche* (1969). Aus dem Englischen von Reinhard Kaiser, Frankfurt/M.: S. Fischer Verlag, 1995, S. 67-112; *Der Igel und der Fuchs. Essay über Tolstojs Geschichtsverständnis* (1953). Aus dem Englischen von Harry Maor, Frankfurt/M.: Suhrkamp Verlag, 2009; Shklar, *After Utopia,* S. 72 (Anm.), 192 (Anm.) und 258 (Anm.).

38 Isaiah Berlin (Hg.), *The Age of Enlightenment,* New York City: New American Library, 1956, sowie die Aufsätze in Laurence Brockliss, Ritchie Robertson (Hg.), *Isaiah Berlin and the Enlightenment,* Oxford: Oxford University Press, 2016.

39 Avi Lifshitz, »Between Friedrich Meinecke and Ernst Cassirer. Isaiah Berlin's Bifurcated Enlightenment«, in: Brockliss, Robertson (Hg.), *Isaiah Berlin*, S. 52.

40 Isaiah Berlin, *The Political Ideas of the Romantic Age. Their Rise and Influence on Modern Thought,* London: Chatto & Windus, 2006; Isaiah Berlin, *Freedom and Its Betrayal. Six Enemies of Human Liberty,* Princeton: Princeton University Press, 2002.

41 Mark Lilla, »The Trouble with the Enlightenment«, in: *London Review of Books,* 6. Januar 1994.

42 Brief von Isaiah Berlin an Mark Lilla, 13. Dezember 1993, in: Isaiah Berlin, *Three Critics of the Enlightenment. Vico, Hamann, Herder,* Princeton: Princeton University Press, [2]2013, S. 494-501, hier 456, und in: ders., *Affirming. Letters, 1975-1997,* London: Chatto & Windus, 2015, S. 475.

43 Laurence Brockliss, Ritchie Robertson, »Berlin's Conception of the Enlightenment«, in: dies. (Hg.), *Isaiah Berlin*, S. 47.

44 Roger Hausheer, »Enlightening the Enlightenment«, in: *Transactions of the American Philosophical Society* 5 (2003), S. 33.

45 Ebd.

46 T. J. Reed, »Sympathy and Empathy. Isaiah's Dilemma, or How He Let the Enlightenment Down«, in: Brockliss, Robertson (Hg.), *Isaiah Berlin*, S. 114. Was eine noch schärfere Kritik nicht an Berlins pauschaler Preisgabe der Aufklärung, sondern an deren »franko-kantianischem« Strang anbelangt, siehe Zeev Sternhell, *The Anti-Enlightenment Tradition* (2006). Übers. von David Maisel, New Haven: Yale University Press, 2010, Kap. 8.

47 Isaiah Berlin an Elizabeth Morrow, 4. April 1945, in: ders., *Flourishing. Letters, 1928-1946,* London: Chatto & Windus, 2004, S. 540f.

48 »Isaiah Berlin in Conversation with Steven Lukes«, in: *Salmagundi* 120 (1998), S. 52-134, hier 98f.

49 Jan-Werner Müller, »The Contours of Cold War Liberalism (Berlin's In Particular)«, in: ders. (Hg.), *Isaiah Berlin's Cold War Liberalism,* Singapur: Palgrave Macmillan, 2019, S. 37-56, hier 49.

50 Isaiah Berlin, *Two Concepts of Liberty. An Inaugural Lecture Delivered Before the University of Oxford on 31 October 1958*, dt. »Zwei Freiheitsbegriffe« in: ders., *Freiheit,* S. 197-256. Was Shklars spätere Kritik daran anbelangt, siehe Shklar, »Der Liberalismus der Furcht«.

51 Siehe beispielsweise Quentin Skinner, *Freiheit und Pflicht. Hobbes' politische Theorie. Adorno-Vorlesungen 2005.* Aus dem Englischen von Karin Wördemann, Frankfurt/M.: Suhrkamp Verlag, 2005, sowie Daniel T. Rodgers, »Republicanism. The Career of a Concept«, in: *Journal of American History* 79 (1992), S. 11-38.

52 Shklar, *After Utopia,* S. 235.

53 Alfred Cobban, *In Search of Humanity. The Role of the Enlightenment in Modern Thought*, London: Jonathan Cape, 1960, S. 7.

54 Shklar, *After Utopia,* S. 218.

55 Das Gleiche galt für den Amerikaner Peter Gay, der Cobban in dieser Rolle nachfolgte. Peter Gay, *The Enlightenment. An Interpretation,* 2 Bde., New York: Knopf, 1966 und 1969. In einem Vortrag stimmte Berlin 1975 dem Punkt zu, den Gay bei einem früheren Auftritt im Rahmen derselben Vorlesungsreihe am Wolfson College gemacht hatte, dass nämlich die *philosophes* keine »monolithische Gruppe«

gewesen seien und deshalb die Annahme, dass »sie alle dasselbe glaubten«, falsch sei. Siehe Isaiah Berlin, »Some Opponents of the Enlightenment«, online unter ⟨https://berlin.wolf.ox.ac.uk/lists/nachlass/opponents.pdf⟩.

56 Alfred Cobban, »The Enlightenment«, in: *The New Cambridge Modern History*, 14 Bde., Cambridge: Cambridge University Press, 1957-1979, Bd. 7, S. 85-112; ders., *In Search of Humanity.*

57 Alfred Cobban, »The Decline of Political Theory«, in: *Political Science Quarterly* 68 (1953), S. 321-337. Was Cobbans Meinung über Karl Popper anbelangt, siehe ders., »The Open Society. A Reconsideration«, in: *Political Science Quarterly* 69 (1954), S. 119-126.

58 Alfred Cobban, »Cruelty as a Political Problem«, in: *Encounter* 4 (1955), S. 32-39.

59 Shklar, *After Utopia,* S. 245f., wo sie aus Alfred Cobban, *The Crisis of Civilisation,* London: Jonathan Cape, 1941, zitiert.

60 J. F. Bosher, »Alfred Cobban's View of the Enlightenment«, in: *Studies in Eighteenth-Century Culture* 1 (1972), S. 37-59.

61 Judith N. Shklar, »Politics and the Intellect«, in: *Studies in Eighteenth Century Culture* 7 (1978), S. 139-151, wieder abgedruckt in: dies., *Political Thought and Political Thinkers,* S. 94.

62 Siehe zum Beispiel Samuel Moyn, »Mind the Enlightenment«, in: *The Nation,* 12. Mai 2010, sowie ders., »Hype for the Best«, in: *The New Republic*, 19. März 2018.

63 Judith N. Shklar, »A Life of Learning«, Charles Homer Haskins Lecture, American Council of Learned Societies Occasional Paper Nr. 9 (1989).

64 Ihre bewundernde, aber insgeheim vernichtende Besprechung von Berlins *Wider das Geläufige*, die ihre wichtigste öffentliche Stellungnahme zu seinem Werk ist, geht ausführlich auf seinen philosophischen Wertepluralismus ein, ohne die Aufklärung zu erwähnen. Siehe Judith N. Shklar, Besprechung, in: *The New Republic,* 5. April 1980.

65 Shklar, »Ideology Hunting«, S. 686, bzw. *Political Thought and Political Thinkers*, S. 234, wo sie auch bekannte, dass sie die Charakterisierung der »Überlebenskunst« ihres Doktorvaters Carl Joachim Friedrich in *Constitutional Reason of State. The Survival of the Constitutional Order,* Providence: Brown University Press, 1957, Kap. 3, übernommen und erweitert habe.

66 Shklar entwickelte ihre Ansichten im persönlichen und wissenschaftlichen Gespräch mit einem früheren Studenten von Friedrich, Charles Blitzer, auf dessen Doktorarbeit an der Harvard University sich ihre Arbeit über Harrington stützte, dessen Buch über das Thema sie aber ausdrücklich deshalb kritisierte, weil es Harringtons »tiefe Sorge um Stabilität« nicht genügend würdige. Siehe Charles Blitzer, *An Immortal Commonwealth. The Political Thought of James Harrington,* New Haven: Yale University Press, 1960, sowie Shklars Besprechung des Buches, in: *American Political Science Review* 55 (1961), S. 607.

2
Romantik und gutes Leben: Isaiah Berlin

1 John Rawls, *Politischer Liberalismus* (1993). Aus dem Englischen von Wilfried Hinsch, Frankfurt/M.: Suhrkamp Verlag, 1998. Fairerweise muss man sagen, dass der analytische Philosoph Joseph Raz in den letzten Jahrzehnten an einem liberalen Perfektionismus gefeilt hat. Joseph Raz, *The Morality of Freedom,* Oxford: Oxford University Press, 1986; vgl. Jonathan Quong, *Liberalism Without Perfection,* Oxford: Oxford University Press, 2010.

2 Simon Schama, »Flourishing«, in: *The New Republic,* 31. Januar 2005.

3 Ich folge Gerald N. Izenberg, der schreibt, dass die »tatsächliche Geschichte der liberalen Theoriebildung Isaiah Berlins berühmten Gegensatz zwischen negativer und positiver Freiheit komplizierter macht, weil an ihr deutlich wird, dass beide unverzichtbare Bestandteile des europäischen Mainstream-Liberalismus waren.« Gerald N. Izenberg, »Reconciling Individuality and Individualism in European Liberalism. Humboldt to Habermas«, in: *Intellectual History Newsletter* 24 (2002), S. 24.

4 Stendhal, »Racine und Shakespeare« (1823). Aus dem Französischen von Carsten Peter Thiede, in: ders., *Werke,* Frankfurt/M., Berlin, Wien: Propyläen Verlag, 1980, S. 283-333, hier 311.

5 Arthur O. Lovejoy, »On the Discrimination of the Romanticisms«, in: *Publications of the Modern Language Association* 39 (1924), S. 232.

Siehe auch ders., »The Meaning of Romanticism for the Historian of Ideas«, in: *Journal of the History of Ideas* 2 (1941), S. 257-278.

6 Lovejoy, »On the Discrimination«, S. 232.

7 Ebd., S. 233.

8 Jacques Barzun, »To the Rescue of Romanticism«, in: *American Scholar* 9 (1940), S. 147.

9 Jacques Barzun, *Romanticism and the Modern Ego,* Boston: Little, Brown and Company, 1943.

10 Peter Drucker, *Die Zukunft der Industriegesellschaft* (1942). Aus dem Amerikanischen von Johanna Schiche, Düsseldorf, Wien: Econ-Verlag, 1967, Kap. 7 (S. 170-194); Peter Viereck, *Metapolitics. The Roots of the Nazi Mind,* New York: Alfred A. Knopf, 1941; Raoul de Roussy de Sales, *The Making of Tomorrow,* New York: Reynal & Hitchcock, 1942. Während bei Russell die Wahrnehmung der deutschen Niedertracht bis zum Ersten Weltkrieg zurückreichte, stellte er seine berüchtigte Behauptung über Rousseau, den er auch für den »Vater der romantischen Bewegung« hielt, erst 1945 auf. Bertrand Russell, *Philosophie des Abendlandes. Ihr Zusammenhang mit der politischen und der sozialen Entwicklung* (1945). Aus dem Englischen von Elisabeth Fischer-Wernecke und Ruth Gillischewski, Zürich: Europaverlag, 1950, S. 695; vgl. Thomas Akehurst, »Bertrand Russell Stalks the Nazis«, in: *Philosophy Now,* Juli 2013.

11 Ernest Seillière, *Die romantische Krankheit. Fourier, Beyle,* Stendhal (1908). Autorisierte Übersetzung aus dem Französischen von Fr. v. Oppeln-Bronikowski, Berlin: H. Barsdorf, [2]1911.

12 René Wellek, »The Concept of ›Romanticism‹ in Literary History«, in: *Comparative Literature* 1 (1949), S. 1-23 und 147-172.

13 Irving Babbitt, *Rousseau and Romanticism,* Boston, New York: Houghton Mifflin, 1919. Über Babbitt, siehe zum Beispiel T. S. Eliot, »Der Humanismus Irving Babbitts« (1928). Deutsch von Ursula Clemen, in: ders., *Werke,* Teil 2: *Essays I,* Frankfurt/M.: Suhrkamp Verlag, 1967, S. 189-199; Russell Kirk, »The Conservative Humanism of Irving Babbitt«, in: *Prairie Schooner* 26 (1952), S. 245-255, oder Thomas R. Nevin, Irving Babbitt. *An Intellectual Study,* Chapel Hill: The University of North Carolina Press, 1984.

14 Shklar, *After Utopia,* S. 30 (Anm.).

15 Carl Schmitt-Dorotić, *Politische Romantik,* Leipzig: Duncker & Humblot, 1919.

16 Carl Schmitt-Dorotić, »Politische Theorie und Romantik«, in: *Historische Zeitschrift* 123 (1920), S. 377-397; Carl Schmitt, *Politische Romantik*, Leipzig: Duncker & Humblot, [2]1925.
17 Shklar, *After Utopia*, S. 12 (Anm.).
18 Ebd., Kap. 2.
19 Ebd., S. 36.
20 Ebd., S. 14.
21 Ebd., S. 49.
22 Ebd., Kap. 4.
23 Ebd., S. 77.
24 Ebd., S. 96.
25 Ebd., S. 103.
26 Shklar, »Bergson and the Politics of Intuition«.
27 Shklar, *After Utopia*, S. 111.
28 Ebd., S. 112.
29 Siehe zum Beispiel Stephen Holmes, *Die Anatomie des Antiliberalismus* (1993). Aus dem Amerikanischen von Anne Vonderstein, Hamburg: Rotbuch Verlag, 1995, oder Bernard Yack, *The Longing for Total Revolution. Philosophic Sources of Social Discontent from Rousseau to Marx and Nietzsche*, Oakland: The University of California Press, 1986.
30 Zitiert in Alfred Cobban, »The Enlightenment and the French Revolution« (1965), in: ders., *Aspects of the French Revolution*, New York: George Braziller, 1968, S. 18-28, hier 18. Die deutsche Übersetzung stammt aus: H[ippolyte] Taine, *Die Entstehung des modernen Frankreich* (1875). Deutsche Übersetzung von L[eopold] Katscher, Bd. 1: *Das vorrevolutionäre Frankreich*, Leipzig: P.E. Lindner [3][1908], S. 434.
31 In ihrem ersten Aufsatz über Rousseau machte sie 1964 geltend, dass dieser zwar ein Befürworter der »Rebellion« gegen wechselseitige gesellschaftliche Selbstversklavung gewesen sei, der springende Punkt seiner Hoffnung auf menschliche Emanzipation aber darin gelegen habe, herauszufinden, in welchem Maße diese von Hoffnungslosigkeit und dem »Konflikt zwischen Möglichkeit und Wahrscheinlichkeit« überschattet werde. Judith N. Shklar, »Rousseau's Image of Authority«, in: *American Political Science Review* 58 (1964), S. 919. Und in ihrer klassischen Einzelstudie über Rousseau, *Men and Citizens*, hob sie 1969 sogar noch stärker als in *After Utopia*

die fehlende Verbindung zwischen ihm und der romantischen Bewegung hervor. Judith N. Shklar, *Men and Citizens. A Study of Rousseau's Social Theory,* Cambridge: Cambridge University Press, 1969. Zu guter Letzt siehe auch Judith N. Shklar, »Missed Opportunities«, in: *London Review of Books*, 4. August 1983.

32 Jacob L. Talmon, *Die Geschichte der totalitären Demokratie,* Bd. I: *Die Ursprünge der totalitären Demokratie* (1952), Göttingen: Vandenhoeck & Ruprecht, 2013.

33 Edward Hallett Carr, *Sowjetrussland und der Westen* (1947). Aus dem Englischen von Maria Wickert, Köln: Pick, 1948; George H. Sabine, »The Two Democratic Traditions«, in: *Philosophical Review* 61 (1952), S. 451-474; sowie ders., Besprechung von Talmon, in: *Philosophical Review* 62 (1953), S. 147-151. Talmon fügt sich sehr gut in die allgemeine Frontstellung gegen das Selbstbestimmungsrecht des Volkes während des Kalten Krieges ein, es sei denn, es fiele instrumentalistisch oder minimalistisch aus. Siehe Kyong-Min Sons exzellentes Buch *The Eclipse of the Demos. The Cold War and the Crisis of Democracy Before Neoliberalism,* Lawrence: University Press of Kansas, 2020.

34 T. E. Utley, »Revolution or Balance?«, in: *Times Literary Supplement,* 30. Mai 1952.

35 Ebd.

36 T. E. Utley, »Foreword«, in: J. L. Talmon, *Utopianisms and Politics,* London: Conservative Political Centre, 1957, S. 6.

37 Shklar, *After Utopia,* S. 236.

38 Ebd., S. 237.

39 Als sie 1969 ihre Rousseau-Studie schrieb, rang Shklar sich nicht dazu durch, auf ihn einzugehen oder ihn auch nur zu erwähnen – was stark darauf hindeutet, dass sie dies nicht für lohnenswert hielt.

40 John Chapman, *Rousseau. Totalitarian or Liberal?,* New York: Columbia University Press, 1956.

41 Jacob L. Talmon, *Die Geschichte der totalitären Demokratie,* Bd. II: *Politischer Messianismus. Die romantische Phase* (1960), Göttingen: Vandenhoeck & Ruprecht, 2013.

42 J. L. Talmon, *Romanticism and Revolt. Europe, 1815-1848,* New York: Harcourt, Brace & World, 1967.

43 Talmon, *Politischer Messianismus,* S. 22f.

44 Ebd., S. 215

45 Gina Gustavsson, »Berlin's Romantics and Their Ambiguous Legacy«, in: Joshua L. Cherniss, Steven B. Smith (Hg.), *Cambridge Companion to Isaiah Berlin*, Cambridge, New York: Cambridge University Press, 2018, S. 150.

46 Neben der im vorherigen Kapitel zitierten Literatur, siehe zum Beispiel Jeremy L. Caradonna, »There Was No Counter-Enlightenment«, in: *Eighteenth-Century Studies* 49 (2015), S. 51-69; Joseph Mali, Robert Wokler (Hg.), *Isaiah Berlin's Counter-Enlightenment* (= *Transactions of the American Philosophical Society* 93), Philadelphia 2003; Robert E. Norton, »The Myth of the Counter-Enlightenment«, in: *Journal of the History of Ideas* 68 (2007), S. 635-658; Bernard Yack, »The Significance of Isaiah Berlin's Counter-Enlightenment«, in: *European Journal of Political Theory* 12 (2013), S. 49-60.

47 Abhandlungen in Buchform begannen mit John Gray, *Isaiah Berlin,* Princeton: Princeton University Press, 1996.

48 Isaiah Berlin, »Freedom«, in: ders., *Flourishing.*

49 Isaiah Berlin, »Die Revolution der Romantik. Eine Krise in der neuzeitlichen Geistesgeschichte«, in: ders., *Wirklichkeitssinn. Ideengeschichtliche Untersuchungen* (1996). Aus dem Englischen von Fritz Schneider, Berlin: Berlin Verlag, 1998, S. 291-330, hier 291-294.

50 Isaiah Berlin, *Die Wurzeln der Romantik* (1999). Aus dem Englischen von Burkhardt Wolf, Berlin: Berlin Verlag, 2004, S. 24.

51 Ebd.

52 Talmon, *Politischer Messianismus,* Dritter Teil, Kap. II.

53 Berlin, *Freedom and Its Betrayal*, S. 52.

54 Isaiah Berlin, *Political Ideas in the Romantic Age. Their Rise and Influence,* London: Chatto & Windus, 2006, S. 180.

55 Zitiert in Christopher Brooke, »Isaiah Berlin and the Origins of the ›Totalitarian‹ Rousseau«, in: Brockliss, Robertson (Hg.), *Isaiah Berlin and the Enlightenment,* S. 90.

56 Isaiah Berlin, »A Tribute to My Friend« in: Jacob L. Talmon, *Mission and Testimony. Political Essays,* Brighton: Sussex Academic Press, 2015, S. 18.

57 Isaiah Berlin, Brief an Jacob Talmon, 30. Dezember 1952, in: ders., *Enlightening. Letters, 1946-1960,* London: Chatto & Windus, 2009, S. 354.

58 Berlin, *Freedom and Its Betrayal,* S. 50.

59 [T. E. Utley,] »The Fate of Liberty«, in: *The Times,* 6. Dezember 1952. Was Berlins Angst anbelangt, von Leuten wie Utley auf ein Podest gestellt zu werden, siehe Berlin an Herbert Elliston, 30. Dezember 1952, in: ders., *Enlightening,* S. 349 f.

60 Brooke, »Isaiah Berlin«.

61 Berlin, *Die Wurzeln der Romantik,* S. 102.

62 Ebd., S. 23.

63 Berlin, »Die Revolution der Romantik«, S. 310-312.

64 Berlin, »Zwei Freiheitsbegriffe« (1961) und »John Stuart Mill und die Ziele des Lebens« (1958), in: ders., *Freiheit,* S. 197-256 bzw. S. 257-293.

65 Shklar räumte ein, Mill sei »im gleichen Maße romantisch wie liberal gewesen«, denn »in manchen Fällen kann beides zusammen auftreten«, bestand aber darauf, sie letztendlich voneinander zu trennen. Shklar, *After Utopia,* S. 231; vgl. dazu das Buch ihrer Studentin Nancy Rosenblum, *Another Liberalism. Romanticism and the Reconstruction of Liberal Thought,* Cambridge, Mass.: Harvard University Press, 1987.

66 Siehe Lionel Gossman, »Constant on Liberty and Love«, in: *Transactions of the American Philosophical Society* 93 (2003), S. 133-162.

67 Berlin, »John Stuart Mill«, S. 286.

68 Ebd., S. 274.

69 Berlin, »Zwei Freiheitsbegriffe«, S. 209.

70 Ich werde in Kapitel 5 auf Berlins eigenes Verständnis der moralischen Bedeutung von kollektiver Abgrenzung für den Aufstieg des romantischen Nationalismus zurückkommen.

71 Alan Ryan, »Isaiah Berlin. The History of Ideas as Psychodrama«, in: *European Journal of Political Theory* 12 (2012), S. 71.

72 Ebd.

3
Die Schrecken der Geschichte und des Fortschritts: Karl Popper

1 Norman Stone, *The Atlantic and Its Enemies. A History of the Cold War,* New York City. Basic Books, 2010.

2 Eran Shalev, »The Missing Revolution. The Totalitarian Democracy in Light of 1776«, in: *History of European Ideas* 34 (2007), S. 158-168.

3 Isaiah Berlin an Elizabeth Hardwick, 9. November 1968, in: ders., *Building. Letters, 1960-1975*, London: Chatto & Windus, 2013, S. 363.

4 *Observer,* 14. Oktober 1990, zitiert in Perry Anderson, »The Pluralism of Isaiah Berlin«, in: ders., *A Zone of Engagement,* London, New York: Verso, 1992, S. 230.

5 Malachi Haim Hacohen, *Karl Popper – The Formative Years, 1902-45. Philosophy and Politics in Interwar Vienna,* Cambridge: Cambridge University Press, 2000, S. 390.

6 Siehe Friedrich Meinecke, *Die Entstehung des Historismus* (1936), München: Oldenburg, [2]1965. Was die umfangreiche neuere Literatur anbelangt, siehe Charles R. Bambach, *Heidegger, Dilthey, and the Crisis of Historicism,* Ithaca: Cornell University Press, 1995, oder John Toews, *Becoming Historical. Cultural Reformation and Public Memory in Nineteenth-Century Germany,* Cambridge: Cambridge University Press, 2004.

7 Karl Löwith, *Meaning in History. The Theological Implications of the Philosophy of History* (1949), das 1953 unter dem Titel *Weltgeschichte und Heilsgeschehen. Die theologischen Voraussetzungen der Geschichtsphilosophie* (Stuttgart: Kohlhammer) auf Deutsch erschien.

8 Diese Stellen aus Alexis de Tocqueville, *Über die Demokratie in Amerika,* Zweiter Teil (1840). Aus dem Französischen von Hans Zbinden, Zürich: Manesse, 1987, S. 223f., werden in meinem Lieblingsbuch über Hegel zitiert, in dem es an zentraler Stelle um die schicksalhaften und reformistischen christlichen Ursprünge seines Denkens geht, wodurch Prämissen erfasst werden, die bestimmte Liberale im 19. Jahrhundert teilten. Laurence Dickey, *Hegel. Religion, Economics, and the Politics of Spirit, 1770-1807,* Cambridge: Cambridge University Press, 1987, S. 292f.

9 Benjamin Kohlmann, *British Literature and the Life of Institutions. Speculative States,* Oxford: Oxford University Press, 2021.

10 Gerhart B. Ladner, *The Idea of Reform. Its Impact on Christian Thought and Action in the Age of the Fathers,* Cambridge, Mass.: Harvard University Press, 1959.

11 Siehe besonders Michael Freeden, *The New Liberalism. An Ideology of Social Reform,* Oxford: Clarendon Press, 1978; ders., *Liberalism Divided. A Study in British Political Thought,* 1914-1939, Oxford:

Clarendon Press, 1986; und ders., *Liberal Languages. Ideological Imaginations and Twentieth-Century Progressive Thought,* Princeton: Princeton University Press, 2005.

12 George Dangerfield, *The Strange Death of Liberal England,* New York: H. Smith & R. Hass, 1935.

13 Siehe zum Beispiel Morton White, *Social Thought in America. The Revolt Against Formalism,* New York: Viking Press, 1949.

14 George Santayana, *Egotism in German Philosophy,* London, Toronto: J. M. Dent, 1916.

15 James Campbell, »Dewey and German Philosophy in Wartime«, in: *Transactions of the Charles Sanders Peirce Society* 40 (2004), S. 1-20.

16 Was die frühe Verwirrung in Bezug auf die bolschewistische Revolution angesichts von liberalem Optimismus und Progressismus anbelangt, siehe Christopher Lasch, *The American Liberals and the Russian Revolution,* New York: Columbia University Press, 1962. Vgl. dazu im Verlauf der 1920er und 1930er Jahre, zum Beispiel René Fülöp-Miller, *Geist und Gesicht des Bolschewismus. Darstellung und Kritik des kulturellen Lebens in Sowjet-Rußland,* Zürich: Amalthea-Verlag, 1926, oder Waldemar Gurian, *Der Bolschewismus. Einführung in Geschichte und Lehre,* Freiburg: Herder, 1931. Was einen frühen amerikanischen Fall angeht, der die Regel bestätigt, denke man an Max Eastman, der, wie John Patrick Diggins schreibt, in seinem trotzkistischen Buch *Marx and Lenin. The Science of Revolution,* New York: A. und C. Boni, 1927, »der erste Amerikaner gewesen ist, der die Verbindung zwischen Hegel und Marx erfasst hat«, aber nicht »um sie zu untermauern, sondern um sie zurückzuweisen«. Im Unterschied zu den westlichen Marxisten in Europa, die Georg Lukács folgten, regte Eastman an, dass im Namen des wissenschaftlichen Marxismus die hegelianischen Quellen aus dem Marxismus entfernt werden müssten, was W. I. Lenin nach Einschätzung von Eastman mit der »revolutionären Ethik« getan hatte. Eastmans Argumentation, die Edmund Wilson stark beeinflusste, führte später zu seiner Hinwendung zum Kalte-Krieg-Liberalismus. John Patrick Diggins, *Up from Communism. Conservative Odyssey in American Intellectual History,* New York: Harper & Row, 1975, S. 44.

17 In seinen Lebenserinnerungen führte Popper seine Überlegungen in Bezug auf die Zurückweisung der wissenschaftlichen Ansprüche des Marxismus auf die Jahre 1918-1920 zurück, räumte aber ein, dass es

16 Jahre gedauert habe, bis er sich der politischen Theorie zuwandte, und den Anschluss*, bis er zur Feder griff. Karl R. Popper, *Ausgangspunkte. Meine intellektuelle Entwicklung* (1976). Übersetzt von Friedrich Griese, Tübingen: J. C. B. Mohr (Paul Siebeck), 2012, Kap. 8.

18 Karl R. Popper, *Die offene Gesellschaft und ihre Feinde,* Bd. I: *Der Zauber Platons* (1945). Aus dem Englischen von Paul K. Feyerabend, München: A. Francke, [4]1975, S. 6.

19 Marcel van der Linden, *Von der Oktoberrevolution zur Perestroika. Der westliche Marxismus und die Sowjetunion* (1989). Aus dem Niederländischen von Klaus Mellenthin, Frankfurt/M.: dipa-Verlag, 1992, S. 84: »Alle Kritiker der Sowjetunion schienen nun zu der Überzeugung zu gelangen, daß die Ereignisse im ›Vaterland der Werktätigen‹ nicht länger unreflektiert mit der klassischen unilinearen Einteilung in Übereinstimmung gebracht werden konnten.«

20 Karl R. Popper, *Das Elend des Historizismus* (1944). Aus dem Englischen von Leonhard Walentik, Tübingen: J. C. B. Mohr (Paul Siebeck), [6]1987, S. 41.

21 Karl R. Popper, *Die offene Gesellschaft und ihre Feinde,* Bd. II: *Falsche Propheten. Hegel, Marx und die Folgen* (1945). Aus dem Englischen von Paul K. Feyerabend, Tübingen: J. C. B. Mohr (Paul Siebeck), [7]1992, S. 326.

22 Karl R. Popper, »Was ist Dialektik?« (1937), in: ders., *Vermutungen und Widerlegungen. Das Wachstum wissenschaftlicher Erkenntnis* (1963). Übersetzt von Gretl Albert, Melitta Mew, Karl R. Popper, Eva Schiffer und Georg Siebeck, Tübingen: J. C. B. Mohr (Paul Siebeck), [2]2009, S. 478-514, hier 509.

23 Aurel Kolnai, *The War Against the West,* New York: Viking Press, 1938.

24 Karl R. Popper, »[Draft] Preface to American Edition«, in: ders., *After the Open Society. Selected Social and Political Writings,* London, New York: Routledge, 2008, S. 174. Rousseau hat Popper unterwegs übersprungen – obwohl es wahrscheinlich nicht sonderlich beruhigend ist, dass Berlin sich 1959 in einem Brief an Popper damit brüstete, er »empfinde Rousseau gegenüber mindestens so viel Feindschaft wie Sie«. Berlin, *Enlightening,* S. 681.

25 Popper, *Die offene Gesellschaft,* Bd. II, S. 490; Hacohen, *Karl Popper*, S. 438 f. Was eine Widerlegung anbelangt, siehe auch Walter

Kaufmann, *From Shakespeare to Existentialism. An Original Study*, Boston: Beacon Press, 1959, Kap. 7.

26 Jan-Werner Müller behauptet, die »meisten« Vertreter:innen des Kalte-Krieg-Liberalismus hätten »Marx eindeutig bewundert – zumindest in gewissem Maße«. Dies stimmt, insoweit sie davon überzeugt waren, dass eine gründliche Beschäftigung mit Marx' Theorie wichtig war. Für Berlin gilt dies nicht unbedingt – da er trotz seines frühen Buches über das Thema während des Kalten Krieges nicht wieder auf Marx zurückkam – und Talmons Handhabung von Marx ist nicht gerade überwältigend, um es milde auszudrücken. Dagegen hat Raymond Aron einmal geäußert, er »habe dem Einfluss von Montesquieu oder Tocqueville nichts zu verdanken [...]. Beinahe gegen meinen eigenen Willen interessiere ich mich weiterhin mehr für die Geheimnisse des *Kapitals* als für die transparente und schwermütige Prosa der *Demokratie in Amerika*.« Poppers Marx-Bild bin ich hier nicht nachgegangen, es ist aber klar, dass es Arons widerwilligem Respekt näherkam als das der anderen Vertreter:innen des Kalte-Krieg-Liberalismus. Jan-Werner Müller, »The Contours of Cold War Liberalism«, S. 52; Talmon, *Politischer Messianismus*, Erster Teil, Kap. IV; das Raymond-Aron-Zitat findet sich in Pierre Rosanvallon, »Raymond Aron préférait Marx à Tocqueville«, in: *Le Monde*, 30. Januar 2003.

27 Hacohen, *Karl Popper*, S. 448.

28 Maurice Merleau-Ponty, *Humanismus und Terror* (1947). Aus dem Französischen von Eva Moldenhauer, Frankfurt/M.: Suhrkamp (Syndikat-Reprise), 1966, S. 57.

29 Ebd., S. 143.

30 François Furet, *Das Ende der Illusion. Der Kommunismus im 20. Jahrhundert* (1995). Aus dem Französischen von Karola Bartsch, Eliane Hagedorn, Christine Krüger und Barbara Reitz, München, Zürich: Piper Verlag, 1996, S. 625.

31 Tony Judt, »Abschied von gestern? Leszek Kołakowski und das marxistische Erbe« (2006), in: ders., *Das vergessene 20. Jahrhundert. Die Rückkehr des politischen Intellektuellen* (2008). Aus dem Amerikanischen von Matthias Fienbork, München: Carl Hanser Verlag, 2010, S. 135-150, hier 145.

32 »Isaiah Berlin in Conversation with Steven Lukes«, S. 134.

33 Immanuel Kant habe ich in dieser Studie nicht berücksichtigt, und auf welche Weise die Vertreter:innen des Kalte-Krieg-Liberalismus um seine Unterbringung im Kanon rangen, ist ein unbearbeitetes Thema, das eine separate Behandlung verdient. Kurz gesagt, deuten die Belege darauf hin, dass im Verhältnis zu Rousseau, Hegel und Marx bei Kant Zurückhaltung an den Tag gelegt wurde – insbesondere im Vergleich zur Kant-Apotheose des Postmarxisten Jürgen Habermas und des Nichtmarxisten John Rawls im spätliberalen Zeitalter. Die meisten Vertreter:innen des Kalte-Krieg-Liberalismus nahmen sich allerdings die Freiheit, ihn, wie Fichte, in die Geschichte vom Weg zur Knechtschaft durch Rousseau und Konsorten einzufügen. Siehe vor allem Berlins verschiedene Bearbeitungen, die mit *Political Ideas in the Romantic Age* (2006) anfingen.

34 Berlin, *Karl Marx*, S. 63.

35 Joshua L. Cherniss, »Isaiah Berlin's Political Ideas. From the Twentieth Century to the Romantic Age«, in: Berlin, *Political Ideas*, S. lxxix (Anm.).

36 Isaiah Berlin, »Historische Unvermeidlichkeit« (1954), in: ders., *Freiheit. Vier Versuche*, S. 113-195, hier 120 und 306 (Anm. 7).

37 Karl Popper an Isaiah Berlin, 17. Februar 1959, in: Popper, *After the Open Society*, S. 199.

38 Berlin, *Karl Marx*, S. 56. Und in Bezug auf Hegels Standpunkt fügte er hinzu: »Wenn die Geschichte Gesetze hat, müssen diese Gesetze offensichtlich von dem, was bisher als einzig mögliches Vorbild eines wissenschaftlichen Gesetzes galt, abweichen.« (Ebd., S. 60) Oder: »Wenn Geschichte eine Wissenschaft ist, so darf diese nicht verfälscht werden durch falsche Analogien zur Physik oder Mathematik«, die eher generalisierten als partikularisierten (ebd., S. 63).

39 Siehe Berlin, *Political Ideas*, S. 261-270, sowie ders., »The Concept of Scientific History«, in: ders., *Concepts and Categories. Philosophical Essays*, London: Hogarth Press, 1978. Siehe außerdem Isaiah Berlin an Burton Dreben, 22. Januar 1953, in: ders., *Enlightening*, S. 357 f.

40 Berlin, *Political Ideas*, Kap. 4.

41 Berlin, *Freedom and Its Betrayal*, S. 106.

42 Quentin Skinner, »A Third Concept of Liberty«, in: *London Review of Books*, 4. April 2002; Joshua L. Cherniss, *A Mind and Its Time. The Development of Isaiah Berlin's Political Thought*, Oxford: Oxford University Press, 2013, Kap. 7.

43 Brief von Isaiah Berlin an Jacob Talmon, 28. April 1978, in: Berlin, *Affirming*, S. 71.

44 Talmon, *Politischer Messianismus*, S. 25; vgl. Talmon, *Romanticism and Revolt*, Kap. 3.

45 Talmon, *Politischer Messianismus*, S. 245.

46 Die Formulierung stammt aus Casey Nelson Blake u. a., *At the Center. American Thought and Culture in the Mid-Twentieth Century*, Lanham: Rowman & Littlefield, 2020, S. 75.

47 Shklar, *After Utopia*, S. 220.

48 Judith N. Shklar, *Freedom and Independence. A Study of the Political Ideas of Hegel's ›Phenomenology of Mind‹*«, Cambridge, New York: Cambridge University Press, 1976.

49 Shklar, *After Utopia*, S. 257f.

50 Ebd., S. 262.

51 Ebd., S. 75. Was einen Überblick über die verspätete Kanonisierung Kierkegaards jenseits des Atlantiks anbelangt, siehe Samuel Moyn, »Anxiety and Secularization. Søren Kierkegaard and the Twentieth-Century Invention of Existentialism«, in: Robert Bernasconi, Jonathan Judaken (Hg.), *Situating Existentialism. Key Texts in Contexts*, New York: Columbia University Press, 2012, S. 279-304.

52 Shklar, »Die Romantik der Niederlage«, S. 14 (*After Utopia*, S. 126). Trotz all ihrer Scheingefechte mit dem Hegelianismus und dem Marxismus, schrieb Shklar, sei sogar für Merleau-Ponty und Sartre der »Glaube an eine objektiv verstehbare Geschichte ausgeschlossen« (ebd., S. 16, *After Utopia*, S. 127).

53 Shklar, *After Utopia*, S. 130.

54 Zitiert, ebd. Albert Camus, *Der Mensch in der Revolte. Essays* (1951). Aus dem Französischen von Justus Streller, neu bearbeitet von Georges Schlocker unter Mitarbeit von François Bondy, Reinbek bei Hamburg: Rowohlt Verlag, 1953, S. 146.

55 Shklar, *After Utopia*, S. 238.

56 Ebd., S. 246f.

57 Judith N. Shklar, *Legalism*, Cambridge, Mass.: Harvard University Press, 1964, S. 203.

58 Ebd., S. 204.

59 Karl Popper an Herbert Read, 21. Juli 1944, in: ders., *After the Open Society*, S. 114.

60 Karl Popper an Friedrich Hayek, 15. März 1944, in: ders., *After the Open Society*, S. 115.

61 Popper, *Das Elend des Historizismus*, S. 55f.

62 Popper an Hayek, 11. Januar 1947, in: ders., *After the Open Society*, S. 116.

63 Friedrich A. von Hayek, *Gesammelte Schriften in deutscher Sprache*, Abt. B, Bd. 2: *Mißbrauch und Fall der Vernunft* (1955). Aus dem Englischen von Helene von Hayek, Tübingen: J. C. B. Mohr (Paul Siebeck), [3]2004; vgl. Bruce Caldwell, »Popper and Hayek. Who Influenced Whom?«, in: Ian Jarvie u. a. (Hg.), *Karl Popper. A Centenary Assessment*, 2 Bde., Bd. 1, Farnham: Ashgate, 2006, S. 111-124, sowie Mark Notturno, *Hayek and Popper. On Rationality, Economism, and Democracy*, New York: Routledge, 2014.

64 Siehe zum Beispiel John N. Gray, *Freiheit im Denken Hayeks* (1984). Aus dem Englischen von Alfred und Hertha Bosch, Tübingen: J. C. B. Mohr (Paul Siebeck), 1995, S. 113f.

65 Zitiert in Hacohen, *Karl Popper*, S. 485. Es gibt allerdings keinen Beleg dafür, dass Hayeks Lehrmeister Ludwig von Mises trotz seiner Kritik an der »Lehre von der Unentrinnbarkeit des Sozialismus« im Zuge seiner Auseinandersetzung mit ihm im Jahr 1922 Popper zu seinen Ansichten verhalf. Ludwig Mises, *Die Gemeinwirtschaft. Untersuchungen über den Sozialismus*, Jena: Verlag von Gustav Fischer, 1922, III. Teil.

66 Hacohen, *Karl Popper*, S. 484.

67 Isaiah Berlin an Morton White, 22. März 1954, in: ders., *Enlightening*, S. 437.

68 Jan-Werner Müller, »Introduction. Concepts, Characters, and the Specter of New Cold Wars«, in: ders. (Hg.), *Isaiah Berlin's Cold War Liberalism*, S. 7.

69 Lionel Trilling, »Preface«, in: ders., *The Opposing Self. Nine Essays in Literary Criticism*, New York: Viking Press, 1955, S. xi.

70 Ben Jackson, »Richard Titmuss versus the IEA. The Transition from Idealism to Neo-Liberalism in British Social Policy«, in: Lawrence Goldman (Hg.), *Welfare and Social Policy in Britain Since 1870. Essays in Honor of Jose Harris*, Oxford: Oxford University Press, 2019, S. 147-161. Siehe auch David Edgerton, »What Came Between New Liberalism and Neoliberalism? Rethinking Keynesianism, the Welfare State and Social Democracy«, in: Aled Davies u. a. (Hg.),

The Neoliberal Age? Britain Since the 1970s, London: UCL Press, 2021, S. 30-51.

71 Charles Troup, »The Politics of the British ›Hegel Revival‹ and the Crisis of the 1970s« (unveröffentlicht).

4
Jüdisches Christentum: Gertrude Himmelfarb

1 Über diese Zeit hat Himmelfarb 1995 auf dem Sender C-Span mit Brian Lamb gesprochen: ⟨https://www.c-span.org/video/?63787-1/the-de-moralization-society⟩.

2 Lynne V. Cheney, »Historian Gertrude Himmelfarb«, in: *Humanities*, Mai/Juni 1991.

3 Gertrude Himmelfarb, »The Political Philosophy of Robespierre« (M.A.-Thesis, University of Chicago, 1944), S. 1.

4 Ebd., S. 17 (Anm.). Im selben Jahr rezensierte Irving Kristol Koestlers Schriften und lobte, dass dieser den stalinistischen »Kult um die Nachwelt und die Geschichte« anklage und ihm das »Gewissen« entgegenstelle, das »instinktiv christlich und human« sei. Irving Kristol, »Koestler. A Note on Confusion«, in: *Politics*, Mai 1944.

5 Himmelfarb, »The Political Philosophy«, S. 6.

6 Ebd., S. 118.

7 Cheney, »Historian Gertrude Himmelfarb«.

8 Gertrude Himmelfarb, »Lord Acton«, Historiografie-Seminar, Februar 1945, in: Nachlass von Louis Gottschalk (im Folgenden: Gottschalk-Nachlass), Schachtel 36, Mappe 10, Hanna Holborn Gray Special Collections Research Center, Bibliothek der University of Chicago.

9 Brief von Gertrude Kristol an Louis Gottschalk, 7. August 1947, Gottschalk-Nachlass, Schachtel 2, Mappe 10. An die Frostbeulen erinnerte sie sich noch 50 Jahre später, siehe Cheney, »Historian Gertrude Himmelfarb«.

10 Lord Acton, *Essays on Freedom and Power*, hg. v. Gertrude Himmelfarb, Glencoe: Free Press, 1948. Ab 1955 fand die Meridian-Taschenbuchausgabe weite Verbreitung.

11 Gertrude Himmelfarb, »The American Revolution in the Political Theory of Lord Acton«, in: *Journal of Modern History* 21 (1949), S. 293-312. Über die Archivalien, siehe Owen Chadwick, »Acton and Butterfield«, in: *Journal of Ecclesiastical History* 38 (1987), S. 397 (Anm.).

12 Gertrude Himmelfarb, *Lord Acton. A Study in Conscience and Politics,* Chicago: The University of Chicago Press, 1952.

13 Herman Finer, *Road to Reaction,* Boston: Little, Brown and Company, 1945; ders., »Preface«, in: Acton, *Essays,* S. viii-ix.

14 Crane Brinton, Besprechung von Lord Acton, *Essays on Freedom and Power,* in: *Annals of the American Academy of Political and Social Science* 262 (1949), S. 206.

15 Himmelfarb, »Lord Acton«, S. 1.

16 Ebd., S. 16f.

17 Lord Acton, *Lectures on Modern History*, S. 27, zitiert in Himmelfarb, »Lord Acton«, S. 20.

18 Gertrude Himmelfarb, »Introduction«, in: Acton, *Essays,* S. xxxvii. Für die Taschenbuchausgabe von 1955 wurde die Einleitung stark gekürzt.

19 Ebd., S. xxxviii, wo sie aus einem Manuskript von Acton zitiert.

20 Ebd., S. xxxix.

21 David Mathew, *Acton. The Formative Years,* London: Eyre & Spottiswoode, 1946. Mit Herbert Butterfield stimmte Himmelfarb darin überein, dieses erste Nachkriegsbuch zum Thema als lausig zu betrachten: Himmelfarb, *Lord Acton,* S. 243f., Brief an Gottschalk vom 7. August 1947, und Herbert Butterfield, Besprechung von Mathews Buch, in: *English Historical Review* 61 (1946), S. 412-417.

22 Himmelfarb, »Introduction«, in: *Acton, Essays,* S. lxiii, Zitat aus Francis Gasquet (Hg.), *Lord Acton and His Circle*, London: Burns and Oates, 1906, S. 60.

23 Siehe auch Himmelfarb, *Lord Acton,* S. 77-82. Eine andere Schilderung findet sich in Christopher Clausen, »Lord Acton and the Lost Cause«, in: *American Scholar* 69 (2000), S. 49-58.

24 Himmelfarb, »The American Revolution«, S. 295.

25 Ebd., S. 297.

26 Ebd., S. 298.

27 Zitat aus Actons Manuskripten, in: Himmelfarb, »Introduction«, S. lxiii, und Himmelfarb, »The American Revolution«, S. 312.

28 Gertrude Himmelfarb, »The Hero as Moralist«, in: *The Twentieth Century,* Mai 1953.

29 Himmelfarb, *Lord Acton,* S. viii.

30 Hans Kohn, »Power Tends to Corrupt«, in: *The New York Times,* 11. Januar 1953. »Himmelfarb hat mir einmal gesagt, dass sie das Buch nicht besonders mochte, deshalb zögere ich, es als charakteristisch für ihr Spätwerk zu betrachten. Offen gestanden meine ich aber, dass ihre Einstellung dazu unangebrachter Bescheidenheit oder einem unumgänglichen Erschaudern bei der Begegnung mit altklugen Äußerungen des eigenen sehr viel jüngeren Ichs geschuldet sein könnte. Faktisch ist das Buch ein Meisterwerk, und wer es im Lichte ihres Spätwerks liest, wird schlicht und einfach vom Grad verblüfft sein, in dem die Kernbegriffe, die ihr Lebenswerk definieren sollten, in ihrer allerersten großen wissenschaftlichen Unternehmung nicht nur offenkundig, sondern bereits nahezu vollumfänglich und durchdacht entwickelt waren.« Yuval Levin, »The Historian as Moralist«, in: *National Review,* 31. Dezember 2019.

31 Himmelfarb, *Lord Acton,* S. 176.

32 Bemerkenswert ist Himmelfarbs Kenntnisnahme von Jacques Maritain und seinen Schülern in jenen Jahren, die den epistemologischen Autoritarismus des Katholizismus – »*Error non habet ius* (Wer irrt, ist nicht im Recht) – bei aller Liberalisierung nie wirklich aufgaben. Siehe Himmelfarb, »Introduction«, S. l-lvi, sowie dies., »Truth, Freedom and Autority« (Besprechung von Yves Simon, *Community of the Free*), in: *Commentary,* Juni 1948 – ihrem ersten Beitrag für dieses Meinungsorgan.

33 Himmelfarb, *Lord Acton,* S. 228. Zu Hegelianismus, Pelagianismus und Reformen, siehe Gerhart Ladner, *The Idea of Reform. Its Impact on Christian Thought and Action in the Age of the Fathers,* Cambridge, Mass.: Harvard University Press, 1959, sowie Dickey, *Hegel;* über Pelagianismus und Liberalismus, siehe Eric Nelson, *The Theology of Liberalism. Political Philosophy and the Justice of God,* Cambridge, Mass.: The Belknap Press of Harvard University Press, 2019, und meinen Aufsatz »Rawls and Theodicy«, in: *Commonweal,* 30. Oktober 2019.

34 Himmelfarb, *Lord Acton,* S. 203f.

35 Diese Daten verdanke ich Butterfields Biograf Michael Bentley (persönliche Mitteilung).

36 Himmelfarb, »Introduction«, S. xliv, was auf Herbert Butterfield, *The Whig Interpretation of History,* London: G. Bell and Sons, 1931, S. v, anspielt, ihn aber nicht direkt zitiert.

37 Gertrude Himmelfarb, »Whigged Out«, in: *The New Republic,* 11. Oktober 2004, in ihrer Besprechung von C. T. McIntire, Herbert Butterfield. *Historian as Dissenter,* New Haven: Yale University Press, 2004. Die berühmteste Version dieser Klage ist natürlich die von E. H. Carr in *What is History?,* New York: Vintage Books, 1961.

38 H. Butterfield, *Lord Acton,* London: The Historical Association, 1948, S. 23; Michael Bentley, *The Life and Thought of Herbert Butterfield. History, Science, and God,* Cambridge: Cambridge University Press, 2011, bes. Kap. 2.

39 »Nicht einmal die Geschichte des deutschen Militarismus wird uns je ein Licht aufstecken können oder der Welt helfen, wenn der Mensch, der sich damit beschäftigt, sie bloß hasst oder sogar die Sünder genauso hasst wie die Sünde.« Herbert Butterfield, *The Study of Modern History. An Inaugural Lecture,* London: G. Bell and Sons, 1944, S. 17.

40 Butterfield, *Lord Acton,* S. 4f.

41 Herbert Butterfield, *Christentum und Geschichte* (1949). Aus dem Englischen von Sylvia Erdmann, Stuttgart: Engelhornverlag Adolf Spemann, 1952; ders., *Lord Acton,* S. 11.

42 Harold T. Parker, »Herbert Butterfield«, in: S. William Halperin (Hg.), *Some 20th-Century Historians. Essays on Eminent Europeans,* Chicago: The University of Chicago Press, 1961, S. 75-101, hier 100.

43 Herbert Butterfield, »Lord Acton«, in: *Cambridge Journal* 6 (1953), S. 484. Butterfield ließ sich zu keiner strikten Unterscheidung zwischen Liberalismus und Whiggismus hinreißen, als er anmerkte, dass die Amerikanische Revolution mit der »Lancierung eines neuen internationalen, extraterritorialen und universalen Whiggismus« einhergegangen sei. »Die moderne Freiheit kam nämlich nicht aus dem urtümlichen deutschen Wald, sondern aus den Wäldern Pennsylvanias.« Butterfield, *Lord Acton,* S. 20f.

44 Gertrude Himmelfarb an Herbert Butterfield, 19. Juli 1947, Nachlass von Herbert Butterfield, Cambridge University Library (im Folgenden: Butterfield-Nachlass), 531/K/181.

45 Himmelfarb, *Lord Acton,* S. ix.

46 Herbert Butterfield, Lesebericht für Routledge und Kegan Paul, 5. Oktober 1951, Butterfield-Nachlass, GBR/0012/MS Butterfield 1.

47 Brief von Herbert Butterfield an Robert Burr, 4. November 1973, Butterfield-Nachlass, GBR/0012/MS Butterfield 531/H/90.

48 Himmelfarb, »Whigged Out«.

49 Ebd. Was Butterfields Dialog mit dem Marxismus anbelangt, siehe Herbert Butterfield, »History and the Marxian Method«, in: *Scrutiny* 1 (1932/1933), S. 339-355, sowie »Marxist History«, in: ders., *History and Human Relations,* London: Collins, 1951.

50 Ved Mehta, *Fly and the Fly-Bottle. Encounters with British Intellectuals,* Boston: Little, Brown, 1962, S. 208.

51 Noel Annan, *Our Age. Portrait of a Generation,* London: Weidenfeld and Nicolson, 1990, S. 392f.

52 Himmelfarb, »Whigged Out«. Vgl. Reba N. Soffers einfühlsame Schilderung von Butterfield in ihrem Buch *History, Historians, and Conservatism in Britain and America. From the Great War to Thatcher and Reagan,* Oxford, New York: Oxford University Press, 2009, Kap. 6.

53 F.A. Hayek, »The Historian's Responsibility«, in: *Time and Tide,* 13. Januar 1945.

54 Ich habe zurückgegriffen auf F.A. Hayek, »Historians and the Future of Europe«, in: ders., *The Fortunes of Liberalism. Essays on Austrian Economics and the Ideal of Freedom,* Chicago: The University of Chicago Press, 1992, S. 203f. und 209. Übers. C.P.

55 Ebd., S. 209. Zu Burckhardts kometenhaften Aufstieg, siehe Friedrich Meinecke, *Ranke und Burckhardt. Ein Vortrag, gehalten in der Deutschen Akademie der Wissenschaften zu Berlin*, Berlin: Akademie-Verlag, 1948. Vgl. H.R. Trevor-Roper, »Jacob Burckhardt«, in: *Proceedings of the British Academy* 70 (1984), S. 359-378; Lionel Gossman, *Basel in der Zeit Jacob Burckhardts. Eine Stadt und vier unzeitgemässe Denker* (2000). Aus dem Amerikanischen von Reinhard Brenneke und Barbara von Reibnitz, Basel: Schwabe, 2005, Kap. 15; ders., »Jacob Burckhardt, Cold War Liberal?«, in: *Journal of Modern History* 74 (2002), S. 538-572, sowie meinen Aufsatz »The First Historian of Human Rights«, in: *American Historical Review* 116 (2011), S. 58-79 (wieder abgedruckt in Samuel Moyn, *Christian Human Rights,* Philadelphia: University of Pennsylvania Press, 2015).

56 Himmelfarb, *Lord Acton,* S. ix, wo sie auch G. P. Gooch für ein Gespräch dankte, der sich bei Anbruch des Kalten Krieges ebenfalls veranlasst sah, seinen Lehrer zu kanonisieren und sich bei Himmelfarb dadurch revanchierte, dass er ihr »bemerkenswertes« Buch für dessen Mitwirkung an der Kanonisierung von Acton lobte, dessen »lebenslanger Widerstand gegen jedwede Form von Totalitarismus für das eindrucksvolle Wiedererwachen des Interesses an seiner Person und an seinen Schriften in der Mitte des 20. Jahrhunderts verantwortlich ist.« G. P. Gooch, »Lord Acton. Apostle of Liberty«, in: *Foreign Affairs* 25 (1947), S. 629-642, und ders., *Under Six Reigns,* London, New York: Longmans, Green, 1958, S. 46.

57 Friedrich A. von Hayek, »Wahrer und falscher Individualismus« (1945), in: ders., *Gesammelte Schriften in deutscher Sprache,* Bd. 5: *Grundsätze einer liberalen Gesellschaftsordnung,* Tübingen: J. C. B. Mohr (Paul Siebeck), 2022, S. 3-32, hier 6 und 29.

58 Friedrich A. von Hayek, *Die Verfassung der Freiheit* (1960), Tübingen: J. C. B. Mohr (Paul Siebeck), 1971, bes. »Nachwort: Konservatismus und Liberalismus«, S. 515-533.

59 Himmelfarb, »The American Revolution«, S. 295.

60 Friedrich A. von Hayek, »Lord Acton (1834-1902): Das Wiederaufleben seiner Ideen« (1953), in: ders., *Sozialwissenschaftliche Denker. Aufsätze zur Ideengeschichte,* Tübingen: J. C. B. Mohr (Paul Siebeck), 2017, S. 61-63, hier 62f.

61 Herbert Butterfield, *Napoleon,* London: Duckworth, 1939, S. 18.

62 Herbert Butterfield, *Liberty in the Modern World,* Toronto: Ryerson Press, 1952, S. 44.

63 Auf sehr erhellende Weise hat Bentley unterstrichen, dass Butterfields Freundschaft mit und Rekrutierung von Katholiken für Peterhouse sowie die irischen Verbindungen, die er zu pflegen begann, mit seiner Acton-Obsession zusammenhingen, als ein Krieg endete und ein anderer – kalter – sich abzeichnete. Bentley, Herbert Butterfield, bes. S. 208f. und 243.

64 Die Literatur ist umfangreich, siehe aber K. Healan Gaston, *Imagining Judeo-Christian America. Religion, Secularism and the Redefinition of Democracy,* Chicago: The University of Chicago Press, 2019.

65 Jason W. Stevens, *God-fearing and Free. A Spiritual History of America's Cold War,* Cambridge, Mass.: Harvard University Press, 2010.

66 Menand, *The Free World.*

67 Siehe bes. Herbert Butterfield, *Christianity, Diplomacy, and War*, London: Epworth Press, 1953. »Butterfield war in mehr als einer Hinsicht Augustiner«, betonte sein katholischer Freund David Knowles zu Recht. David Knowles, »St. Augustine«, in: J. H. Elliott, H. G. Koenigsberger (Hg.), *The Diversity of History. Essays in Honour of Sir Herbert Butterfield*, London: Routledge and K. Paul, 1970, S. 19.

68 Nicolas Guilhot, *After the Enlightenment. Political Realism and International Relations in the Mid-Twentieth Century*, Cambridge, New York: Cambridge University Press, 2017, bes. Kap. 2.

69 Dieses Zitat stammt aus Butterfield, *Lord Acton*, S. 10; siehe auch Himmelfarb, *Lord Acton*, S. 162-169 (»Morality without Religion«).

70 Brief von Isaiah Berlin an Arthur Schlesinger, Jr., 12. Januar 1955, in: Berlin, *Enlightening*, S. 470.

71 Irving Kristol, »The Judgment of Clio«, in: *Encounter*, Januar 1955.

72 Isaiah Berlin, »Nineteen Fifty-One. A Survey of Cultural Trends of the Year«, in: *Encyclopedia Britanica Book of the Year 1952* (1952), S. xxii und xxxiv; ders. an Herbert Butterfield, 1. September 1953, Butterfield-Nachlass, GBR/0012/MS Butterfield 122/6.

73 Popper, *Die offene Gesellschaft*, Bd. II, S. 319f. (Fußnote ausgelassen).

74 In Kristols Texten für linke Zeitschriften wie *Enquiry* und Dwight MacDonalds *Politics* zeichneten die Dinge, die kommen sollten, sich bereits ab. »Es ist schwer zu begreifen, wie merkwürdig es einem linksgerichteten Intellektuellen jüdischer Abstammung vorgekommen sein muss, in einer sich an Radikale richtenden Zeitschrift nicht nur Religion im Allgemeinen, sondern Christentum anzupreisen«, schreibt Kristols Biograf Jonathan Bronitsky in »The Anglo-American Origins of Neoconservatism« (Ph.D.-Dissertation, University of Cambridge, 2015), S. 64.

75 Gertrude Himmelfarb, »Irving Kristol's Neoconservative Persuasion«, in: *Commentary*, Februar 2011.

76 Zitiert in Jonathan Bronitsky, »The Brooklyn Burkeans«, in: *National Affairs* 18 (2014), S. 130, und in Bronitsky, »The Anglo-American Origins«, S. 133f.

77 Irving Kristol, »The Slaughter-Bench of History« (Besprechung von Reinhold Niebuhr, *Faith and History*, und Karl Löwith, *Meaning in History*), in: *Commentary*, Juli 1949.

78 Butterfield, *Christentum und Geschichte,* S. 9-11 und 81f., oder »The Originality of the Old Testament«, in: ders., *Writings on Christianity and History,* Oxford, New York: Oxford University Press, 1979; Yosef Hayim Yerushalmi, *Hachor: Erinnere Dich! Jüdische Geschichte und jüdisches Gedächtnis* (1982). Aus dem Amerikanischen von Wolfgang Heuss, Berlin: Wagenbach Verlag, 1988, S. 20.

79 Für weitere Überlegungen dazu, siehe meinen Aufsatz »The Spirit of Jewish History«, in: Martin Kavka u. a. (Hg.), *Cambridge History of Jewish Philosophy,* Bd. 2, Cambridge: Cambridge University Press, 2012, S. 75-96.

80 Irving Kristol, »How Basic Is ›Basic Judaism‹? A Comfortable Religion for an Uncomfortable World«, in: *Commentary,* Januar 1948. Was Kristols imposanten Kampf mit Reformchristen, die mit dem theologischen Antisemitismus ihrer Tradition abrechnen, anbelangt, siehe Irving Kristol, »The Myth of the Super-Human-Jew«, in: *Commentary,* September 1947, sowie ders., »Concerning Charles Péguy«, in: *New Leader,* 1. Februar 1947, und Kristols Besprechung von A. Roy Eckardt, *Christianity and the Children of Israel,* in: *Commentary,* April 1948.

81 Brief von Irving Kristol an Louis Gottschalk, 7. November 1947, Gottschalk-Nachlass, Schachtel 2, Mappe 11.

82 Gertrude Himmelfarb, »The Prophets of the New Conservatism«, in: *Commentary,* Juli 1950. Siehe außerdem dies., »Political Thinking. Ancient and Modern«, in: *Commentary,* Juli 1951. Was Kristols anfänglich begeisterte Publikationen anbelangt, siehe Irving Kristol, Besprechung von Leo Strauss, *Persecution and Art of Writing,* in: *Commentary,* Oktober 1952. Siehe auch Jerry Z. Muller, »Jacob Taubes, Leo Strauss, the Maimonides Seminar, and the ›Young Commentary Intellectuals‹. A Lost Chapter in the History of Intellectual Influence« (unveröffentlicht).

83 Shklar, *After Utopia,* Kap. 5.

84 Ebd., S. 18f.

85 Ebd., S. 23.

86 Ebd., S. 196.

87 Ebd., S. 228, 233 und 230f.

88 Ebd., S. 235.

89 Ebd., S. 254-256.

90 Vgl. Malachi Haim Hacohen, »The Jewishness of Cold War Liberalism«, in: Abigail Green, Simon Levis Sullam (Hg.), *Jews, Liberalism, Antisemitism. A Global History*, London: Palgrave Macmillan Cham, 2020, S. 387-410.

91 Judith Shklar, »Hannah Arendt als Paria« (1983). Aus dem Englischen von Hannes Bajohr, in: dies., *Über Hannah Arendt*, S. 79-113, hier 90.

92 Shklar, *After Utopia*, S. vii. Vgl. Seyla Benhabib, *Exile, Statelessness, and Migration. Playing Chess with History from Hannah Arendt to Isaiah Berlin*, Princeton: Princeton University Press, 2018, oder zu einem früheren Zeitpunkt und unabhängig davon größtenteils über dieselben Personen, Pierre Birnbaums Buch, *Geography of Hope. Exile, the Enlightenment, Disassimilation.* Englische Übersetzung von Charlotte Mandell, Stanford: Stanford University Press, 2008, das ich besprochen habe im *Journal of Modern History* 81 (2009), S. 932-935.

93 Lord Acton, »The History of Freedom in Antiquity«, in: ders., *History of Freedom and Other Essays,* London, Toronto: Macmillan, 1907, S. 3, zitiert in Himmelfarb, »The Political Philosophy«, S. 71; Shklar, *Legalism*, S. 224.

94 Bronitsky, »The Brooklyn Burkeans«, S. 124, erwähnt nicht, dass Himmelfarb Acton für besser als Burke hielt und zu Hayek kritischen Abstand wahrte, verlegt aber die Suche nach den Ursprüngen des Neokonservatismus zu Recht chronologisch weiter nach hinten, weist maßgebliche anglophile Wurzeln nach und würdigt Himmelfarbs Bedeutung als ideologische Wegbereiterin.

95 Vgl. Justin Vaïsses Buch *Neoconservatism. The Biography of a Movement* (2008). Englische Übersetzung von Arthur Goldhammer, Cambridge, Mass.: The Belknap Press of Harvard University Press, 2010 (das Himmelfarb fast ganz ausklammert), sowie Melinda Coopers Buch *Familiy Values. Between Neoliberalism and the New Social Conservatism,* New York: Zone Books, 2017 (das ihr ebenfalls nur wenig Aufmerksamkeit schenkt, obwohl Himmelfarbs neoviktorianischer Antietatismus und Familialismus ein perfektes Beispiel für Coopers These abgeben).

5
Weiße Freiheit: Hannah Arendt

1 Siehe zum Beispiel Hannah Arendt, »Eine Antwort« (1953). Aus dem Englischen von Ursula Ludz, in: dies., Eric Voegelin, *Disput über den Totalitarismus,* Göttingen: Vandenhoeck & Ruprecht, 2015, S. 53-61, hier 57.

2 Sie schätzte Edmund Burke sehr und Friedrich von Gentz sogar noch mehr. Margaret Canovan, »Hannah Arendt as a Conservative Thinker«, in: Larry May, Jerome Kahn (Hg.), *Hannah Arendt. Twenty Years Later,* Cambridge, Mass.: MIT Press, 1996; Anna Jurkevics, »Hannah Arendt Encounters Friedrich von Gentz. On Revolution, Preservation, and European Unity«, in: *Modern Intellectual History* 19 (2022), S. 1134-1156.

3 Teilweise davon ausgenommen ist natürlich Arendts Rehabilitation von Immanuel Kants ästhetischer Theorie. Siehe Patchen Markell, »Arendt, Aesthetics, and ›The Crisis in Culture‹«, in: Nikolas Kompridis (Hg.), *The Aesthetic Turn in Political Thought,* New York: Bloomsbury, 2014.

4 Seyla Benhabib, *Hannah Arendt. Die melancholische Denkerin der Moderne* (2000). Aus dem Amerikanischen von Karin Wördemann, Frankfurt/M.: Suhrkamp Verlag, 2006; Roger C. Boesche, »The Strange Liberalism of Alexis de Tocqueville«, in: *History of Political Thought* 2 (1981), S. 495-524.

5 Dipesh Chakrabarty, *Provincializing Europe. Postcolonial Thought and Historical Difference*, Princeton: Princeton University Press, 2000, S. 8. A. d. Ü.: In der deutschen Übersetzung *Europa als Provinz. Perspektiven postkolonialer Geschichtsschreibung.* Aus dem Englischen von Robin Crackett, Frankfurt/M., New York: Campus Verlag, 2010, ist das betreffende Kapitel nicht enthalten, aber in einem Interview mit Ralf Grötker spricht Chakrabarty vom »Wartezimmer« (der Geschichte). »Keine Angst vor den Kräften der Geschichte«, in: *Köpfe und Ideen 2009*, Berlin: Wissenschaftskolleg zu Berlin, 2009, S. 30-38, hier 31.

6 Siehe zum Beispiel C. A. Bayly, *Recovering Liberties. Indian Thought in the Age of Liberalism and Empire*, Cambridge, New York: Cambridge University Press, 2012, oder Pankaj Mishra, *Aus den*

Ruinen des Empires. Die Revolte gegen den Westen und der Wiederaufstieg Asiens (2012). Aus dem Englischen von Michael Bischoff, Frankfurt/M.: S. Fischer Verlag, 2013.

7 Tyler Stovall, *White Freedom. The Racial History of an Idea,* Princeton: Princeton University Press, 2021.

8 Ein Überblick findet sich in Samuel Moyn, »Critics of Totalitarianism«, in: Warren Breckman, Peter Gordon (Hg.), *The Cambridge History of Modern European Thought*, 2 Bde., Cambridge, New York: Cambridge University Press, 2019.

9 Margaret Canovan, Hannah Arendt. *A Reinterpretation of Her Political Thought,* Cambridge, New York: Cambridge University Press, 1992, S. 18.

10 Roy Tsao, »The Three Phases of Arendt's Theory of Totalitarianism«, in: *Social Research* 69 (2002), S. 580-619.

11 Hannah Arendt, *The Origins of Totalitarianism,* New York: Harcourt, Brace, 1951; *The Burden of Our Time,* London: Secker & Warburg, 1951, *Elemente und Ursprünge totaler Herrschaft,* Frankfurt/M.: Europäische Verlagsanstalt, 1955. Ich zitiere im Folgenden aus der zweiten erweiterten amerikanischen Auflage von 1958. Die deutsche Übersetzung, die hier zitiert wird, stammt von 1958 [A. d. Ü.].

12 In Richard H. Kings exzellenter Rezeptionsgeschichte *Arendt and America*, Chicago: The University of Chicago Press, 2015, kommt Shklar nicht vor (Kap. 2).

13 Carl Joachim Friedrich, *Totalitäre Diktatur* (1956). Unter Mitarb. von Zbigniew K. Brzezinski, berecht. Übers. vom Autor, Stuttgart: Kohlhammer, 1957; Hannes Bajohr, »Arendt-Korrekturen. Judith Shklars Kritik an Hannah Arendt«, in: Shklar, *Über Hannah Arendt*, S. 123-161, hier 124f.

14 Shklar, »Die Romantik der Niederlage«, S. 10 [*After Utopia,* S. 110].

15 Ebd., siehe auch ebd., S. 18, 22f., 24, 25 und 28f. [*After Utopia*, S. 110, 119, 122f., 127f., 151 und 159f.], was durchweg kritische und oftmals regelrecht verächtliche Bemerkungen anbelangt.

16 Shklar, *After Utopia,* S. 113. Vgl. meine Analyse zum Beispiel mit Samantha Aschenden, Andreas Hess, »Totalitarianism and Justice. Hannah Arendt's and Judith N. Shklar's Political Reflections in Historical and Theoretical Perspective«, in: *Economy and Society* 45 (2016), S. 505-529, oder mit Seyla Benhabib, *Exile, Statelessness, and Migration*, 2018, oder dies., »Gender and Émigré Political Thought«,

in: Jude Browne (Hg.), *Why Gender?*, Cambridge, New York: Cambridge University Press, 2021. Ein Ziel dieses Buches besteht darin, die Brauchbarkeit der Kategorie des »politischen Denkens von Emigrant:innen« zu bezweifeln. Rob Nixon schreibt Folgendes: »Der Begriffsmischmasch – *Exilierte, Ausgewanderte, Emigrant:innen, Ausgebürgerte, Flüchtlinge* und *Heimatlose* –, der für Autor:innen verwendet wird, die geografische, kulturelle und nationale Vertreibung erleben, sollte in Bezug auf den rhetorischen Vorteil analysiert werden, [...] der sich aus ihnen ziehen lässt.« Rob Nixon, *London Calling. V.S. Naipaul, Postcolonial Mandarin,* New York, Oxford: Oxford University Press, 1992, S. 18.

17 Shklar, *After Utopia,* S. 137.

18 Fairerweise muss man sagen, dass Shklar ihre Kritik zwar ausschließlich anhand der *Elemente und Ursprünge totaler Herrschaft* formulierte, ihre Meinung aber nicht grundlegend änderte, als Arendt sich in der Folgezeit als Liebhaberin von neorömischer Handlungstheorie und Freiheit zu erkennen gab. Hier ist nicht der Ort für eine sorgfältige Untersuchung, es sei aber angemerkt, dass später, nach Veröffentlichung ihrer Besprechung von *Zwischen Vergangenheit und Zukunft*, jenes Buch (eher als Arendts Theorie des gemeinschaftlichen Handelns in ihren anderen Arbeiten) weiterhin im Mittelpunkt von Shklars Beurteilung ihrer Kollegin stand. Siehe bes. Judith N. Shklar, »Die Vergangenheit neu denken« (1977). Aus dem Englischen von Hannes Bajohr, in: dies., *Über Hannah Arendt*, S. 58-78.

19 Shklar, *After Utopia,* S. 147 und 252f.

20 Judith N. Shklar, Besprechung der englischen Ausgabe von *Die Atombombe und die Zukunft* von Karl Jaspers, *The Future of Mankind,* in: *Political Science Quarterly* 76 (1961), S. 438.

21 Ebd.

22 Judith N. Shklar, »Antike und Moderne« (Rezension von Hannah Arendt, *Between Past and Future*, 1961). Aus dem Englischen von Tim Reiß, in: dies., *Über Hannah Arendt*, S. 30-48, hier 31f.

23 Wie Shklars zweites Buch auch ist es in der Hannah Arendt Collection der Stevenson Library am Bard College enthalten, doch keines der Bücher hat Anstreichungen.

24 Hannah Arendt, *Vita activa oder Vom tätigen Leben* (1958), erw. Neuausg. München: Piper Verlag, 2020; dies., *Über die Revolution*

(1963), München: Piper Verlag, ²1974. Was den faszinierenden Fall anbelangt, dass Arendt während des Kalten Krieges tatsächlich eine Auseinandersetzung mit Hegels Etatismus strich, die sie in den *Elementen und Ursprüngen* noch geführt hatte, siehe Roy Tsao, »Arendt and the Modern State. On Hegel in *The Origins of Totalitarianism*«, in: *Review of Politics* 66 (2004), S. 61-93.

25 Butterfield, *Christentum und Geschichte*, S. 19.

26 Talmon, *Die Ursprünge der totalitären Demokratie*, S. 223. In ihrer Kritik an Arendts Begriff des Sozialen erwähnt Hanna Pitkin Talmon nicht und untersucht auch nicht die Relevanz des Kalten Krieges. Hanna Fenichel Pitkin, *The Attack of the Blob. Hannah Arendt's Concept of the Social,* Chicago: The University of Chicago Press, 1998. In einigen Vorträgen in Kanada räumte Herbert Butterfield ein, aus der Intuition, dass »ohne soziale Gerechtigkeit viele Menschen nicht mehr zu besitzen vermögen als die leere Hülle einer rein formalen Freiheit«, folge zwangsläufig eine »fairere Verteilung der weltlichen Güter«. Das Ärgerliche sei der Terrorismus, für den solch ein Gedanke eine rationale Erklärung liefere. »Eine ganze Zivilisation ist in Gefahr, wenn der Egalitarismus zum absoluten Ziel wird.« Butterfield, *Liberty in the Modern World,* S. 56f.; siehe allerdings die versöhnlichere spätere Stelle in ders., *Christianity, Diplomacy, and War,* S. 118-121.

27 Eine Anregung für ihren Aufsatz bezog Arendt ironischerweise aus ihrem Besuch einer Konferenz über »The American Revolution and the Revolutionary Spirit« in Princeton im April 1959, wo sie ein Semester lang lehrte, auf der niemand geringerer als Fidel Castro sprach. Der in den USA für kurze Zeit gefeierte Castor versicherte den Anwesenden, dass »die Kubanische Revolution eher in die Tradition von 1776 gehört als in die Traditionen von 1789 und 1917, weil sie nicht zum Klassenkampf ermuntert hat«. Rafael Rojas, »La noche que Hannah Arendt escuchó a Fidel Castro«, in: *El País,* 5. Juli 2014; die englische Übersetzung »When Fidel Castro and Hannah Arendt Met at Princeton« erschien am 10. September 2014 im *Daily Princetonian.* Was den Briefwechsel mit R. R. Palmer und anderen im Umfeld von ihrem Besuch in Princeton anbelangt, siehe Nachlass von Hannah Arendt, Library of Congress (Briefwechsel, 1938-1976; Universitäten und Colleges, 1947-1975; Princeton University: Vermischtes, 1957-1959). Angesichts des Schweigens

in *Über die Revolution* über Kuba spekuliert Rojas, dass sich darin genauso »koloniale Voreingenommenheit wie die Zurückweisung des Gedankens eines kommunistischen Totalitarismus« spiegelten, »noch dazu in einer Region, in der die Dominanz und die Einmischung der atlantischen Imperien so stark war wie in der Karibik«.

28 Arendt, *Über die Revolution*, S. 133, 139, 143 und 313.

29 Ebd., S. 143 und 180.

30 Über das Marx-Projekt und seine Bedeutung für Arendts Entwicklungsgeschichte siehe zum Beispiel Canovan, *Hannah Arendt*, Kap. 8.

31 Hannah Arendt, »Privilegierte Juden« (1946). Aus dem Englischen von Ursula Ludz und Marie Luise Knott, in: dies., *Wir Juden. Schriften 1932-1966*, München: Piper Verlag, 2019, S. 87-125.

32 Siehe Hannah Arendt, *The Modern Challenge to Tradition. Fragmente eines Buchs* (2018), Göttingen: Wallstein Verlag, [3]2019. Siehe besonders den darin ebenfalls enthaltenen Text »Von Hegel zu Marx« (ebd., S. 89-100).

33 Hannah Arendt, »Concern with Politics in Recent European Thought« (Übers. C. P.), ebenfalls in: dies., *The Modern Challenge to Tradition*, S. 575-592, hier 576 und 589.

34 Waseem Yaqoob, »Reconciliation and Violence. Hannah Arendt on Historical Understanding«, in: *Modern Intellectual History* 11 (2014), S. 397.

35 Siehe zum Beispiel Arendt, *Elemente und Ursprünge totaler Herrschaft*, S. 520.

36 Hannah Arendt, »Natur und Geschichte« und »Geschichte und Politik in der Neuzeit«, in: dies., *Zwischen Vergangenheit und Zukunft. Übungen im politischen Denken I*, München: Piper Verlag, 1994, S. 54-79 und 80-109.

37 Arendt, *Über die Revolution*, S. 63-68.

38 Shklar, *After Utopia*, S. 113.

39 Hannah Arendt, »Walter Benjamin 1892-1940« (1968). Teilübers. von Ursula Ludz, in: dies., *Menschen in finsteren Zeiten*, München: Piper Verlag, 1989, S. 185-242; Arendt, *Über die Revolution*, Sechstes Kapitel, S. 360.

40 Samuel Moyn, »Hannah Arendt on the Secular«, in: *New German Critique* 105 (2008), S. 71-96, wieder abgedruckt und auf den neuesten Stand gebracht als »Hannah Arendt, Secularization Theory,

and the Politics of Secularism«, in: Willem Styfthals, Stéphane Symons (Hg.), *Genealogies of the Secular. The Making of Modern German Thought,* Albany: State University of New York Press, 2019, S. 131-156.

41 Hannah Arendt, »Waldemar Gurian 1902-1954« (1955), in: dies., *Menschen in finsteren Zeiten,* S. 310-323.

42 Diese Zeilen stammen aus einer Vorlesungsversion von »Religion and Politics« und wurden nicht in die Druckfassung aufgenommen (Übers. C. P.). Vgl. »Religion and Politics«, in: dies., *The Modern Challenge to Tradition,* S. 213-222, hier 221, mit »Religion und Politik«, in: dies., *Zwischen Vergangenheit und Zukunft,* S. 305-326. Siehe auch Peter Baehr, *Hannah Arendt, Totalitarianism, and the Social Sciences,* Stanford: Stanford University Press, 2010, Kap. 3.

43 Hannah Arendt, »Was ist Autorität?«, in: dies., *Zwischen Vergangenheit und Zukunft,* S. 159-200.

44 Das beste Buch darüber ist und bleibt Dana Villas ungemein erfolgreiches Buch *Arendt and Heidegger. The Fate of the Political,* Princeton: Princeton University Press, 1996.

45 Arendt, *Über die Revolution,* Fünftes Kapitel.

46 Den besten Überblick (der allerdings Arendts Bezugnahme auf Vergil ausspart) gibt Dean Hammer, »Hannah Arendt and Roman Political Thought. The Practice of Theory«, in: *Political Theory* 30 (2002), S. 124-149. Über ihr Vermächtnis, vgl. Mira Siegelberg, »Things Fall Apart. J. G. A. Pocock, Hannah Arendt, and the Politics of Time«, in: *Modern Intellectual History* 10 (2013), S. 109-134.

47 Arendt, *Über die Revolution,* S. 270-274, bes. 271f. und 395 (Anm. 56); Eduard Norden, *Die Geburt des Kindes. Geschichte einer religiösen Idee,* Leipzig: Teubner, 1924. Gründe für diese Verbindung habe ich in »Hannah Arendt on the Secular« angeführt. Es ist aber auch möglich, dass ihre Bezugnahme auf Vergil durch den Roman ihres Freundes Hermann Broch über den Tod des Dichters vermittelt war, den sie außerordentlich schätzte. Siehe zum Beispiel Austin Harrington, »1945. A New Order of the Ages«, in: *Sociologisk Forskning* 45 (2008), S. 78-88.

48 Hannah Arendt, *Was ist Politik? Fragmente aus dem Nachlaß,* München: Piper Verlag, 1993, S. 120.

49 Kei Hiruta, *Hannah Arendt and Isaiah Berlin. Freedom, Politics, and Humanity,* Princeton: Princeton University Press, 2021, Kap. 2.

50 Was eine Deutung der wenigen Äußerungen von Berlin anbelangt, siehe zum Beispiel James Tully, »›Two Concepts of Liberty‹ in Context«, sowie Bruce Baum, »Berlin, Tagore, and the Dubious Legitimacy of Nationalism«, in: Bruce Baum, Robert Nichols (Hg.), *Isaiah Berlin and the Politics of Freedom. »Two Concepts of Liberty« 50 Years Later,* New York: Routledge, 2013.

51 Arendt und Berlin sind beide vertreten in Cecil Woolf, John Bagguley (Hg.), *Authors Take Sides on Vietnam,* New York: Simon and Schuster, 1967. Was Arendts Einlassungen in der Vietnam-Zeit anbelangt, siehe Hannah Arendt, *Crises of the Republic,* New York City: Harcourt Brace Jovanovich, 1972. A. d. Ü.: Die in diesem Buch enthaltenen Texte sind auf Deutsch erschienen als »Die Lüge in der Politik« (1971), in: Hannah Arendt, *Wahrheit und Lüge in der Politik. Zwei Essays,* München: Piper Verlag 2013, S. 7-43; »Ziviler Ungehorsam« (1970), in: dies., *Zur Zeit. Politische Essays.* Aus dem Amerikanischen von Eike Geisel, Berlin: Rotbuch Verlag, 1986, S. 119-159; dies., *Macht und Gewalt* (1970). Aus dem Englischen von Gisela Uellenberg, München: Piper Verlag, [5]1985; »Interview mit Hannah Arendt« von Adelbert Reif, in: ebd., S. 105-133. Siehe auch Karl Popper, »How to Get Out of Vietnam«, in: ders., *After the Open Society.*

52 Isaiah Berlin, »Rabindranath Tagore und das Nationalbewusstsein« (1961), in: ders., *Wirklichkeitssinn. Ideengeschichtliche Untersuchungen.* Aus dem Englischen von Fritz Schneider, Berlin: Berlin Verlag, 1998, S. 415-442, hier 415.

53 Shklar, *After Utopia,* S. 174: »Die ganze übermäßige Konzentration auf ›den Westen‹ ist lediglich ein auf kulturelle Reichweite verlängerter religiöser Nationalismus.«

54 Shklar, Besprechung von Jaspers, *Future of Mankind,* S. 439.

55 Shklar, *Legalism,* S. 21f.

56 Judith N. Shklar, *Ganz normale Laster* (1984). Aus dem Amerikanischen von Hannes Bajohr, Berlin: Matthes & Seitz, 2014, S. 55f.

57 Shklar, »Der Liberalismus der Furcht«, S. 63.

58 Der grundlegende Sammelband dazu ist Richard H. King, Dan Stone (Hg.), *Hannah Arendt and the Uses of History. Imperialism, Nation, Race, and Genocide,* New York: Berghahn Books, 2007. Die von Shiraz Dossa schon 1980 begründete Fachliteratur setzt sich fort bis in Werke wie Michael Rothberg, *Multidirektionale Erinnerung.*

Holocaustgedenken im Zeitalter der Dekolonisierung (2009). Aus dem Englischen von Max Henninger, Berlin: Metropol, 2021, Kap. 1, Karuna Mantena, »Genealogies of Catastrophe. Arendt on the Logic and Legacy of Imperialism«, in: Seyla Benhabib u. a. (Hg.), *Politics in Dark Times. Encounters with Hannah Arendt*, Cambridge, New York: Cambridge University Press, 2010, sowie Vaughn Rasberry, *Race and the Totalitarian Century. Geopolitics in the Black Literary Imagination,* Cambridge, Mass.: Harvard University Press, 2016. Siehe außerdem Adam Y. Stern, »Arendt and Algeria«, in: *Modern Intellectual History* 20 (2023), S. 460-483.

59 Was diese Bemerkung anbelangt (deren Teil über Menschen afrikanischer Herkunft nicht mehr druckfähig ist), siehe Gertrude Himmelfarb, »John Buchan«, in: *Encounter,* September 1960, wieder abgedruckt als »John Buchan. The Last Victorian«, in: dies., *Victorian Minds,* New York: Alfred Knopf, 1968, S. 261. Was Stellungnahmen dazu anbelangt, siehe Christopher Ricks, »Mistaken Identity«, in: *New York Review of Books,* 28. März 1968; Midge Decter, Leserbrief, in: *New York Review of Books,* 9. Mai 1968; »Spy Fiction«, in: *Times Literary Supplement,* 27. November 1987 und 8. Januar 1988; »Buchan and Antisemitism«, in: *Times Literary Supplement,* 12. Februar, 26. Februar und 11. März 1988; Christopher Ricks, *T. S. Eliot and Prejudice,* London, Boston: Faber and Faber, 1988, S. 65-68. Was Himmelfarbs späteres Interesse am englischen Philosemitismus anbelangt, siehe Gertrude Himmelfarb, »Victorian Values / Jewish Values«, in: *Commentary,* Februar 1989, wieder abgedruckt in dies., *The De-Moralization of Society. From Victorian Virtues to Modern Values,* New York: Alfred A. Knopf, 1995, sowie dies., *The People of the Book. Philosemitism in England from Cromwell to Churchill,* New York: Encounter Books, 2011.

60 Arendt, *Elemente und Ursprünge totaler Herrschaft,* S. 297 sowie 301f.

61 Die beste Quelle dafür ist Dirk Moses, »*Das römische Gespräch* in a New Key. Hannah Arendt, Genocide, and the Defense of Republican Civilization«, in: *Journal of Modern History* 85 (2013), S. 867-913, die mir ganz allgemein als Anregung für die in diesem Kapitel vorgelegte Interpretation gedient hat.

62 Patricia Owens, »Racism in the Political Theory Canon. Hannah Arendt and the ›One Great Crime In Which America Was Never Involved‹«, in: *Millennium* 45 (2017), S. 403-424.

63 C. L. R. James, *Die schwarzen Jakobiner. Toussaint Louverture und die Haitianische Revolution* (1938, 1963). Aus dem Englischen von Günter Löffler, überarbeitet von Jen Theodor, Berlin: b_books-Berlin, Dietz, 2021. Kathryn Gines zum Beispiel kommentiert: »Noch kurioser als ihr Schweigen über Frankreichs Sklavenhaltung und Kolonialismus als relevanten Fragestellungen in Bezug auf die Französische Revolution, ist ihr gänzliches Ausblenden der Haitianischen Revolution in einem Buch über Revolutionen.« Kathryn Gines, *Hannah Arendt and the Negro Question,* Bloomington: Indiana University Press, 2014, S. 74.

64 Arendt, *Über die Revolution,* S. 278.

65 Ebd., S. 68f.

66 Ebd., S. 142.

67 Arendt, *Macht und Gewalt.*

68 Caroline Ashcroft, *Power and Violence in the Thought of Hannah Arendt,* Philadelphia: University of Pennsylvania Press, 2021.

69 Arendt, *Macht und Gewalt,* S. 82f.

70 Ebd., S. 16, 23, 66f., 70-74 und 80.

71 Von der Sache her ist das Folgende ein Dialog mit und eine Anknüpfung an die wegweisenden Aufsätze von Arie Dubnov, die Isaiah Berlin jeweils mit Arendt und mit Talmon vergleichen, und mit seinem Buch. Arie Dubnov, »A Tale of Trees and Crooked Timbers. Jacob Talmon and Isaiah Berlin on the Question of Jewish Nationalism«, in: *History of European Ideas* 34 (2008), S. 220-238; ders., »Can Parallels Meet? Hannah Arendt and Isaiah Berlin on the Jewish Post-Emancipatory Quest for Political Freedom«, in: *Leo Baeck Institute Year Book* 62 (2017), S. 27-51; ders., *Isaiah Berlin. The Journey of a Jewish Liberal,* New York: Palgrave Macmillan, 2012. Hiruta, *Hannah Arendt and Isaiah Berlin,* Kap. 2, führt die biografische Divergenz der beiden auf ihre Uneinigkeit über den Zionismus zurück, erkundet deren theoretische Relevanz aber nicht systematisch. Was allgemeinere Fragen anbelangt, siehe Richard J. Bernstein, *Hannah Arendt and the Jewish Question,* Cambridge, Mass.: MIT Press, 1996, sowie Martine Leibovici, Hannah Arendt, *une Juive. Expérience, politique et histoire,* Paris: Desclée de Brouwer, 1998.

72 Quinn Slobodian, *Globalisten. Das Ende der Imperien und die Geburt des Neoliberalismus* (2018). Aus dem Englischen von Stephan Gebauer, Berlin: Suhrkamp Verlag, 2019.

73 Hannah Arendt, »From the Dreyfus Affair to France Today«, in: *Jewish Social Studies,* Jg. IV, Heft 3 (Juli 1942), S. 195-240, hier 217; dies., *Elemente und Ursprünge totaler Herrschaft,* S. 169.

74 Hannah Arendt, »Die jüdische Armee. Der Anfang einer jüdischen Politik?«, in: *Aufbau,* 14. November 1941, und dies., »Ceterum Censeo«, in: *Aufbau,* 26. Dezember 1941, wieder abgedruckt in: Hannah Arendt, *Vor Antisemitismus ist man nur noch auf dem Monde sicher. Beiträge für die deutsch-jüdische Emigrantenzeitung »Aufbau« 1941-1945,* München: Piper Verlag, 2000, S. 20-23 und 29-35.

75 Später schrieb Arendt wohlwollend über den Binationalismus der Brit-Schalom-Intellektuellen um den ersten Kanzler der Hebrew University, Judah Magnes, aber Gil Rubin hat gezeigt, dass ihre politischen Ansichten während des Krieges beständig in die Richtung eines spätimperialen Föderalismus gingen. Gil Rubin, »From Federalism to Binationalism. Hannah Arendt's Shifting Zionism«, in: *Contemporary European History* 24 (2015), S. 393-414.

76 Hannah Arendt, »Der Zionismus aus heutiger Sicht« (1945), in: dies., *Sechs Essays. Die verborgene Tradition*, Göttingen: Wallstein Verlag, 2019, S. 130-162.

77 Caroline Ashcroft, »Jewishness and the Problem of Nationalism. A Genealogy of Arendt's Early Political Thought«, in: *Modern Intellectual History* 14 (2017), S. 421-449.

78 Zitiert in Ezra Mendelsohn, »Jacob Talmon Between Good and Bad Nationalism«, in: *History of European Ideas* 34 (2008), S. 198.

79 Malachi H. Hacohen, »Jacob Talmon Between Zionism and Cold War Liberalism«, in: *History of European Ideas* 34 (2008), S. 157.

80 Siehe Michael Keren, *Ben-Gurion and the Intellectuals. Power, Knowledge, and Charisma,* DeKalb: Northern Illinois University Press, 1983, Kap. 2.

81 Hannah Arendt, »Introduction«, in: Bernard Lazare, *Job's Dungheap. Essays on Jewish Nationalism and Social Revolution,* New York: Schocken, 1948; Jean-Paul Sartre, »Überlegungen zur Judenfrage« (1946), in: ders., *Überlegungen zur Judenfrage.* Aus dem Französischen von Vincent von Wroblewsky, Reinbek bei Hamburg: Rowohlt Verlag, 1994, S. 9-91.

82 Arendt, »From the Dreyfus Affair to France Today«, S. 236 (Übers. C. P.).

83 Isaiah Berlin, »Jüdische Sklaverei und Emanzipation« (1951), in: ders., *Die Macht der Ideen.* Aus dem Englischen von Michael Bischoff, Berlin: Berlin Verlag, 2006, S. 280-318, hier 302f.

84 Isaiah Berlin, »A Nation Among Nations« in: *Jewish Chronicle,* 4. Mai 1973. Er fügte hinzu, eine Auster könne mit einer Perle auf Ungemach reagieren, würde es aber vorziehen, in Ruhe gelassen zu werden anstatt »als das unglückliche Mittel [zu] dien[en], die Welt durch Meisterwerke in Kunst, Philosophie und Religion reicher zu machen, die ihrem Leid entsprangen.« Ebd.

85 Die ursprüngliche Quelle für diese Anekdote ist Berlin, »A Nation Among Nations« und sie wurde wiederholt in Isaiah Berlin, Ramin Jahanbegloo, *Den Ideen die Stimme zurückgeben. Eine intellektuelle Biographie in Gesprächen* (1991). Aus dem Englischen von Reinhard Kaiser, Frankfurt/M.: S. Fischer Verlag, 1994, S. 112. Vergleichbar damit hat Berlin Avishai Margalit vorgeschlagen, dass er, wenn er an Aladdins Wunderlampe reiben und aus Juden normale, »langweilige«, aber »glückliche« Menschen machen könne, dies gerne tun dürfe. Avishai Margalit in Isaiah Berlin, *The First and the Last,* New York: New York Review of Books, 1999, S. 112. Im jüngsten veröffentlichten Interview mit Adam Michnik merkte Berlin an: »Wenn ich sicher wäre, dass ich durch das Trinken dieser Tasse Kaffee mir nichts dir nichts alle Juden in Dänen verwandeln könnte, würde ich das machen.« »I Want to Be Able to Say Anything I Wish to Say«, in: *Liberties,* Sommer 2022.

86 Wie in Kapitel 3 bereits erwähnt.

87 Berlin, »Jüdische Sklaverei und Emanzipation«, S. 314.

88 Isaiah Berlin, »Chaim Weizman«, in: ders., *Persönliche Eindrücke* (1998). Aus dem Englischen von Werner Schmitz, Berlin: Berlin Verlag, 2001, S. 82-122. Über die Mapam, siehe Dubnov, »A Tale of Trees«, S. 225.

89 Berlin, »A Nation Among Nations«.

90 Raymond Aron, *Zeit des Argwohns. De Gaulle, Israel und die Juden.* Aus dem Französischen von Heinz Abosch, Frankfurt/M.: S. Fischer Verlag, 1968. Eine hervorragende Einordnung Arons findet sich in Iain Stewart, *Raymond Aron and Liberal Thought in the Twentieth Century,* Cambridge, New York: Cambridge University Press, 2019.

91 Berlin, »A Nation Among Nations«.

92 Berlin, »Jüdische Sklaverei und Emanzipation«, S. 315.

93 Berlin, »A Nation Among Nations«.

94 Isaiah Berlin, »Der gekrümmte Zweig. Über den Aufstieg des Nationalismus« (1972), in: ders., *Das krumme Holz der Humanität. Kapitel der Ideengeschichte* (1990). Aus dem Englischen von Reinhard Kaiser, Frankfurt/M.: S. Fischer Verlag, 1992, S. 297-325, hier 308. Es sei nicht Hegels Schuld, fügte Berlin hinzu, dass er an keiner Stelle vorauszusehen vermocht habe, dass das, was als »deutsche[s] oder nordische[s]«, nicht auf »geschichtslose« Nationen anwendbares Projekt begann, sich am Ende auf dem ganzen Globus verbreitete. Ebd.

95 Berlin, »Rabindranath Tagore und das Nationalbewusstsein«, S. 429f.

96 Vgl. Dubnov, *Isaiah Berlin*, S. 197: »Zwischen Berlins Diaspora-Zionismus und seinem antitotalitären Liberalismus bestand kein Widerspruch.«

97 David Scott, *Conscripts of Modernity. The Tragedy of Colonial Enlightenment,* Durham: Duke University Press, 2004, S. 219.

6
Dem Ich eine Festung bauen: Lionel Trilling

1 Lionel Trilling, »From the Notebooks«, in: *Partisan Review* 54 (1987), S. 7-17, hier 15.

2 Lionel Trilling an William S. Gamble, 6. Februar 1959, in: ders., *Life in Culture. Selected Letters,* New York: Farrar, Straus and Giroux, 2018, S. 291.

3 Ebd., S. 291f.

4 Gerhard Oestreich, *Antiker Geist und moderner Staat bei Justus Lipsius (1547-1606). Der Neustoizismus als politische Bewegung* (1954), Göttingen: Vandenhoeck und Ruprecht, 1989, sowie ders., *Strukturprobleme der frühen Neuzeit. Ausgewählte Aufsätze,* Berlin: Duncker & Humblot, 1980; Richard Tuck, *Philosophy and Government, 1572-1651,* Cambridge: Cambridge University Press, 1993.

5 Sigmund Freud, »Das Unbehagen in der Kultur« (1930 [1929]), in: ders., *Studienausgabe,* Bd. IX: *Fragen der Gesellschaft, Ursprünge der Religion,* Frankfurt/M.: S. Fischer Verlag, [3]1974, S. 191-270, hier 250.

6 Eine Hypothese, warum Freud für den amerikanischen, aber nicht für den britischen Kalte-Krieg-Liberalismus einen zentralen Stellenwert besitzt, lautet, dass die »Ich-Psychologie« zwar in den Vereinigten Staaten zur berühmtesten Schule des psychoanalytischen Denkens wurde, Historiker:innen aber gezeigt haben, inwiefern die Naherfahrung des Krieges im Vereinigten Königreich – und besonders seine Auswirkungen auf Kinder – die Psychoanalytiker:innen zu einer theoretischen Bearbeitung der prädipalen Phase anregte, sodass »Objektbeziehungen« und andere Ansätze entstanden. Siehe insbesondere Michal Shapira, *The War Inside. Psychoanalysis, Total War and the Making of the Democratic Self in Postwar Britain,* Cambridge, New York: Cambridge University Press, 2013. Was den breiteren Kontext der Psychoanalyse zu jener Zeit anbelangt, siehe John Burnham (Hg.), *After Freud Left. A Century of Psychoanalysis in America,* Chicago: The University of Chicago Press, 2012, Dagmar Herzog, *Cold War Freud. Psychoanalyse in einem Zeitalter der Katastrophen* (2016). Aus dem Englischen von Aaron Lahl, Berlin: Suhrkamp Verlag, 2023, Matt Ffytche, Daniel Pick (Hg.), *Psychoanalysis in the Age of Totalitarianism,* London: Routledge, Taylor & Francis Group, 2016, sowie Eli Zaretsky, *Freuds Jahrhundert. Die Geschichte der Psychoanalyse* (2004). Aus dem Amerikanischen von Klaus Binder und Bernd Leineweber, Wien: Zsolnay Verlag, 2006, Teil II.

7 Siehe Michael Ignatieff, *Isaiah Berlin. Ein Leben* (1998). Aus dem Englischen von Michael Müller, München: C. Bertelsmann, 1999, S. 122f. Obwohl er Freud »in seinen genialen Werken […] als größte[n] Heiler und Psychologe[n] unserer Zeit« anerkannte, hielt Berlin im Großen und Ganzen Freuds irrationale Wirkung »auf Wirrköpfe, Quacksalber und falsche Propheten« für bedauerlich. Siehe Berlin, »Politische Ideen im 20. Jahrhundert«, S. 89.

8 Siehe Sigmund Freud, »Konstruktionen in der Analyse« (1937), in: ders., *Studienausgabe,* Erg.bd.: *Schriften zur Behandlungstechnik,* Frankfurt/M.: S. Fischer Verlag, 1975, S. 393-406, hier 395.

9 Michael Kimmage, *The Conservative Turn. Lionel Trilling, Whittaker Chambers, and the Lessons of Anti-Communism,* Cambridge, Mass.: Harvard University Press, 2009, S. 65. Was Fakten und Interpretationen anbelangt, verdanke ich Kimmages Studie in

diesem Kapitel unglaublich viel, obwohl ich kritische Ziele verfolge und Trilling nicht anpreisen will. Von großem Wert ist auch der Band von John Rodden (Hg.), *Lionel Trilling and the Critics. Opposing Selves,* Lincoln: University of Nebraska Press, 1999, der Besprechungen von Trillings Büchern zusammenträgt.

10 Lionel Trilling, »Politics and the Liberal«, in: *The Nation*, 4. Juli 1934, über E. M. Forster, *Goldworthy Lowes Dickinson*, New York: Harcourt, Brace & Company, 1934.

11 Ebd.

12 Lionel Trilling, *Matthew Arnold*, New York: W. W. Norton & Co., 1939, S. 79-81.

13 Über staatliche Kultur, siehe ebd., S 186-189. Trillings Freund Jacques Barzun (der ihm sein hier in Kapitel 2 erörtertes Buch *Romanticism and the Modern Ego* widmete) schrieb ihm in dem Buch das Erzielen von »Stracheotomie« zu, was sich auf Lytton Stracheys Einbeziehung von Thomas Arnold in *Eminent Victorians* (1918) bezieht – seiner vernichtenden Absage an die erstickende Leichtgläubigkeit und den engen Moralismus des 19. Jahrhunderts. Barzun wird zitiert in Kimmage, *The Conservative Turn,* S. 99.

14 Trilling, *Matthew Arnold*, S. 229 sowie Kap. 8, pass.

15 Ebd., S. 212f.

16 Ebd., S. xi. Wie in seiner Besprechung von 1934 zitiert Trilling Forster, dass Ideale nicht gegen Leidenschaften oder Interessen bestehen könnten, und beruft sich bei der Erörterung der Biografie auf dieselbe Textstelle wie in seiner im Krieg erschienenen Studie *E. M. Forster*, Norfolk: New Directions Books, 1943, S. 160.

17 Trilling, *Matthew Arnold*, S. xiv.

18 Ebd., S. 260.

19 Lionel Trilling, Brief an Edmund Wilson, 16. Juli 1937, in: ders., *Life in Culture,* S. 70f. Vgl. Edmund Wilson, »Uncle Matthew«, in: *The New Republic,* 21. März 1939.

20 Shklar, *After Utopia*, S. 90f.

21 Lionel Trilling, Brief an Alan Brown, in: ders., *Life in Culture*, S. 62f. Was eine frühere Deutung anbelangt, siehe Mark Shechner, »Psychoanalysis and Liberalism. The Case of Lionel Trilling«, in: *Salmagundi* 41 (1978), S. 3-32, wieder abgedruckt in ders., *After the Revolution. Studies in the Contemporary Jewish American Imagination,* Bloomington: Indiana University Press, 1987.

22 Lionel Trilling, »E. M. Forster«, in: *Kenyon Review* 4 (1942), S. 165. In ähnlichen Worten findet dieser Passus sich in Trilling, *E. M. Forster*, S. 13 f.

23 Trilling, »E. M. Forster«, S. 168, und ders., *E. M. Forster*, S. 17 f. Siehe auch seinen Brief an Newton Arvin, 10. Mai 1942, in: Trilling, *Life in Culture*, S. 92-96.

24 Lionel Trilling (Hg.), *The Experience of Literature. A Reader with Commentaries*, New York: Holt, Rinehart and Winston, 1967, S. 955.

25 Lionel Trilling, Brief an Jacques Barzun, 24. Juni 1937, in: ders., *Life in Culture*, S. 69.

26 Trilling (Hg.), *The Experience of Literature*, S. 955.

27 Lionel Trilling, »Freud und die Literatur« (1940), in: ders., *Kunst, Wille und Notwendigkeit. Literaturkritische und kulturphilosophische Essays.* Übersetzt von Hans-Horst Henschen, München, Wien: Hanser Verlag, 1990, S. 217-243, hier 226. Siehe auch Lionel Trillings späteren Aufsatz »Kunst und Neurose« (1945) im selben Band, S. 244-265.

28 Trilling, »Freud und die Literatur«, S. 241. Dem fügt Trilling einige Zeilen hinzu, die einräumen, wie umstritten Freuds Theorie einer ursprünglichen Aggression war, die in der ersten Fassung seines Aufsatzes, die 1940 unter dem Titel »The Legacy of Sigmund Freud« in der *Kenyon Review* erschien, noch nicht enthalten waren und die sich ausdrücklich auf ihre Kritik durch den Psychoanalytiker Otto Fenichel im Jahr 1945 beziehen. Siehe ebd., S. 241 f., sowie Otto Fenichel, *Psychoanalytische Neurosenlehre*, 3 Bde. (1945). Aus dem Englischen von Klaus Laermann, Gießen: Psychosozial-Verlag, [2]2014.

29 Trilling, »Freud und die Literatur«, S. 242.

30 Ebd., S. 229.

31 Lionel Trilling, »The Progressive Psyche«, in: *The Nation*, 12. September 1942.

32 Lionel Trilling, »Sigmund Freud. His Final Credo«, in: *The New York Times*, 27. Februar 1949, wieder abgedruckt in ders., *A Gathering of Fugitives*, Boston: Beacon Press, 1956, S. 58. Vgl. die Rekapitulation derselben Sichtweise von Trillings Schüler Peter Gay, die ursprünglich unter dem Titel »Freud and Freedom« als Beitrag zu der von Alan Ryan herausgegebenen Festschrift für Isaiah Berlin *The Idea of Freedom* (1979) erschienen ist und als »Freud und die

Freiheit« wieder abgedruckt wurde in Peter Gay, *Freud entziffern. Essays* (1991). Aus dem Englischen von Elisabeth Vorspohl, Frankfurt/M.: S. Fischer Verlag, 1992, S. 86-109.

33 Freud, »Das Unbehagen in der Kultur«, S. 242 und 269f.

34 Der Aufstieg der ihrerseits Kontrolle und Stabilität in den Vordergrund stellenden »Ich-Psychologie« in Amerika vollzog Trillings Aneignung nach – auf ziemlich unabhängige Weise, da Trilling nach eigener Aussage Freud erst ernsthaft las, als er seinen allerersten Aufsatz über Psychoanalyse verfasste. In den 1950er Jahren war er schließlich bei Rudoph Loewenstein, einem der Begründer der Ich-Psychologie (und Jacques Lacans Ausbildungsanalytiker), in Behandlung, unterrichtete diesen oder andere aber nie an der Universität. Vgl. den Brief an Gamble vom 6. Februar 1959, S. 293, mit Diana Trilling, *The Beginning of the Journey. The Marriage of Diana and Lionel Trilling*, New York: Harcourt Brace, 1993, Kap. 9.

35 Lionel Trilling, »Manners, Morals, and the Novel«, in: ders., *The Liberal Imagination. Essays in Literature and Society,* New York: Viking Press, 1950, S. 221.

36 Lionel Trilling, »Tacitus Now« (Besprechung von Moses Hadas (Hg.), *The Complete Works of Tacitus* [1942]), in: *The Nation,* 22. August 1942, wieder abgedruckt in ders., *The Liberal Imagination.*

37 Tuck, *Philosophy and Government.*

38 R. W. B. Lewis, »Lionel Trilling and the New Stoicism«, in: *Hudson Review* 3 (1950), S. 313-317.

39 Ebd., S. 317. Eine sogar noch ausgeprägtere neostoische Reaktion auf die Schrecken des Historismus zeigte damals der deutsche Emigrant Karl Löwith. Siehe Karl Löwith, *Weltgeschichte und Heilsgeschehen. Die theologischen Voraussetzungen der Geschichtsphilosophie* (1949). Stuttgart: Kohlhammer, 1953, und Jürgen Habermas, »Karl Löwith. Stoischer Rückzug vom historischen Bewußtsein« (1963), in: ders., *Politisch-philosophische Profile,* Frankfurt/M.: Suhrkamp Verlag, 1971, S. 116-140.

40 Trilling, »Tacitus Now«, in ders., *The Liberal Imagination,* S. 203f.

41 Matthew Arnold, *Culture and Anarchy*, in: Lionel Trilling (Hg.), *The Portable Matthew Arnold*, New York: Viking Press, 1949, S. 471.

42 Lionel Trilling, »Die Unsterblichkeitsode« (1941), in: ders., *Kunst, Wille und Notwendigkeit,* S. 58-101, hier 84. Vgl. William Barretts

Kommentare zu Trillings Freudianismus im Allgemeinen und über diesen Aufsatz im Besonderen: William Barrett, *The Truants. Adventures Among the Intellectuals,* Garden City: Anchor Press/Doubleday, 1982, Kap. 7, bes. S. 175-178.

43 Louis Menand merkt dagegen an, dass Trilling erst nach 1950 »in den Bann« von *Das Unbehagen in der Kultur* geriet. Louis Menand, »Regrets Only«, in: *The New Yorker,* 29. September 2008, sowie seine Darlegungen zu Trilling in *The Free World*, mit denen meine sich vergleichen lassen.

44 Lionel Trilling, »Whittaker Chambers and *The Middle of the Journey*«, in: *New York Review of Books,* 17. April 1975. Was die beste Interpretation des Romans anbelangt, die es ablehnt, ihn auf eine bloße politische Parabel zu reduzieren, siehe William M. Chace, Lionel Trilling. *Criticism and Politics,* Stanford: Stanford University Press, 1980, Kap. 2.

45 *Lionel Trilling, The Middle of the Journey* (1947), New York: New York Review of Books, 2002, S. 31.

46 Sigmund Freud, »Jenseits des Lustprinzips« (1920), in: ders., *Studienausgabe,* Bd. II: *Psychologie des Unbewußten,* Frankfurt/M.: S. Fischer Verlag, ^{4}1975, S. 213-252, hier 251.

47 Trilling, *The Middle of the Journey*, S. 16.

48 Ebd., S. 172.

49 Ebd., S. 183.

50 Ebd., S. 163.

51 Ebd., S. 351.

52 Ebd., S. 104f. Einige von Trillings Interpret:innen haben seinen anhaltenden Hass auf und Kummer über seine Profession eingeräumt. Auf entwaffnende Weise erklärte Trilling vier Jahre vor seinem Tod an der Purdue University, dass er, obwohl viele es – unter anderem dank seines Beispiels – »zu ihrem Lebenstraum gemacht« hätten, Kritiker zu werden, erst habe lernen müssen, mit diesem Schicksal »zu leben«. Lionel Trilling, »Some Notes for an Autobiographical Lecture«, in: ders., *The Last Decade. Essays and Reviews, 1965-1975,* hg. v. Diana Trilling, New York: Harcourt Brace Jovanovich, 1979, S. 227f.

53 Trilling, *The Beginning of the Journey,* S. 372f. Ich stimme Adam Kirsch zu, dass »Trillings Unzufriedenheit mit sich [...] nur denen neu sein kann, die sein Werk nicht sorgfältig gelesen haben.« Doch

meines Erachtens handelt es sich dabei um einen entscheidenden Beleg für Trillings Ambivalenz nicht nur in Bezug auf seine Profession, sondern auch auf seine politischen Ansichten. Adam Kirsch, *Why Trilling Matters,* New Haven: Yale University Press, 2011, S. 25.

54 Lionel Trilling, »Romanticism and Religion«, in: *The New York Times,* 4. September 1949. Siehe außerdem Jeffrey Cane Robinson, »Lionel Trilling and the Romantic Tradition«, in: *Massachusetts Review* 20 (1979), S. 211-236.

55 Isaiah Berlin an Morton White, 16. März 1977, in: ders., *Affirming,* S. 48.

56 Lionel Trilling, »›Elements That Are Wanted‹«, in: *Partisan Review* 7 (1940), S. 376f.

57 Trilling, »Tacitus Now«, S. 201.

58 Lionel Trilling, »The Sense of the Past«, in: ders., *The Liberal Imagination,* S. 195. In der *Partisan Review* 9 (1942), S. 229-241, war der Essay ohne diesen Passus erschienen.

59 Wie Daniel Bell in *The End of Ideology* festgestellt hat, »ist Anti-Rationalismus die Quelle der Freudianismus-Welle und der neoorthodoxen Theologie.« Daniel Bell, *The End of Ideology. On the Exhaustion of Political Ideas in the Fifties,* Glencoe: Free Press, 1960, S. 310f.

60 Über diese Zeit und Trillings Verhältnis zur jüdischen Identität und Kultur, siehe Kimmage, *The Conservative Turn,* bes. Kap. 1, sowie Mark Krupnick, *Lionel Trilling and the Fate of Cultural Criticism,* Evanston: Northwestern University Press, 1986, bes. Kap. 2.

61 Lionel Trilling, Brief an Alan Wald, 10. Juni 1974, in: ders., *Life in Culture,* S. 410.

62 Was diese berühmte Episode anbelangt, siehe Diana Trilling, »Lionel Trilling. A Jew at Columbia«, in: *Commentary,* März 1979, sowie dies., *The Beginning of the Journey,* Kap. 10.

63 Lionel Trilling in »Under Forty. A Symposium on American Literature and the Younger Generation of American Jews«, in: *Contemporary Jewish Record* 6 (1944), S. 16. Wie es scheint, bestand Isaiah Berlins Hauptproblem mit Trilling in dessen Zurückhaltung hinsichtlich seiner jüdischen Herkunft. Siehe Isaiah Berlin an Noel Annan, 1. Mai 1964, in: ders., *Building,* S. 191, sowie an Leon Wieseltier, 29. Oktober 1993, in: ders., *Affirming,* S. 470f.

64 Erwähnt in Kimmage, *The Conservative Turn,* S. 86. Norman Podhoretz hat behauptet, sein Lehrer habe seine Meinung als Privat-

person geändert. Norman Podhoretz, *Ex-Friends. Falling Out with Allen Ginsberg, Lionel and Diana Trilling, Lillian Hellman, Hannah Arendt, and Norman Mailer* (1999), New York: Encounter Books, 2000, S. 93. Was den Brief von 1973 anbelangt, siehe Isaiah Berlin an Lionel Trilling, 8. November 1973, in: ders., *Building*, S. 554f.

65 Robert Warshow, »The Legacy of the 1930's. Middle Class Mass Culture and the Intellectuals' Problem«, in: *Commentary*, Dezember 1947, wieder abgedruckt als »Das Erbe der dreißiger Jahre«, in: ders., *Die unmittelbare Erfahrung. Filme, Comics, Theater und andere Aspekte der Populärkultur* (1962). Aus dem Amerikanischen von Thekla Dannenberg, Berlin: Vorwerk 8, 2014. Was den Brief vom 5. Mai 1945 an Elliot Cohen über die Gründung des *Commentary* anbelangt, siehe Trilling, *Life in Culture*, S. 114-116, und was die Briefe vom 13. und 16. Dezember 1947 betrifft, in denen Trilling auf Warshows Besprechung reagierte, siehe ebd., S. 163-165.

66 Trilling, »›Elements That Are Wanted‹«. Als sie den betreffenden Text postum in einem Sammelband veröffentlichte, merkte Diana Trilling an, dass sie nicht wisse, warum er nicht in *The Liberal Imagination* aufgenommen worden sei. Lionel Trilling, »T. S. Eliot's Politics«, in: ders., *Speaking of Literature and Society*, hg. v. Diana Trilling, New York: Harcourt Brace Jovanovich, 1980, S. 156 (Anm.).

67 »Es war Zeit für ein Konkurrenzsystem [zum Idealismus]«, endet der Roman. Trilling, *The Middle of the Journey*, S. 350.

68 Lionel Trilling an Ursula Niebuhr, 16. Januar 1961, in: ders., *Life in Culture*, S. 305.

69 Kimmage, *The Conservative Turn*, S. 249.

70 Saids Beitrag zu Trillings Festschrift* folgt ausgerechnet auf den von Gertrude Himmelfarb! Siehe Quentin Anderson u. a. (Hg.), *Art, Politics, and Will. Essays in Honor of Lionel Trilling*, New York: Basic Books, 1977.

71 Zitiert in Kimmage, *The Conservative Turn*, S. 246. Kimmage weist außerdem darauf hin, dass Trilling »nicht für Globales zuständig war« und dass es, »wenn es etwas gab, dessen Bewahrung Antistalinisten [wie Trilling und andere] sich wünschten, die westliche Zivilisation war.« Ebd., S. 14.

72 Erwähnt ebd., S. 248f.

73 Lionel Trilling, »Mr. Eliot's Kipling«, in: *The Nation*, 16. Oktober 1943, wieder abgedruckt als »Kipling« in: ders., *The Liberal*

Imagination, S. 121. Spaßeshalber sei auf ein Buch eines ehemaligen Studenten von Trilling im ersten Studienjahr verwiesen: Jonah Raskin, *The Mythology of Imperialism,* New York: Random House, 1971, S. 8-10.

74 Siehe Lionel Trilling, *Freud and the Crisis of Our Culture,* Boston: Beacon Press, 1955, wieder abgedruckt als »Freud. In und jenseits der Kultur«, in: ders., *Kunst, Wille und Notwendigkeit,* S. 266-296, oder Lionel Trilling, »Aggression und Utopie. Bemerkungen zu William Morris' News from Nowhere« (1973), in: ebd., S. 330-403. Was einen hervorragenden Kommentar zu »Freuds Nützlichkeit« in Trillings mittleren Jahren anbelangt, siehe Krupnick, Lionel Trilling, Kap. 7.

75 Lionel Trilling, »Die Situation des amerikanischen Intellektuellen in der Gegenwart« (1953), in: ders., *Kunst, Wille und Notwendigkeit,* S. 334-357, hier 354.

76 Philip Rieff, *Freud. The Mind of the Moralist,* New York: Viking, 1959. Trillings Leseempfehlung auf dem vorderen Buchdeckel lautet: »Ich habe Philip Rieffs Buch mit grundlegender Zustimmung und Bewunderung gelesen. […] Es ist eines der ganz wenigen – wirklich erstaunlich wenigen – Bücher, das ernsthaft auf die intellektuellen Implikationen der Psychoanalyse eingeht, insbesondere auf die moralischen Implikationen.«

77 Philip Rieff, *Fellow Teachers,* New York: Harper & Row, 1973, S. 198. Siehe auch Robert Boyers (Hg.), *Psychological Man,* New York: Harper & Row, 1975, sowie Philip Rieff, *The Feeling Intellect. Selected Writings,* Chicago: The University of Chicago Press, 1990. Rieff verdient mehr Aufmerksamkeit, als ich ihm hier schenken kann. Umstrittener- und, wie ich glaube, fälschlicherweise hat ein Biograf jüngst Susan Sontag die fast alleinige Autorschaft an seinem Buch zugeschrieben: Benjamin Moser, *Sontag. Die Biografie* (2019). Aus dem Amerikanischen von Hainer Kober, München: Pantheon, 2022. Was Widrigkeiten in Rieffs Frühwerk anbelangt, die seine Kehrtwende in Bezug auf Freud etwas weniger überraschend wirken lassen, siehe Howard L. Kaye, »Prophet v. Stoic. Philip Rieff's Case Against Freud«, in: Jonathan R. Imber (Hg.), *Anthem Companion to* Philip Rieff, London: Anthem Press, 2018.

78 Paul Robinson, *The Freudian Left.* Wilhelm Reich, *Géza Roheim,* Herbert Marcuse, New York: Harper & Row, 1969, S. 148f.;

Nachlass von Lionel Trilling, Rare Books and Manuscripts Library, Columbia University, Kartothek, Schachtel 50.

79 Lionel Trilling, *Das Ende der Aufrichtigkeit* (1972). Aus dem Amerikanischen von Henning Ritter, Frankfurt/M.: S. Fischer, 1989. Was die beste Kommentierung anbelangt, siehe Krupnick, Lionel Trilling, Kap. 9, dem lediglich entgeht, dass Trillings Beschäftigung mit Hegel über *Rameaus Neffe* bis auf ebenjenen wegweisenden Freud-Aufsatz von 1940 zurückgeht.

80 Joseph Frank, »Lionel Trilling and the Conservative Imagination«, in: *Sewanee Review* 64 (1956), S. 296-310. Dieser Essay wurde erweitert in ders., *The Widening Gyre. Crisis and Mastery in Modern Literature,* New Brunswick: Rutgers University Press, 1963, und zusammen mit einem wichtigen rückblickenden Anhang wieder abgedruckt in *Salmagundi* 41 (1978), S. 33-54. Ich zitiere aus dieser letzten Fassung.

81 Ebd., S. 43 und 45.

82 Himmelfarb, »Irving Kristol's Neoconservative Persuasion«, wieder abgedruckt in Irving Kristol, *The Neoconservative Persuasion. Selected Essays, 1942-2009,* New York: Basic Books, 2011, wo Irving Kristols Aufsatz »The Moral Critic«, in: *Enquiry* (1944), wieder abgedruckt in Rodden (Hg.), *Lionel Trilling and the Critics*, S. 95, erörtert wird, der wiederum Trilling, »›Elements That Are Wanted‹«, S. 377, zitiert. Ironischerweise stimmte Himmelfarb mit einem Aufsatz des jungen Cornel West überein, »Lionel Trilling. Godfather of Conservatism«, in: *New Politics* 1 (1985), S. 233-242.

83 Gertrude Himmelfarb, »The Trilling Imagination«, in: *Washington Examiner,* 14. Februar 2005, wieder abgedruckt als »Lionel Trilling. The Moral Imagination«, in: dies., *The Moral Imagination. From Adam Smith to Lionel Trilling* (2006), Lanham: Rowman & Littlefield, [2]2012.

84 Ebd., Trilling, »The Progressive Psyche« zitierend.

85 Gertrude Himmelfarb, *On Looking into the Abyss. Untimely Thoughts on Culture and Society,* New York: Knopf, 1994, S. ix; Lionel Trilling an Diana Trilling, 30. Dezember 1956, in: ders., *Life in Culture,* S. 262. Obwohl er der Mentor von Norman Podhoretz war, was zu langen Auseinandersetzungen geführt hat (insbesondere in mehreren Erinnerungsbüchern von Podhoretz selbst), hat in Wahrheit vielleicht der Tod Trilling davor bewahrt, neokonservativ

zu werden. Diana Trilling hat die »felsenfeste Überzeugung« zum Ausdruck gebracht, dass er »niemals neokonservativ geworden wäre« – aber das weiß natürlich niemand. Trilling, *The Beginning of the Journey*, S. 404.

86 Anderson, *Bleak Liberalism.*

87 Theodor W. Adorno, *Negative Dialektik* (1966), Frankfurt/M.: Suhrkamp, [3]1982, S. 314.

88 Anderson erwähnt es nicht, aber der junge Cornel West hat in einem Aufsatz Trillings *Das Ende der Aufrichtigkeit* auf produktive Weise insbesondere mit Adornos, gemeinsam mit Max Horkheimer verfassten und während des Krieges erschienenen Buches *Dialektik der Aufklärung* verglichen, weil beide einen Abfall von der Aufklärung durch Hegel in die Irrationalität verfolgen. West, »Lionel Trilling«, S. 239.

89 Adorno, *Negative Dialektik,* S. 15.

90 Anderson, *Bleak Liberalism,* S. 103.

91 Judith N. Shklar, »Subversive Genealogies«, in: *Daedalus* 101 (1972), S. 147f. und 150, wieder abgedruckt in dies., *Political Thought and Political Thinkers,* S. 153f. und 156.

92 Vgl. Katrina Forrester, »Hope and Memory in the Thought of Judith Shklar«, in: *Modern Intellectual History* 8 (2011), S. 591-620.

93 Katrina Forrester, »Experience, Ideology, and the Politics of Psychology«, in: Samantha Ashenden, Andreas Hess (Hg.), *Between Utopia and Realism. The Political Thought of Judith N. Shklar,* Philadelphia: University of Pennsylvania Press, 2019, S. 136.

94 Siehe zum Beispiel Giunia Gatta, *Rethinking Liberalism for the 21st Century. The Skeptical Radicalism of Judith Shklar*, New York: Routledge, 2018, Kap. 6.

95 Judith N. Shklar, »Putting Cruelty First«, in: *Daedalus* 111 (1982), S. 17-27. Auch Berlin trug dort zu einem früheren Zeitpunkt vor, Himmelfarb kommentierte seinen Vortrag. Siehe Berlin an White, 16. März 1977, in: ders., *Affirming,* S. 49.

96 Siehe Quentin Skinner, »The Last Academic Project«, in: Ashenden, Hess (Hg.), *Between Utopia and Realism,* sowie Judith N. Shklar, *On Political Obligation* (1990), New Haven, London: Yale University Press, 2019.

Epilog
Warum der Kalte-Krieg-Liberalismus immer wieder scheitert

1 Katrina Forrester, *In the Shadow of Justice. Postwar Liberalism and the Remaking of Political Philosophy,* Princeton: Princeton University Press, 2019.

2 Walt W. Rostow, *Stadien wirtschaftlichen Wachstums. Eine Alternative zur marxistischen Entwicklungstheorie* (1960). Aus dem Englischen von Elisabeth Müller, Göttingen: Vandenhoeck und Ruprecht, [2]1967, sowie Nils Gilman, *Mandarins of the Future. Modernization Theory in Cold War America* (2003), Baltimore: Johns Hopkins University Press, 2007.

3 Siehe Michael Brenes, Daniel Steinmetz-Jenkins, »Legacies of Cold War Liberalism«, in: *Dissent,* Winter 2021.

4 Samuel Huntington, *Political Order in Changing Societies,* New Haven: Yale University Press, 1968.

5 John Rawls, *Eine Theorie der Gerechtigkeit* (1971). Übersetzt von Hermann Vetter, Frankfurt/M.: Suhrkamp Verlag, [4]1988, S. 279.

6 Carole Pateman, *The Sexual Contract,* Stanford: Stanford University Press, 1988; Charles W. Mills, *Der Racial Contract* (1997). Aus dem Englischen von Jürgen Schröder, Frankfurt/M.: Campus Verlag, 2023.

7 Patrick J. Deneen, *Warum der Liberalismus gescheitert ist* (2018). Aus dem Amerikanischen von Britta Schröder, Wien, Salzburg: Müry Salzmann Verlag, 2019.

8 Siehe Samuel Moyn, »Neoliberalism, Not Liberalism Failed«, in: *Commonweal,* 3. Dezember 2018.

9 Siehe meine ursprüngliche Erwiderung: »We're in an Anti-Liberal Moment; Liberals Need Better Answers«, in: *Washington Post,* 21. Juni 2019.

10 Siehe zum Beispiel Steven Levitsky, Daniel Ziblatt, *Wie Demokratien sterben. Und was wir dagegen tun können.* Aus dem Amerikanischen von Klaus-Dieter Schmidt, München: Deutsche Verlags-Anstalt, 2018.

11 Franklin D. Roosevelt, aus der Radio-Ansprache zur Wahl von Liberalen am 4. November 1938, in: ders., *Amerikas Weg. Auszüge aus seinen öffentlichen Reden und Dokumenten* (1944). Übertragung ins Deutsche von Gertrud Baer, Zürich: Steinberg Verlag, 1946, S. 61.

12 Siehe zum Beispiel Mark Lilla, *The Once and Future Liberal,* New York: Harper Collins, 2017; Adam Gopnik, *A Thousand Small Sanities. The Moral Adventure of Liberalism,* New York: Basic Books, 2019; sowie James Traub, *What Was Liberalism? The Past, Present, and Promise of a Noble Idea,* New York: Basic Books, 2019. Aufgrund seines nostalgischen und träumerischen Gestus fällt auch Menands *The Free World* unter diese Kategorie. Etwas später erschien Francis Fukuyama, *Der Liberalismus und seine Feinde.* Aus dem amerikanischen Englisch von Karlheinz Dürr, Hamburg: Hoffmann und Campe, 2022. Über Lilla und Fukuyama, vgl. meinen Aufsatz »Mark Lilla and the Crisis of Liberalism«, in: *Boston Review,* Forum V, 2018, sowie »The Left's Due – and Responsibility«, in: *American Purpose,* 24. Januar 2021. Auch die Illiberalismus-Literatur hat eine Renaissance erlebt, häufig durch alte Hasen dieser Gattung. Siehe zum Beispiel Stephen Holmes, *Die Anatomie des Antiliberalismus* (1993). Aus dem Amerikanischen von Anne Vonderstein, Hamburg: Rotbuch-Verlag, 1995, ders. u. a. (Hg.), *The Routledge Companion to Illiberalism,* New York: Routledge, 2021, sowie Matthew Rose, *A World After Liberalism. Philosophers of the Radical Right,* New Haven: Yale University Press, 2021.

Bildnachweise

S. 24: Mit freundlicher Genehmigung der Harvard Yearbook Publications.

S. 37 und 39: Mit freundlicher Genehmigung von Ruth Nisse und Michael Shklar; Bildquelle: Archiv der Harvard University.

S. 60: Fotografiert von Douglas Glass, 1957, © J. C. C. Glass.

S. 92: Mit freundlicher Genehmigung des Karl-Popper-Archivs der Universitätsbibliothek Klagenfurt.

S. 128: Mit freundlicher Genehmigung von William Kristol.

S. 164: Mit freundlicher Genehmigung des Hannah Arendt Bluecher Literary Trust/Art Resource, New York.

S. 200: Fotografie von Walker Evans; Copyright © The Metropolitan Museum of Art; Quelle: Art Resource, New York. Silbergelatineabzug, 12,8 × 11,7 cm: The Metropolitan Museum of Art, Walker-Evans-Archiv, 1994 (1994.261.202).

Register